VIAGEM DO RECADO

JOSÉ MIGUEL WISNIK

Viagem do recado
Música e literatura

Organização
Kristoff Silva

Copyright © 2025 by José Miguel Wisnik

Grafia atualizada segundo o Acordo Ortográfico da Língua Portuguesa de 1990, que entrou em vigor no Brasil em 2009.

Capa
Elaine Ramos

Preparação
Márcia Copola

Checagem
Érico Melo

Revisão
Bonie Santos
Nestor Turano Jr.

Dados Internacionais de Catalogação na Publicação (CIP)
(Câmara Brasileira do Livro, SP, Brasil)

Wisnik, José Miguel
 Viagem do recado : Música e literatura / José Miguel Wisnik ; organização Kristoff Silva. — 1ª ed. — São Paulo : Companhia das Letras, 2025.

 ISBN 978-85-359-4166-1

 1. Ensaios brasileiros 2. Literatura 3. Música I. Título.

25-264098   CDD-B869.4

Índice para catálogo sistemático:
1. Ensaios : Literatura brasileira B869.4

Cibele Maria Dias – Bibliotecária – CRB-8/9427

Todos os direitos desta edição reservados à
EDITORA SCHWARCZ S.A.
Rua Bandeira Paulista, 702, cj. 32
04532-002 — São Paulo — SP
Telefone: (11) 3707-3500
www.companhiadasletras.com.br
www.blogdacompanhia.com.br
facebook.com/companhiadasletras
instagram.com/companhiadasletras
x.com/cialetras

Sumário

Introdução 7

PARTE I — SINFONIA
Chopin e os domínios do piano 15
Machado maxixe: O caso Pestana 54
A república musical modernista 131

PARTE II — DIVERTIMENTO
Dó-Mi-Sol do norte 159
O que é que a Bahia tem? 182
Viagem do recado 197

PARTE III — CANÇÃO
A gaia ciência: Literatura e música popular no Brasil 253
Vinicius letrista 275
O dom da ilusão 299

O artista e o tempo...306
Oração ao tempo..323

Notas..339
Notas bibliográficas......................................365

Introdução

Algumas vezes sonhei que tinha nas mãos um livro que eu desconhecia e me dizia respeito, que era meu sem eu saber que tinha escrito, que chegava a mim como um recado vindo de mim mesmo. É algo dessa sensação que eu tenho diante da coletânea organizada pelo compositor e educador mineiro Kristoff Silva, reunindo ensaios meus sobre música. Uma coletânea anterior, o livro *Sem receita: Ensaios e canções*, organizado por Arthur Nestrovski para a Publifolha em 2004, contendo então um arco mais amplo de assuntos e gêneros, está fora de catálogo desde o encerramento da editora. Apresentava-se, pois, a necessidade e a oportunidade de uma coletânea atualizada e, nesse caso, com um foco mais dirigido para a música. Não por acaso, no entanto, e sem que essa fosse a intenção inicial, os ensaios revelaram-se, todos eles e cada um a seu modo, como escritos sobre música e literatura.

Não há dúvida de que é gratificante receber um livro praticamente pronto, do qual a gente se sente, por um momento, mais o leitor que o autor e, como tal, pego de surpresa por algumas escolhas e conexões propostas. Em primeiro lugar, a ideia de organizar os escritos a partir de seu parentesco com três gêneros musicais — Sinfonia, Divertimento e Canção.

A primeira seção, Sinfonia, compreende ensaios de maior fôlego e mais responsabilidade interpretativa, sobre Chopin ("Chopin e os domínios do piano"), Machado de Assis e a música ("Machado maxixe: O caso Pestana") e a política musical no projeto modernista de Mário de Andrade e Villa-Lobos ("A república musical modernista"). Embora muito diferentes, não deixam de ser temas interligados e desdobrados em três movimentos, que podemos descrever resumidamente assim: o enigma de Frédéric Chopin, aquele que, embora extraordinariamente denso e singular, é o mais popular entre os compositores da música clássica europeia (além de ser o músico de concerto que mais marca presença e influência na música popular brasileira — sobre Nazareth e Jobim, principalmente); as intuições analíticas de longo alcance, em Machado de Assis, sobre a anômala e envolvente ambivalência entre a vocação dançante e a ambição erudita, entre o ideal estético europeu e a formação de uma sensibilidade afro-brasileira, insinuada na nascente canção popular urbana; as distintas alternativas políticas, educacionais e artísticas buscadas por Mário de Andrade e Heitor Villa-Lobos para os impasses do modernismo, colocados ambos na bifurcação entre o erudito e o popular (com uma referência importante a Emicida e sua relação com a Semana de 22, já que esse último texto faz parte das intervenções polêmicas que cercaram o centenário da Semana em 2022).

Na seção Divertimento comparecem aquelas que são as escolhas mais inesperadas, como não poderia deixar de ser. O gênero musical divertimento compreende em geral peças não sinfônicas, supostamente livres e leves, para não dizer soltas. Não sei até que ponto os meus textos correspondem alguma vez a esse ideal, mas me agrada que eles estejam aí por certo fator-surpresa na temática e na abordagem. "Dó-Mi-Sol do norte" é um capítulo da minha nunca publicada tese de doutorado sobre a música em Mário de Andrade, resgatado aqui. Trata de um momento d'*O turista aprendiz* em que Mário, viajando de barco pelo Amazonas, se diverte inventando uma tribo indígena que fala por música. O episódio, aparentemente restrito a um devaneio turístico em cenário florestal, remete na verdade a questões cruciais do pensamento do escritor sobre a música e a linguagem verbal. Já "O que é que a Bahia tem?" é uma variação sobre o mito da cidade de Salvador na canção brasileira, e sobre o lugar da Bahia no imaginário do Brasil. Contém uma divertida e comovida alusão pessoal, indicada pela minha canção "Sou baiano também", tomada como epígrafe. No caso do terceiro texto, embora sendo uma das minhas obsessões maiores ao longo dos tempos, eu não esperava ver aqui, no centro deste livro e fazendo parte de seu escopo musical, um ensaio sobre "O recado do morro" de Guimarães Rosa. É claro que o conto narra a formação de uma canção, sei bem que muitas vezes me referi à canção brasileira como uma rede de recados, e que tantas vezes me estendi sobre a gama de sentidos que a palavra "recado" ganhou no Brasil. Mesmo assim, num primeiro momento o texto escolhido me pareceu excessivamente literário para o contexto do livro. Aos poucos, no entanto, fui percebendo a relevância das possibilidades contidas na proposta, o que me levou a reescrevê-lo todo, para ampliá-lo, atualizá-lo e direcioná-lo mais ao espírito do livro, transformando o antigo "Recado da viagem" num inédito "Viagem do recado". Passei a aceitar o fato de que, à sua maneira, esse texto é um ponto de arrebentação de muitas das inquietações musicais, literárias, cosmopolíticas e metafísicas que percorrem aberta ou secretamente o itinerário do qual este livro é um testemunho. Além de nos convidar a elevar para outro plano a noção de divertimento.

Já a seção Canção trata de canções e cancionistas a partir da ideia de gaia ciência ("A gaia ciência — Literatura e música popular no Brasil"), momento em que poesia e música estiveram muito juntas no cerne da canção brasileira, através de Vinicius de Moraes, poeta-letrista que desata o complexo de Pestana apontado por Machado ("Vinicius letrista"), e da santíssima trinca de poetas maiores Gilberto Gil ("O dom da ilusão"), Chico Buarque ("O artista e o tempo") e Caetano Veloso ("Oração ao tempo").

Olhado em conjunto, resulta um livro sobre o século xx, entendido como o século do modernismo e "o século da canção" (como o chamou Luiz Tatit). Numa entrevista de grande repercussão, em 2004, Chico Buarque apontou para o fato de que o gênero canção, tal como ele havia conhecido, e no qual se formou, tendo Vinicius de Moraes e Antonio Carlos Jobim como referências, era um fenômeno do século passado (Chico estava longe de decretar o "fim da canção", como se anunciou com a habitual precipitação superficial; inclusive porque o rap, advento valorizado por ele, é canção).

Fatores formais, como a construção articulada da melodia com a harmonia, a requintada relação destas com as palavras, a autoconsciência moderna na arquitetura da canção, a citação e a paródia, marcaram esse alto modernismo, conjugados com fatores socioculturais como a irradiação da canção, seu impacto político e existencial de grande alcance nacional, que haviam sido ponto de referência obrigatório e amplamente compartilhado de uma educação sentimental de massas. Tudo isso mudava de rumo com a emergência do rap paulista, protagonizado pelos Racionais MC's: uma direta, contundente e áspera expressão dos grupos que tomaram para si o gênero canto falado dos negros norte-americanos, fazendo deste uma expressão forte das cidades com suas massas marginalizadas, afirmando e constituindo um "sujeito periférico".

Quem me dera que esses assuntos (rap e funk, a canção expandida e suas mutações no século XXI), cuja ausência grita, para mim, também estivessem presentes neste livro. Procurei tratar deles na série televisiva *Depois do fim da canção*, junto com Arthur Nestrovski e direção de Daniel Augusto, feita para o canal Arte1, em oito episódios. Mas o formato dessa vez não era o escrito e sim o audiovisual (que, depois de exibido, infelizmente se encontra indisponível, pelas dificuldades envolvidas nos direitos autorais dos vídeos e canções utilizados como exemplos).

Uma última observação. Quando fiz a minha já citada tese sobre Mário de Andrade e a música, em 1980 (*Dança dramática: Poesia/música brasileira*), acrescentei intempestivamente, no final, textos que havia escrito sobre a música popular produzida naquele momento, pode-se dizer que anunciadores da gaia ciência que lemos aqui. O efeito era um pouco chocante e provocador, em contexto acadêmico, pela disparidade não resolvida entre os materiais heterogêneos, colocados lado a lado. Na apresentação, eu dizia que é esperado de uma tese universitária que ela faça "o trabalho de um trator que, através de um paciente movimento de vaivém, vai limpando um terreno por completo". Essa operação de dominação da "natureza", dizia, com "delimitação do campo, ocupação extensiva da área circunscrita mediante seu esgotamento, e nivelamento dos acidentes", resultava tendencialmente "num efeito de terraplanagem, no qual se perde muito do que há de mais vivo", contraditório, diferenciado e atual no campo do assunto. Em vez disso, eu pretendia atacar áreas diferentes como quem começasse a cavar as duas bocas de um hipotético túnel — música e literatura, erudito e popular, oral e escrito — detonando as fronteiras entre gêneros e épocas para, "quem sabe, fazer emergir a complexidade de um processo". Com certa petulância, dizia que optava "por empregar toda a tecnologia a meu alcance na confirmação da metáfora do túnel, e não na consecução da metáfora do terreno terraplanado".

Me lembrei desse episódio ao ler o livro que recebi de Kristoff Silva, músico e pessoa finíssimos que o editor Ricardo Teperman teve a feliz ideia de convidar para este projeto. Meu agradecimento aos dois. Talvez não precisemos mais da metáfora do túnel, mas o certo é que existe um trânsito, e que as passagens foram abertas.

PARTE I
SINFONIA

Chopin e os domínios do piano

POPULAR E ESOTÉRICO

Incontáveis obras de Frédéric Chopin estão entre as mais conhecidas e amadas do repertório de concerto. Mas ele é um desses raros compositores, no âmbito da música instrumental, cuja extraordinária popularidade não se confunde com simplificação ou vulgaridade. Ao contrário, como ressaltou Otto Maria Carpeaux, a "*gaya scienza* desse *troubadour* do piano" nos confronta com o "fato estranho, talvez único, do entusiasmo popular por uma arte altamente esotérica".[1] Charles Rosen chega a uma conclusão parecida na sua análise monumental d'*A geração romântica*, invocando a mesma expressão, a de um "esoterismo" musical só acessível às escutas mais penetrantes e sensíveis: "A intensidade do detalhe e a maestria da forma polifônica [...] não possuem paralelos em sua própria época, e tornam sua obra, apesar de sua imensa popularidade, a realização mais particular e esotérica do período".[2]

O "esoterismo" deve ser entendido, aqui, num sentido técnico e estético. Em termos musicais, refere-se à complexa trama de *acontecimentos* simultâneos³ que subjaz à evidência sedutora e cantábile de suas melodias. As peças de Chopin podem ser seguidas, em geral, por uma escuta linear de superfície, acompanhando os caminhos de seu fraseado melódico. Ao mesmo tempo, linhas cruzadas, vozes intervenientes e eventos transversais, incidindo sobre todos os parâmetros sonoros, sem deixar de estar organicamente ligados ao que se escuta na superfície, incitam a uma escuta total, superficial *e* profunda. André Gide, que persegue sem descanso, em *Notes sur Chopin*, a escapadiça singularidade do compositor, fala no "segredo de uma obra em que nenhuma nota é negligenciável", e na qual, apesar de sua reconhecida pujança sonora, o grau de redundância — no sentido de um mero preenchimento retórico — é praticamente nulo.⁴

Num texto escrito pouco tempo depois da morte do compositor polonês, Franz Liszt, seu amigo e rival, formulava a seu modo a mesma questão, ao dizer que as peças de Chopin eram de tal maneira "atrevidas, brilhantes e sedutoras", disfarçando sua profundidade "sob tanta graça e sua habilidade sob tanto charme", que só a muito custo conseguíamos escapar de seus "arrebatadores atrativos" para julgá-las friamente "do ponto de vista do seu valor teórico". Uma vez desveladas, no entanto, chamavam atenção pelas invenções entranhadas na sua imaginação melódica sem precedentes, pela "notável ampliação do tecido harmônico", pela "extensão dos acordes", fossem eles blocados, arpejados ou descarregados em baterias pulsantes, pelas suas "sinuosidades cromáticas e enarmônicas" e pelos grupos de notas fulgurantes e imprevisíveis com que elevava "as fiorituras da antiga escola de canto italiano" à quintessência de seu estilo pianístico.⁵ Para Liszt, portanto, era a própria exuberância instantânea da obra chopiniana que se levantava como uma barreira ofuscante contra a apreciação reflexiva e distanciada de outras qualidades que ela ostentava, uma vez ultrapassada a primeira camada de brilho. Por tudo isso, augurava para Chopin uma recepção póstuma "menos frívola e menos ligeira" do que aquela com que foi escutado (e executado) muitas vezes no seu tempo, já que o entendimento superficial e imaturo realimenta a interpretação distorcida pelos efeitos sentimentais e virtuosísticos externos. Segundo Gide, "pode-se interpretar mais ou menos bem Bach, Scarlatti, Beethoven, Schumann, Liszt ou Fauré" sem que as imperfeições cheguem a falseá-los substancialmente, enquanto, no caso de Chopin, as menores inflexões equivocadas podem levar a traí-lo íntima, profunda e totalmente.[6]

Em outras palavras, voltamos a tocar no problema crítico levantado por Otto Maria Carpeaux e Charles Rosen: como entender (e superar) a dicotomia entre a popularidade e o "esoterismo", entre a fruição imediatista e o alto grau de informação estética, no entendimento da obra de Chopin? Sua música tem a tendência a produzir ela mesma a distância entre a percepção superficial e a percepção profunda (pelo efeito imediato de seu apelo sentimental ou virtuosístico), ao mesmo tempo que o raro poder de suspendê-la, dada a sua extrema e excepcional organicidade.

A história da recepção da obra chopiniana confirma, como mostra Jim Samson, essa ambivalência. Justamente em países como a Alemanha e a Inglaterra, onde ele foi entendido de início em círculos progressistas como um compositor avançado, operou-se na segunda metade do século XIX a sua conversão à esfera da *Trivialmusik* e do repertório doméstico vitoriano, com a redução de suas "densamente urdidas texturas" aos procedimentos facilitadores do "kitsch". Nessa linha, a recepção média da obra de Chopin consagrou a imagem do compositor de salão, meio água com açúcar, sentimental, doentio, "feminino" e cheio de patriótico romantismo polaco.[7] É um leque de clichês que ajudou a fazer a sua fama e que, por tudo que dissemos, a realimentou no nível mais primário, reforçando um tipo de recepção e de interpretação diluídas. Mas a imagem do miniaturista enfermiço e sentimental para álbum de moças deve ser virada pelo avesso, para que se identifique aí mesmo o contrapelo dialético da sua particularidade. Pois não é que Chopin não tenha encontrado nos salões parisienses durante a Monarquia de Julho o seu público mais frequente e o seu nicho social mais típico, que a sua música não seja cheia de apelo aos sentimentos do ouvinte, que ele não tenha sofrido os achaques da doença pulmonar em quase toda a sua vida adulta, que não tenha sido dependente de uma mulher ao mesmo tempo viril e maternal, a escritora George Sand, e que não tenha composto peças apaixonadas que celebravam uma Polônia riscada do mapa pela aliança de Rússia, Áustria e Prússia. Mas é que todos esses traços, que carregam o poder diminuidor dos estereótipos, no limite entre a estima e a caricatura, a depender do ponto de vista, não dizem nada se não forem confrontados com as forças contraditórias que os atravessam, e com as dimensões específicas, e de difícil redução, que caracterizam sua música.

A partida definitiva da Polônia, em 1831, aos 21 anos, passando pela Alemanha e desembocando em Paris, antecede de muito pouco a insurreição popular fracassada (mais uma) contra o domínio russo, que faz da sua terra natal — no resto da Europa e em particular na França — o símbolo cultuado da pátria romântica, desaparecida politicamente mas vigorosa por isso mesmo no plano do ideal e do espírito. À sua volta, martelavam as cobranças, vindas de seus compatriotas militantes, exilados em Paris, por uma afirmação programática e épica da posição nacionalista, com tudo que isso implica de explícito e grandiloquente. Cobranças às quais o seu temperamento lírico resistiu, extraindo a flama polaca da memória musical profunda, vazada não em óperas ou poemas sinfônicos mas em enigmáticas *Mazurcas* e em *Polonaises* transfiguradas. É importante notar que, independentemente do vigor heroico e trágico que anima essas últimas, elas timbram por se pronunciar no plano da *música pura*, resistente aos apelos e aos clichês da *música descritiva*. Chopin alinha-se de modo ostensivo a favor da primeira e contra a segunda, assumindo no debate romântico a posição de que a música, concebida como a linguagem das linguagens, é expressiva não quando imita os poderes narrativos e descritivos da palavra, mas quando exerce com plenitude a sua autonomia. A imagem pronta do renitente compositor eslavo esconde, na verdade, uma discreta e firme recusa dos clichês da música programática e nacionalista. A sua relação com a questão nacional pode ser interpretada além do mais, como veremos adiante, com base numa figura recorrente no imaginário intelectual polaco, a do *príncipe camponês*.

A união com George Sand, na época uma das mulheres intelectualmente mais fascinantes da Europa, em companhia de quem Chopin viveu por quase nove anos, entre 1838 e 1847, deve ser considerada pelo que significa no plano artístico, que é, em última análise, o que nos interessa aqui. Separada de um casamento juvenil que lhe dera um casal de filhos, herdeira de uma rica propriedade rural na região de Berry (onde Chopin veio a escrever parte considerável de sua obra), Aurore Dupin ganhara a cena literária sob o *nom de plume* masculino de George Sand, impondo um estilo de vida marcado pela independência com que tomava para si as prerrogativas dos homens: enfileirava amantes, dos quais se mantinha em geral amiga, usando calças compridas e fumando charutos, vivendo da escrita e atuando por causas sociais à esquerda. Não obstante, havia nessa mulher viril, sansimonista e feminista, um forte componente maternal e protetor, que se conjugava com a fragilidade e a dependência chopinianas, quase assexuadas.

Otto Maria Carpeaux comenta, na *História da literatura ocidental*, que os romances escritos por George Sand são bons ("grande literatura, nobre e sincera") mas datados: embora pioneiros e antecipadores, eles participam da atmosfera ideológica de um feminismo e de um socialismo anteriores a 1848, que envelheceram junto com a página virada da história. Soam artificiais e antiquados no seu idealismo humanitarista e popularista, na elegância de grande dama com que trata a vida camponesa de modo supostamente realista, no tom sentimental e retórico das questões amorosas abstraídas da trivialidade da vida. Independentemente disso, exerceu influência "com a sua arte sentimental e algo fácil de verdadeira fabricante de romances, criou o romance 'idealista', sobretudo feminino, que dominou os leitores da segunda metade do século XIX; e o seu feminismo criou outro ramo novo da literatura". Olhada à distância, não parece injusto, a Carpeaux, "que a sua glória póstuma decorra menos dos romances que [...] escreveu do que daqueles [...] que ela viveu: com Musset, com Chopin".[8]

O período da Monarquia de Julho, de 1830 a 1848, coincide praticamente com a vida útil de Chopin como compositor em Paris, servindo como a sua perfeita moldura histórica. Em meio ao fervilhar dos salões parisienses da época de Luís Filipe, o salão e "falanstério de luxo" que gravitava em torno do casal Sand e Chopin, com seu contraponto literário-musical, político e de gênero (a mulher ativista, o homem sensível e lírico, a romancista dando voz a conteúdos sociais, o pianista evanescendo-os em música, ela socialista, ele protomonarquista), já foi analisado como ponto de cruzamento das correntes sociais e culturais do período, num leque mundano que incluía burgueses e aristocratas, banqueiros e políticos, artistas (Delacroix, Hugo, Balzac, Lamartine, Adam Mickiewicz) e boêmios, socialistas de primeira geração e dândis, muitas vezes reunidos em torno do piano, instrumento que se tornou o fetiche por excelência do tempo.

Basta dizer, a título sintomático, que Heinrich Heine, um dos seus mais destacados frequentadores, apresentou o banqueiro James Rotschild (de quem era primo pobre)[9] a Chopin e, em paralelo, o jovem Karl Marx, de quem era amigo, a George Sand (ambos participaram do *La Réforme*, órgão de imprensa radical em que

Marx escreveu até ser expulso da França, em 1845). O biógrafo Tad Szulc chama a atenção para o fato de que nas noitadas em torno de Chopin e George Sand cruzavam-se ou alternavam-se, contraditoriamente, membros do mais alto poder político e econômico com pensadores de oposição e ativistas políticos radicais (Pierre Leroux, Louis Blanc, Emmanuel Arago, o padre Lamennais) que subiram ao poder — por um breve período — em 1848, com a queda de Luís Filipe.[10] A desilusão e o fracasso que vieram a seguir marcam de maneira melancólica, para esses últimos, o fim das perspectivas abertas pela queda da Monarquia de Julho. As partes e contrapartes que formavam a cena dos salões parisienses sob a monarquia burguesa desmembraram-se ao som da estreia sangrenta da classe operária no cenário político, com a insurreição popular de junho de 1848 resultando em 3 mil mortos e 15 mil deportados sem julgamento. O intermezzo de pouco mais de três anos entre o regime de Luís Filipe e o de Luís Bonaparte tornou-se objeto, quase no calor da hora, da sinfonia dialética escrita por Marx em 1852, *O 18 Brumário de Luís Bonaparte*, em que analisa o teatro de forças políticas e sociais no período como uma máquina de moer avanços agindo sobre o espectro total do arpejo ideológico e de classes.[11] Dentro e fora dele, "o pássaro brilhante a esvoaçar sobre os horrores de um abismo", como disse Baudelaire da música de Chopin,[12] a esfinge esplêndida pairando sobre a Monarquia de Julho, continua em vigor para além de sua época e, diferentemente da literatura de George Sand, resistente à redução aos seus limites datados.

Resistente, em primeiro lugar, aos limites da música de salão, em meio à qual ela, no entanto, vigorou. Se a música de salão supõe, como gênero, o virtuosismo superficial e o sentimentalismo, Chopin submeteu esses clichês, segundo Charles Rosen, a uma dupla estratégia despistadora: enobreceu-os, submetendo-os à iridescência sonora das complexidades insuspeitadas, ao mesmo tempo que os tratou com desdém, ampliando e forçando o sentimentalismo de estilo ao limite perturbador da morbidez. Praticou assim a sedução de sua música sem cair quase nunca nos "lugares-comuns que soam grandiosos ou bonitos e que podem ser expressos sem que se tenha a consciência perturbadora de seus significados". Isto é, sem padecer das limitações da música de salão, embora cercado pela sua forma social, escapou também do bom gosto e do "afável neoclassicismo que danificou a obra de tantos contemporâneos seus".[13]

Ainda o comentário contextualizador a um último clichê: o do compositor doentio. Como se sabe, uma afecção pulmonar, possivelmente a tuberculose, conhecida na época como "consumpção", manifesta-se na primeira juventude e o perseguirá ao longo da vida com hemoptises periódicas, febres cíclicas, tosses e prostrações. Sempre às voltas com os diagnósticos desencontrados sobre o estado de seus pulmões e a falta de tratamento efetivo para a doença, a saúde frágil de Chopin viveu em permanente luta com as condições climáticas adversas, com as melhoras e as recaídas, com os estados de irritabilidade ou de franca alucinação, e com o agravamento declinante que o levou à morte aos 39 anos.

A figura romântica do artista doentio corresponde ao imaginário da arte como uma projeção direta da enfermidade, da patologia como uma estesia em potencial e da fragilidade como um dom sensível que tem no artista o seu privilégio agônico, extraindo-se de tudo isso um gozo evanescente. Uma conhecida página de George Sand sobre Chopin diz e desdiz esse mito. Trata-se da narrativa de uma daquelas noites tenebrosas em Maiorca, onde o casal, ainda no início da relação, viajando com duas crianças, o filho e a filha da escritora, imaginara iludidamente encontrar, na temporada de estio mediterrâneo, um clima saudável e regenerador para os pulmões atacados dele. Ao voltar de uma de suas "explorações noturnas entre as ruínas", ela se depara com o compositor "pálido diante do piano, os olhos alucinados e os cabelos como que em pé".

Como um espectro que custa a reconhecê-la, ele toca "as coisas sublimes que acabava de compor, ou, melhor dizendo, as ideias terríveis e dilacerantes que acabavam de se apossar dele, quase à revelia, nessa hora de solidão, tristeza e terror". George Sand não resiste a ouvir no conjunto das peças curtas e poderosas que compõe no período, e que virão a ser os *Prelúdios* opus 28, os ecos descritivos do ambiente que os cerca, os vagos cantos funéreos dos monges, as alternâncias climáticas da ilha, o ruído das crianças pela janela, violões longínquos, gorjeios de pássaros e rosas pálidas na neve. Numa ocasião posterior, ao retornar com o filho de uma ida a Palma sob forte tormenta, ela encontra o compositor convertido alucinatoriamente num morto-vivo que a imaginou arrastada pela tempestade junto com o filho, e que toca o piano como se afogado num lago, sentindo cair sobre seu peito gotas d'água pesantes e geladas. À sugestão dela, de que essas gotas seriam as mesmas que caíam ritmadamente sobre o teto da abadia abandonada onde se hospedavam, ele protesta exasperado, "com todas as suas forças", contra a "puerilidade dessas imitações auditivas" e a redução da música aos termos descritivos, literários ou literais, da "harmonia imitativa". George Sand aquiesce, não sem insistir num entendimento musical baseado na imitação expressiva: "seu gênio estava cheio de misteriosas harmonias da natureza, traduzidas em equivalentes sublimes no seu pensamento musical e não numa repetição servil de sons exteriores", mas por isso mesmo as gotas da chuva no telhado real teriam se traduzido e se transfigurado "na sua imaginação e no seu canto", segundo ela, "em lágrimas caindo do céu sobre seu coração".[14]

Se a escritora tende a identificar na música, de maneira literal ou figurada, os efeitos do contexto imediato que os cerca, junto com a imagem do enfermo possuído pelo delírio, essas alusões são rechaçadas pelo músico que, mesmo mal saído, a acreditar na descrição, de um estado de transporte alucinatório, encontra forças para reagir com o vigor e o rigor de um critério estético oposto. Pelo que se pode depreender deste, há na música uma força pulsional obsedante, de tons oníricos, que emerge dos sons *sem se distinguir deles*, ao contrário de uma representação das paisagens sonoras circundantes, e independentemente de imitar ou não a gota d'água que ele escuta sem ouvir, isto é, sem a consciência disso. Note-se que tudo o que há de doentio, febril e delirante na situação do compositor é contrabalançado por sua afirmação sem subterfúgios do caráter autônomo, não imaginário e não imitativo, da música, que desmente, pelo seu próprio caráter reflexivo e crítico, a mitologia do artista entregue à doença e submetido pelas forças obscuras que se apossam dele. Sua concepção de música é a de uma linguagem funda e sem palavras, ligada intensamente a zonas psíquicas insondáveis e radicalmente avessa aos impulsos programáticos e descritivos, encontradiços entre tantos dos compositores do seu tempo.[15]

Para Liszt, exemplo privilegiado, entre todos, da outra vertente da estética musical romântica, a da fusão entre as artes, trata-se de embeber a música em conteúdos característicos, descritivos, pictóricos, literários e filosóficos. Inspirado na *Sinfonia fantástica* de Berlioz, ele estabelece os princípios do poema sinfônico, buscando fazer da música "uma trama narrativa, de fantasia, um entrecho literário e conceitual". O piano quer não apenas reproduzir os efeitos da voz humana e da orquestra, mas "imitar o barulho do vento e dos regatos, o tumulto do mar e da tempestade, a calma dos lagos, a campana da aldeia", e todo um conjunto de motivos pitorescos, sejam visuais ou auditivos, como o jogo da água na Villa d'Este, a capela de Guilherme Tell, os sinos de Genebra, o murmúrio da floresta. "Pensamos folhear um álbum de aquarelas e ilustrações, mas não se trata senão de um catálogo de composições pianísticas de Liszt", diz Beniamino Dal Fabbro, em seu *Crepuscolo del pianoforte*.[16]

Para Charles Rosen, se a invenção lisztiana tem muito de imitativa ("ele cria sonoridades no piano que se assemelham a sinos, cascos de cavalos, fontes, farfalhar de folhas, ou que imitam os instrumentos da orquestra"), Chopin cria "sonoridade pianística abstrata", "estrutura de sutis gradações, [...] contraponto de cor".[17] Em Chopin os títulos das peças, isto é, a sua área de radiação semântica explícita, limitam-se rigorosamente ao gênero a que pertencem, sejam *Baladas, Scherzos, Sonatas* ou *Improvisos*, a *Berceuse* ou a *Barcarola*, sem recorrer jamais a uma intenção narrativa sobressalente. Mesmo a "Marcha fúnebre", incluída na *Sonata* opus 35, comparece ali como um gênero musical,[18] e os famosos prelúdios "da gota d'água" (nomeado como tal a partir da citada narrativa de George Sand) ou "da morte", assim como as valsas "do adeus", "do minuto" ou "do cachorrinho", sem falar no "Estudo revolucionário" e no "vento sobre as campas" associado ao movimento final da citada *Sonata* opus 35, correspondem a atribuições póstumas, feitas por outros.

A cena com George Sand merece ser relacionada com o diálogo entre Chopin e Delacroix durante uma *promenade en voiture* por Paris, registrado no *Journal* do pintor em 7 de abril de 1848, poucos meses antes da morte do músico. Embora combalido pela doença, Chopin disserta, instigado pela curiosidade de Delacroix, sobre os fundamentos da lógica musical, dizendo que ela reside antes de mais nada no contraponto e na fuga, vale dizer, na simultaneidade orgânica dos acontecimentos. Esse princípio ele vê realizar-se em Mozart (além evidentemente de Bach) — onde todas as partes entram em acordo íntimo —, mais do que em Beethoven, que lhe parece algo obscuro e falto de unidade, em sua "pretendida originalidade um pouco selvagem". Chopin afirma ainda, segundo deixa ver Delacroix, que o costume cristalizado de aprender antes os acordes que o contraponto (vale dizer, a precedência consolidada no século XIX da harmonia sobre a polifonia) leva à platitude de procedimentos compositivos pouco dinâmicos como os de Berlioz, que fixa acordes e depois "preenche como pode os intervalos".

Delacroix afirma na ocasião o alto privilégio de se "instruir em tudo isso que os musicistas vulgares abominam", isto é, a possibilidade de conceber uma ciência que não se oponha à arte, uma ciência que, tal como "demonstrada por um homem como Chopin, é a própria arte", longe daquilo em "que o vulgo acredita", isto é, numa "espécie de inspiração que vem não sei de onde, que avança ao acaso, e só apresenta o exterior pitoresco das coisas".[19]

Em Maiorca em 1838, ou em Paris em 1848, portanto, em dois momentos distantes e assombrados pela doença, Chopin se distingue dela afirmando uma linguagem artística que soa, nos termos compósitos de Delacroix, como a "razão ornada pelo gênio", seguindo um caminho "regido por leis superiores", vale dizer, guiado não somente pelas necessidades do sujeito mas pelas necessidades do objeto. A propósito dessa passagem, Roberto Calasso destacou o pensamento "de uma consequencialidade quase científica", que se permite "tratar com impaciência até mesmo a inspiração", por parte de uma dupla que "uma tradição estúpida vinculava ao culto exclusivo de sentimentos e paixões". Calasso os relaciona por isso mesmo a Baudelaire, que, ao introduzir Poe na França, afirma que o estilo do escritor norte-americano é "denso, *concatenado*", e que "a má vontade do leitor ou sua preguiça não conseguirão passar através das malhas dessa rede tecida pela lógica".[20] André Gide diz ainda, nessa mesma linha, que aqueles que procuram em Chopin o romantismo e só o romantismo deixam de ver o que nele é mais admirável, isto é, "a redução ao classicismo do inegável aporte romântico".[21]

Em suma, a música chopiniana resulta na verdade de uma silenciosa, e em certo sentido heroica, resistência interna *contra* as condições em que foi produzida, contra aquilo que a cercava sob pressão e contra aquilo que veio a identificá-la com os clichês, o da exaltação programática do patriotismo polonês, o do sentimentalismo doentio, o dos avatares da música de salão. Resta saber então, entre céus e abismos, em que chão essa ave mirífica apoia seu voo.

O PIANOFORTE

Nenhum compositor da história da música de concerto é de tal modo indissociavelmente ligado ao piano como Chopin, cuja fidelidade ao instrumento vale por si só como um pronunciamento estético. Suas poucas obras para piano e orquestra são de um período inicial — na maturidade ele não voltou jamais à orquestração — e, fora algumas incursões localizadas pela música de câmara, para canto ou violoncelo e piano, juvenis ou tardias, o campo central de sua obra é exclusivamente pianístico e inconcebível de outra forma.

O piano já existia desde o princípio do século XVIII, na forma embrionária do *"cembalo con marteletti"*, mas pode-se dizer que atingiu seu pleno desenvolvimento técnico na altura de 1830, exatamente quando Liszt e Chopin, no limiar dos vinte anos, iniciavam suas carreiras parisienses. Diferentemente do cravo, em cujo mecanismo as teclas pinçam as cordas através de bicos de pena, extraindo-lhes um som cru e sem gradações dinâmicas, no piano o movimento das teclas atinge as cordas através de um complexo sistema de martelos articulados, que permite matizar através do toque a intensidade dos sons, indo do pianíssimo ao fortíssimo (possibilidade inédita entre os instrumentos de teclado, que lhe confere o nome de *pianoforte*). O revestimento dos martelos resulta na produção de um timbre macio e aveludado, sem deixar de ser potente, e o controle através do pedal direito prende e libera a reverberação das cordas na caixa do instrumento, permitindo prolongar ou "secar" milimetricamente a sua duração. Abarcando um amplo campo de tessitura (o que vai da nota mais grave à mais aguda), abrindo um extenso e nuançado campo de variações possíveis a incidir sobre as durações, sobre a dinâmica, sobre os timbres (mudanças no corpo do som pelo uso de pedais, oitavamento das notas e outros expedientes) e sobre os ataques (sons ligados ou destacados pelo toque dos dedos nas teclas, que variam em escala microcósmica seus modos de entrada e de saída no horizonte da escuta), o *pianoforte* descortinou um campo inédito de exploração das propriedades do fenômeno sonoro. Além de ser um instrumento ao mesmo tempo melódico, harmônico e polifônico, pelo fato de poder soar simultaneamente linhas, blocos de acordes e tramas entrelaçadas de "vozes" melódicas, o piano é sobretudo ressonante: uma nota soando na região grave faz vibrar simpaticamente todas as cordas que lhe são harmonicamente afins ao longo da harpa interna, ou calá-las, a depender do uso do pedal. Ele contém, assim, um duplo dispositivo de liberação e contenção sonora, que permite potencializar os efeitos harmônicos, ao mesmo tempo que controlá-los e intercambiá-los com precisão.

O desenvolvimento dessas possibilidades não interessou ao Século das Luzes. O som claro e distintivo das notas do cravo, cartesiano e aristocrático, mais fonológico do que fonético, mais contrastado do que ondulante, que já era não apenas suficiente mas adequado às tocatas e às sonatas barrocas, aos exercícios perolados de Scarlatti, ajusta-se perfeitamente aos planos bem definidos dos prelúdios e das fugas de Bach. Mozart está num ponto de passagem: o teclado ideal mozartiano seria "qualquer coisa de intermédio entre o cravo e o piano: uma espécie de *pianoforte* cravístico que tivesse o timbre do cravo e os efeitos de pedal do piano...".[22] A demanda por uma efetiva amplificação das possibilidades do teclado acústico, com a potencialização até os seus últimos limites de todos os parâmetros da sonoridade, permitidos pelo desenvolvimento do *hammerklavier* ou *pianoforte*, que tornam o instrumento um caudal emocionante de eventos sonoros em múltiplos planos, só se deu, não por acaso, depois da Revolução Francesa, como projeção do imaginário sonoro burguês. O processo passa por um minucioso aperfeiçoamento do sistema de martelos que trabalha as mediações entre as teclas e as cordas: a invenção, por Erard, do mecanismo de "duplo piloto", em 1790; o refinamento do mecanismo de alavancas entre a tecla e a corda, permitindo mais controle e nuançamento da intensidade, em 1808; o mecanismo do "duplo escapo", que possibilita a repetição de notas rápidas e ainda maior controle da intensidade sonora sob o toque, em 1821. Em 1825, a armação da caixa em ferro fundido permite pianos mais robustos e mais sonoros; em 1826, Pape substitui por feltro o couro ou a pele de gamo até então usados no revestimento dos martelos.[23]

Em 1830 o instrumento está pronto, em suma, para que esses gênios — ou gêmeos pianísticos simetricamente opostos —, Liszt e Chopin, venham a dominá-lo dentro das condições abertas pela Monarquia de Julho, em que grandes banqueiros alavancavam a revolução industrial francesa numa sociedade convertida em mercado de ações para os que podiam comprá-las, em que reinava o franco privilégio dos ricos, conforme a resposta cínica (*"Enrichissez-vous!"*) de François Guizot aos protestos contra a desigualdade social e política, e em que os salões aristocratas e burgueses, ornados de personalidades políticas e artísticas da situação e da oposição, como vimos, davam o timbre à cultura. O fabricante Érard implanta seu salão de concerto no Castelo de la Muette, Pape na antiga chancelaria d'Orleans, na Rue des Bons-Enfants, e Pleyel na Rue Cadet, onde Chopin fará a sua estreia em 1832.

Sabe-se que Beethoven, antes disso, cobrava dos fabricantes que construíssem um *hammerklavier* capaz de acompanhar as necessidades específicas da composição, e que suas partituras indicavam cada vez mais detalhes técnicos e expressivos: o uso do pedal atenuador, conhecido como *una corda*; as marcações dinâmicas, em especial os *crescendi*; as marcações de modos de ataque, os *stacatti*, *legati* e *non legati* (às vezes contrapostos na mão direita e na esquerda); os *sforzandi* e *rinforzandi*. O diálogo entre compositor e construtores evidencia que o desenvolvimento de uma linguagem especificamente pianística está ligado, nessa fase, a um trabalho técnico que não se separa das exigências materiais implicadas no aperfeiçoamento do instrumento.

O quadro oferecido em 1830 a Liszt e Chopin é diferente: o piano já é um instrumento consolidado em marcas que disputam o mercado, e seus recursos sonoros (potência, reverberação, velocidade das notas cromáticas e diatônicas, notas duplas, oitavadas, repetidas, arpejadas, blocos de acordes, trinados, trêmulos, os graves percutidos e as linhas cantantes) dão lugar a uma variedade sonora e a um virtuosismo antes inimagináveis, que farão do instrumento e seu executante as grandes estrelas do concerto solístico, gênero emergente criado por Liszt justamente a essa altura. A abertura do *Scherzo* em si bemol menor opus 31, de Chopin, por exemplo, pode ser vista, entre outras coisas, como um verdadeiro mostruário dessas possibilidades grandiosas, abarcando quase todos os itens técnicos que acabamos de relacionar: um curto motivo inicial, misterioso e insinuante, baseado em quatro notas arpejantes e oitavadas em legato pianíssimo, cercado de silêncios milimetricamente medidos, é rebatido pela irrupção estrondosa de graves percutidos, grandes blocos de acordes e arpejos varrendo de alto a baixo o campo de tessitura, completados por escalas ascendentes e descendentes que conduzem a uma *appassionata* melodia cantante.

Tudo ali assinala o caráter abrangente dos recursos pianísticos, sua dimensão sinfônica, sua capacidade de abarcar e superar, a seu modo, todos os outros instrumentos. Como tudo isso não tem mais a feição do trabalho e da conquista sobre as dificuldades técnicas, que vimos em Beethoven, mas já a da magia da *coisa-feita* investida em mercadoria, pode-se dizer que o piano se torna o fetiche por excelência da época, o campo de provas da realização e da competição individual sublimada em arte, o objeto desejado e largamente afluente de um comércio de instrumentos e partituras. O piano favorito de Liszt era o Érard, dono de uma sonoridade pujante, vigorosa e menos nuançada, enquanto o instrumento de eleição de Chopin era o Pleyel, menos robusto e mais afeito às sutilezas idiossincráticas do seu estilo. Não seria exagerado dizer que essas preferências, incorporadas comercialmente pelos fabricantes, prefiguram o futuro impacto mercadológico e o peso publicitário implicado na vinculação entre marcas e estrelas no mundo pop.

Aqui enfrentamos uma passagem crucial do nosso tema, o da decantada singularidade da música de Chopin, repisada por quase todos os seus comentadores mais importantes. Ela é inseparável do novo alcance material dado à música pelo desenvolvimento acústico do instrumento, e do modo único e concentrado como o compositor enfrentou e explorou a questão. É claro que o desenvolvimento técnico do mundo pianístico conferiu à música romântica possibilidades inusitadas e, mesmo, contribuiu para reforçar na prática, em alguma medida considerável, a soberania teórica da música entre as artes no romantismo. Consideremos, por exemplo, o fato de que Delacroix, já citado aqui como interlocutor privilegiado do músico (embora este não o admirasse especialmente como artista), não usava tintas e telas substancialmente diversas daquelas dos pintores renascentistas, independentemente das grandes diferenças estilísticas e temáticas entre eles, enquanto Chopin tinha pela frente um instrumento musical que realizava um conjunto de possibilidades nunca visto em nenhum instrumento anterior, e uma matéria sonora cujos corpo, plasticidade e multidimensionalidade tornavam literalmente tangível o fenômeno que hoje está claro na nossa consciência pós-eletrônica, o do som como cascata ondulatória de frequências em múltiplos parâmetros interligados (altura, duração, intensidade, timbre, ataque).

Como a onda sonora é um feixe de frequências em alta velocidade, mesmo que não percebida como tal, a alta velocidade obtida pelas cascatas de notas do piano, às vezes elevadas a nebulosas indistintas, pôs em cena de maneira inédita a natureza, as modalidades e as formas da onda sonora, tornando possível simulá-las, comentá-las e erigi-las a um grau elevado de transfiguração.

Outros, em especial Liszt, utilizaram essas condições novas de maneira brilhante e genial, porém mais decorativa, inconstante, imitativa e "literária". Mais centrado e concentrado nisso do que ninguém, Chopin atacou obsessiva e verticalmente as possibilidades expressivas dessa nova matéria, extraindo-as do desdobramento dela mesma (a matéria sonora) e tirando as poderosas consequências afetivas dos infinitos cambiantes do som manipulado pelo piano (que se mostrava capaz de imitar com luxo de nuances a dinâmica das paixões). A música de Chopin e sua época marcam o momento em que a manipulação da onda sonora, dobrando-se sobre si mesma enquanto superposição ostensiva de feixes ondulatórios, devolve a música a uma espécie de versão tecnicizada do seu oceano primordial. Refiro-me ao caráter fusional do som, evocado desde as míticas harpas eólicas tocadas pelo vento, que Schumann, crítico perspicaz, reconheceu na sonoridade chopiniana: "imagine-se uma harpa eólica que tivesse toda a gama sonora e que a mão de um artista mesclasse em toda sorte de arabescos fantásticos, de maneira a se ouvir sempre, no entanto, um som grave fundamental e uma suave nota alta; ter-se-á assim uma imagem próxima do modo de soar de Chopin". Ele se refere certamente ao *Estudo* opus 25 número 1, e diz ainda que, mais do que a percepção clara de alguma nota, o que se escuta é uma ondulação harmônica em lá bemol maior, renovada de tempos em tempos pelo pedal e povoada internamente por melodias fugidias e quase de sonho.[24]

É evidente, porém, que não se trata de um retorno à natureza originária, mas do resultado de uma impressionante acumulação técnica em que o desenvolvimento de uma tecnologia literalmente *digital* (em mais de um sentido), a da manipulação sonora por teclas distintas e discriminadas, produz o resultado analógico de um hipercontrole sobre as *camadas de ar agitadas*, para usar a expressão de Marx em *A ideologia alemã*, ao referir-se, no caso, à massa fônica das palavras. Se os torneios ideológicos dos discursos ganham criticamente com sua redução marxiana à expressão material mais simples, o ponto de inflexão, aqui, é que a música opera justamente sobre a materialidade das camadas de ar em sua expressão mais complexa, surpreendendo algo como a fugidia espiritualidade da matéria, presente in absentia na sua orla mais impalpável, como *aura*. Se a religião é o espírito de um mundo sem espírito, para citar outra passagem famosa de Marx, é a música que dá corpo a esse espírito, já na ausência da religião.

Entendamos, portanto, a sintomática irritação do compositor com explicações descritivas e com motivações miméticas exteriores atribuídas à sua obra. Chopin atuava de maneira radical na direção contrária, a da exploração profunda da mina emocional aberta pelas potencialidades autônomas do piano, que ele escavara prodigiosamente nos exercícios tanto técnicos como espirituais dos *Estudos* opus 10 e opus 25, e que passava pelo transe de sua elevação a uma quintessência enigmática nos *Prelúdios* opus 28, por ocasião da viagem a Maiorca. Podemos imaginar, com tudo isso, o quanto lhe soava incômodo o vezo descritivo dos já citados comentários de George Sand (sem esquecer que estes, mais que uma expressão dela, eram a expressão de uma das linhas dominantes do tempo, na sua maneira de conceber a música como uma modalidade do "literário").[25]

A singularidade da posição criativa chopiniana encontra correspondente, por sua vez, na sua maneira toda particular de inserir-se na cena concertística furtando-se a ela. Preferia os salões aos concertos, e, aos salões, as reuniões íntimas, onde exercia a mais decantada e para nós a mais inacessível das suas capacidades, a da improvisação. A sutileza do toque, compatível com a do piano Pleyel, punha dificuldades auditivas ante as plateias maiores, embora não impedisse o extraordinário sucesso das suas escassas apresentações públicas, e a expectativa que elas produziam (a analogia com o caso de João Gilberto quase se impõe por si mesma). É no contraste com a figura de Franz Liszt que podemos desvelar ao avesso, e outra vez, o que há de mais fugidio e difícil de definir na relação de Chopin com a música, com o piano e com o mundo em que viveu. Liszt encarnou o triunfo do piano em seu meio-dia tonitruante, e seu "voraz virtuosismo" foi identificado com as figurações de poder heroico e militar do século, com Napoleão e com o Império (recebeu certa vez numa cidade alemã uma espada simbólica, e muitas vezes aclamações apoteóticas de imperador vitorioso).[26] Exaltou ele mesmo o piano, em sua autossuficiência, como o mais elevado e complexo membro da família dos instrumentos, pontuou a sua modernidade ("o único que progride continuamente, aperfeiçoando-se a cada dia") e decantou os seus sortilégios como da ordem dos superpoderes:

> a sua extensão abraça mais que sete oitavas, ou seja, supera a da maior orquestra, e, no entanto, esse enorme material sonoro pode ser manobrado pelos dez dedos de um só homem, enquanto a orquestra exige o trabalho de cem executantes. Nós, pianistas, podemos fazer soar acordes como uma harpa, cantar como os instrumentos de sopro, destacar, ligar e conseguir num único piano uma infinidade de procedimentos que não eram possíveis senão com muitos instrumentos diversos. Mais que qualquer outro instrumento, o piano pode participar da vida humana, vivendo ainda uma vida e um desenvolvimento próprio, inteiramente pessoal: microcosmo, *microdeus*...[27]

A passagem não deixa dúvida: o piano é concebido aqui como o meio de transporte metafísico do indivíduo sobre a massa, como a entidade na qual se manifesta e se materializa o Gênio, e ainda, o que não está dito, como a expressão mais acabada do fetichismo da mercadoria numa época em que o mercado musical emerge no contato direto com uma decantada e fortíssima tradição musical. O que resulta nesse efeito extravagante — aos olhos contemporâneos — de espetacularização de massa inteiramente dentro, nesse momento inicial, do repertório da cultura alta.

Os recitais de Liszt (que ele mesmo desincompatibilizou dos espetáculos mistos de múltiplos artistas que vigoravam até então, decolando definitivamente, como se diz hoje, para a carreira solo) prefiguram os shows de uma espécie de pop star de luxo, com figurinos chamativos e exuberantes, luvas atiradas à sanha das mulheres na plateia, execuções de um virtuosismo sensacionalista, culminando no verdadeiro "circo romano" da improvisação final, em que se travava a batalha triunfal do intérprete com os últimos limites mecânicos do instrumento. Beniamino Dal Fabbro sugere a ideia do recital lisztiano como um rito demonstrativo em que o campo sonoro sucumbe ao repasto triunfador de um exuberante "temperamento rapinoso". Marie-Felicité Moke-Pleyel (pianista e mulher de Camille Pleyel, o fabricante rival de Érard) teria dito com um misto de ironia e fascínio, inclinando-se sobre o instrumento depois de um concerto de Liszt: "Contemplo o campo de batalha, conto os mortos e os feridos".[28] A mitologia inerente ao espetáculo lisztiano ressoa o imaginário das guerras do século, sublima e imita o tom heroico de suas violências e, se não bebe diretamente no modelo do triunfo militar, identifica-se e é identificado com ele.

Ao aristocratismo do temperamento chopiniano desgostava visceralmente, ao que indicam todos os seus gestos conhecidos, a consumação do virtuosismo como uma espécie de carnificina simbólica. Além do mais, como nativo ultrassensível de uma pátria engolida por potências estrangeiras, travava surdamente uma batalha traumática interna com o imaginário da guerra e seus sucedâneos heroicos, como a glorificação figurada do conquistador. O diário íntimo escrito durante sua passagem por Stuttgart, a caminho da França, no período imediatamente posterior à insurreição fracassada de 1831 e à queda de Varsóvia, denuncia o pânico, ao mesmo tempo alucinatório e justificado, ante a perspectiva da invasão russa, da violência inominável, do horror do estupro. Entre fantasias mórbidas, cheias de "transgressões, voyeurismo e sensação de impotência" (como diz a biógrafa Benita Eisler), de remorsos e da sensação intraduzível do *zal* (termo polonês ligado à dor, à falta, ao luto, ao azedume estéril), ele imagina suas irmãs violadas e Konstancja, seu amor juvenil, possuída e estrangulada pela "soldadesca moscovita".[29] Esse páthos é inerente às peças de desespero e de combate que são as *Polonaises*, mesmo quando apelidadas simplesmente de "Militar" e de "Heroica".

E é verdadeiramente emblemático que seu piano, guardado mais tarde em Varsóvia como uma relíquia, tenha se convertido em vítima de guerra, ao ser atirado da janela pelos cossacos que invadiram e incendiaram o palácio dos Zamoyski, em represália à nova insurreição polonesa de 1863. Os destroços, como um corpo violentado, tornaram-se matéria do canto de Cyprian Norwid (1821-83), uma espécie de Sousândrade polonês, no poema "O piano de Chopin", cujo fragmento final damos aqui:

Vejo testas
De viúvas empurradas
Pelo cano
Das armas — e vejo entre a fumaça no gradil
Da sacada um móvel como um caixão erguerem... ruiu...
Ruiu — T e u p i a n o!

[...]
Ele mesmo — ruiu — no granito da calçada!
— E eis aí: como o nobre
Pensamento é presa certa
Da fúria humana, o u c o m o — s é c u l o   s o b r e
S é c u l o — t u d o, q u e   d e s p e r t a!
E — eis aí — como o corpo de Orfeu,
Mil paixões rasgam dementes;
E cada uma ruge: "E u
N ã o!... E u   n ã o" — rangendo os dentes —

Mas Tu? — mas eu? — que surda
O canto do juízo: "A l e g r i a, n e t o s   q u e   v i r ã o!...
G e m e u — a   p e d r a   s u r d a:
O   I d e a l — a t i n g i u   o   c h ã o —"[30]

Há no caráter low-profile da atitude estética chopiniana mais que uma questão de estilo: uma ferida psíquica, uma resistência profunda à identificação com a figura ostensiva do vencedor, e uma identificação compassiva e ambivalente com o lugar do feminino, que dá à sua relação de intimidade exclusivista com o piano uma feição edípica.[31] Se a sua relação com a música não é a da emergência extrovertida dos novos meios transformados em retumbantes narrativas heroicas, como já foi dito, é a da imersão introvertida no mundo ondulatório com o qual ele conquista uma intimidade única.

Foi daí, e não de outra coisa, que Chopin extraiu o seu poder e a "razão de Estado" com que triunfa em Paris, num campo de ação diferente daquele dos protagonistas dos romances que Balzac escrevia na mesma época, embora estes descrevessem minuciosamente o mundo em que estava mergulhado esse dândi vestido com as roupas da moda, à procura da bota perfeita, calças de alfaiates de luxo e luvas brancas. Nos primeiros anos, desafiado a jogar a sua primeira e grande cartada, dedicou-se, não por acaso, aos dois volumes de *12 Estudos*, o opus 10 (publicado em 1833) e o opus 25 (publicado em 1837), completados pelas cápsulas enigmáticas dos *24 Prelúdios* opus 28 (publicados em 1839), formando esses três volumes, junto com o das *Mazurcas*, o conjunto mais radical de sua obra, na linha de interpretação que estamos seguindo. Os *Estudos* são um monumento ao piano num gênero que exibe, antes de mais nada, a relação metódica com o instrumento, as vicissitudes de sua prática, as particularidades de sua técnica. Uma intervenção ambiciosa e consciente, vale dizer estratégica, nos domínios do instrumento-fetiche que centralizava a vida musical, através do domínio intensivo e minucioso de todas as suas refrações, convertidas em peças de uma beleza concertante e desconcertante.

Desconcertante porque uma beleza deslocada e intempestiva, no gênero. A cultura pianística do período, largamente difundida, supunha naturalmente a existência de exercícios de cunho formador, capazes de alimentar o desenvolvimento técnico de uma leva crescente de profissionais e amadores. O piano se tornara uma peça indispensável do mobiliário burguês: uma pesquisa de 1845 estimou em 60 mil o número de pianos só em Paris, estipulando em 100 mil o número das pessoas capazes de tocar de alguma maneira o instrumento, numa população total de 1 milhão.[32] A obra de Bach, do *Livro de Anna Magdalena Bach* ao *Cravo bem temperado*, que Chopin estudava e venerava antes de tudo, fora incorporada, nessa época, como exercício, como iniciação, como instrumento de desenvolvimento e formação (o que se aplica também a Beethoven, Schumann e Liszt). Desde o início do século XIX outros professores tinham composto estudos para piano que se tornaram clássicos, como Cramer, Czerny e Moscheles. Muzio Clementi, autor do *Gradus ad Parnassum*, tornara-se um misto de virtuose, compositor, professor, diretor de uma fábrica de pianos e de uma editora, abarcando numa pessoa só toda a cadeia produtiva envolvida (como se mapeasse os degraus técnicos do instrumento ao mesmo tempo que galgasse os do emergente Parnaso empresarial). Nenhum desses (Bach está fora de questão, é evidente) ultrapassa o seu caráter de música funcional de cunho auxiliar. Schumann e Liszt escreveram, por sua vez, estudos de concerto, em parte inspirados em Paganini, estetizando decididamente o gênero e fazendo dele um campo de fantasiosa eclosão das possibilidades virtuosísticas. Mas só Chopin, entre todos, combinou rigorosamente o fundamento técnico sistemático do volume de exercícios para piano com a transfiguração do gênero, compondo estudos transcendentais (em grau de desafio técnico superior) que são, ao mesmo tempo, música absoluta elevada ao sublime.

O resultado é um sucesso imediato em dois flancos distintos. Esnobado ou desconhecido de início pelo mundo pianístico (o virtuose Kalkbrenner dispusera-se a ministrar-lhe aulas regiamente pagas), pelo Conservatório, pela Sociedade de Concertos, o jovem Chopin conquista, com a edição dos *Estudos*, junto com a do *Concerto em mi menor* opus 11, um até então invisível público de massa, dado pelos milhares de pianistas amadores, em grande parte mulheres, que se mobilizaram para comprar suas partituras, projetando a partir daí o círculo do seu sucesso e de sua celebridade "numa espiral sem fim".[33] O feito sacramenta, por sua vez, a tumultuada amizade financeira de Chopin com o editor Maurice Schlesinger, que se sustentará durante treze anos na base de polpudos adiantamentos por obras entregues sempre depois da angustiada demora exigida por um improvisador fulgurante que escrevia lentissimamente, sob um regime de autoexigência atroz.[34] (Mais que o neutro instrumento de fixação de algo já pronto, a escrita é a instância trabalhosa que leva o princípio de organicidade interna ao seu limite, além de devolver a obra, uma vez fixada, àquele estado de indecisão "*charmante*" no qual Gide reconheceu a dicção especificamente chopiniana, que a reaproxima do improviso.)

O sucesso teve também o condão de guindá-lo da posição de virtual aprendiz à de feiticeiro consumado. Seu jogo abria com um surpreendente lance artístico de largo alcance investido de maneira incomum num gênero de música funcional. Além de corresponder com um brilho novo à sua função, dando um alento inesperado ao árido enfrentamento das dificuldades técnicas específicas do instrumento, os *Estudos* retomavam a lição bachiana em correspondência com a atualidade da técnica. Se Bach elevou a polifonia à sua máxima expressão virtual num plano independente dos timbres, como se costuma dizer d'*A arte da fuga*, trama de melodias simultâneas escrita para instrumento nenhum, Chopin, esse devoto d'*O cravo bem temperado* — que ele cita e consagra na estrutura dos *24 Estudos* e *Prelúdios* —, tomou para si a herança do pensamento polifônico nas dimensões concretas das dinâmicas, das massas sonoras, dos ataques e das texturas, em suma, na materialidade da onda sonora tal como esta se tornou possível graças ao desenvolvimento do piano. A sua declarada herança da lição polifônica não é, segundo Charles Rosen, a do contraponto estrito, isto é, a da polifonia clássica e suas vozes melódicas independentes, mas a do claro-escuro em que o jogo das sonoridades guarda vozes internas latentes, "soterradas em uma textura aparentemente homofônica", que faz efeito sobre os "nervos do ouvinte" podendo irromper na consciência a qualquer momento. Se a polifonia do *Cravo bem temperado*, sem falar na da *Arte da fuga*, é antes de tudo *mental*, a de Chopin, seja na compactação das suas superposições de "notas cromáticas de passagem e ritmos quebrados complexos", seja na transparência com que se deixa entrever através da respiração das frases, é fundamentalmente *auditiva*.[35]

O *Estudo* número 1 do opus 10, em dó maior, que abre toda a série, é uma evidente glosa do *Prelúdio* número 1 do primeiro volume d'*O cravo bem temperado*, mas como se os arpejos descarnados que expõem, neste, uma sucessão límpida de encadeamentos harmônicos, ganhassem a velocidade fulgurante de um raio que se espalhasse por todo o campo de tessitura. Um cronista vienense definiu-o como uma combinação do espírito formador de Bach com a "incandescência apaixonada e o desafio técnico de Paganini".[36] O que temos aqui é algo como um cantus firmus oitavado nos graves sob uma cauda vertiginosa de rajadas de ressonâncias em que quase não se distinguem notas, mas turbulentos e contínuos desenhos de ondas.

Em princípio, estudos são peças monotemáticas que visam desenvolver a musculatura, a agilidade, a digitação, a flexibilidade e a velocidade do instrumentista. Os estudos chopinianos levam esse pressuposto ao limite da ascese e do sadismo, exigindo malabarismos de dedilhado, alargamento da área de atuação das mãos, extensão e independência penosas do quarto e do quinto dedos (que são os mais frágeis), progressões cromáticas, articulação de blocos intervalares difíceis, em terças, quartas, sextas e oitavas, velocidade e independência na mão esquerda, flexibilidade e firmeza dos pulsos. Chopin considerava que cada dedo tinha uma personalidade independente a ser trabalhada a ponto de tornar-se capaz de fazer vários papéis. Se submete, por exemplo, o terceiro, quarto e quinto dedos da mão direita à escalada dos arpejos alargados no opus 10 número 1, obriga-os a sustentar um movimento cromático contínuo no opus 10 número 2 e a cantar a melodia do chamado "Tristesse" no opus 10 número 3. Assim, além de malhar pontos específicos e atléticos com uma fúria sistematizante, os estudos chopinianos focalizam com precisão problemas técnicos mais sutis, mais difíceis de abordar e inseparáveis da sensibilidade musical, que são também exigidos ao máximo: diferentes tipos de ataque (o staccato e o legato, rebatendo-se alternadamente), contrastes e contraposições dinâmicas (do pianíssimo ao fortíssimo), contrapontos de vozes melódicas insinuadas em meio a texturas complexas.

Ultrapassando em muito a dimensão trivial da melodia na mão direita acompanhada por acordes ou arpejos na mão esquerda, assumindo o campo dado pelo piano como um campo de sonoridade total onde planos múltiplos se entrelaçam, se contrapõem e ricocheteiam, é como se Chopin estivesse ele mesmo estudando, nos *Estudos* e nos *Prelúdios*, com meios acústicos e alta imaginação sensível, sem falar nos seus fundamentos emocionais, a complexidade das formas ondulatórias, que o laboratório de música eletrônica permitiu conhecer e explorar cientificamente mais de um século depois, em meados do século XX (dessa vez com pressupostos antirromânticos, com uma concepção de música desvinculada de sua aura expressiva e com o som tomado como matéria dessubjetivada, como "camadas de ar agitadas" produzidas por síntese eletrônica).

Chopin opera sua intervenção sobre o campo ondulatório de muitas maneiras: pela superposição de pulsos defasados, que resultam em texturas rítmicas e melódicas complexas (opus 10 número 10, opus 25 número 2, opus 28 número 5); pela aceleração de linhas superpostas que nos faz ouvir resultantes sonoras sem ouvir "notas", como no já citado opus 25 número 1 e no opus 28 números 8, 12 e 16; pela explicitação contrastante dos modos de ataque, isto é, pelas diferentes formas como os sons entram e saem do campo sonoro, ligados entre si ou repicados e picotados. A sequência dos *Estudos* 3, 4 e 5 do opus 25 dá um verdadeiro zoom microscópico na fenomenologia dos modos de ataque, com as apoggiaturas contínuas do número 3, que passam por sutilíssimas alterações de inflexão ao longo da peça (a linha melódica é exposta não por notas isoladas, mas por uma sequência de quase clusters, aglomerados ruidísticos que aludem, mesmo na limpidez do resultado, à natureza acusticamente "suja" do som); com os contratempos marcados do número 4, que o fazem lembrar um boogie-woogie, em meio aos quais despontam notas alongadas e cantantes; com o contraste, no número 5, entre as células recortadas das partes inicial e final e o esparramamento legato da mão direita na parte central, espraiando--se sobre uma melodia cantante na mão esquerda.

O *Estudo* opus 25 número 7 é, talvez, o melhor exemplo das metamorfoses pelas quais passou a polifonia bachiana sob o tratamento intrinsecamente pianístico de Chopin. A mão esquerda canta de forma lenta uma melodia recitativa. A mão direita contracanta com outra, e ambas seguem nesse diálogo, defasadas e mediadas pelos acordes que, tocados ao mesmo tempo pela mão direita, vão dando às vozes o seu apoio harmônico. No processo, a melodia da mão esquerda começa a expandir-se irresistivelmente em fiorituras, bordando as notas à maneira dos expedientes do bel canto (a influência de Bellini é amplamente reconhecida, a esse respeito), com a diferença de que essas expansões ornamentais vão ultrapassando em muito as possibilidades da voz humana, não só metamorfoseando-se em música instrumental como levando o instrumento a seu limite, a ponto de ultrapassar o reconhecimento distintivo das notas em nebulosas fulgurantes que atingem números francamente irracionais, se contabilizados: no compasso 30, por exemplo, a mão esquerda chega ao paroxismo de 58 notas num compasso de três tempos (o que daria 19,3333333 notas por tempo), entre outras ocorrências semelhantes, que não impedem o discurso total da peça de manter-se sóbrio, íntegro, e de terminar inteiramente pacificado com as convulsões que o habitam (o pássaro esvoaça sobre os horrores do abismo...).

Os *24 Prelúdios* opus 28 compõem, em sua obsessiva referência a *O cravo bem temperado*, uma construção total ainda mais cerrada que a dos dois volumes de *Estudos*, abarcando o ciclo completo das doze tonalidades maiores e menores encadeadas. Essa estrutura fechada e autorreferente acusa, no entanto, uma falta gritante em relação a seu modelo: se no *Cravo* os prelúdios preludiam fugas, formando com elas um par complementar e irredutível, no opus 28 chopiniano os prelúdios não preludiam nada além de outros prelúdios em cadeia, música apontando para a procura de si mesma. Se os títulos das peças de Chopin nomeiam, como já foi dito, sua localização genérica num campo de práticas determinado, como valsas, mazurcas ou scherzos, que elas comentam e transfiguram, os *Prelúdios* expõem a perda de referência que subjaz aos gêneros, oscilando por isso mesmo entre eles numa zona de relativa indeterminação. Os de número 3, 8, 12, 16, 19, 23 e 24, por exemplo, apontam para os *Estudos*; o 7, para uma *Mazurca* reduzida à sua expressão mais simples; os de número 4, 6, 15 e 17 poderiam quase ter sido *Noturnos*, o de número 13 uma *Barcarola* menor. Entre todos, circula mais propriamente uma interrogação sobre o lugar que ocupam, o que encontra afinal sua manifestação mais sintomática no gênero *fragmento*: no número 1, uma nova glosa, dessa vez elíptica, pulsante e sem chão, do "Prelúdio" em dó maior do primeiro volume do *Cravo*; no 2, um ostinato evanescente em torno de uma dissonância lancinante; no 5, um ameaço de estudo sobre vozes superpostas em intrincada defasagem; no 9, um "*alla marcia*" inquieto e curto; no 10, jatos de improviso confluindo para os restos de uma mazurca latente; no 11, uma promessa de voo que se dissolve; no 14, um esboço do que será o futuro movimento final da *Sonata* opus 35; no 18, um convulsionado gesto de balada interrompida; no 20, uma breve reminiscência solene também "*alla marcia*"; no 22, pulsações agitadas, espasmódicas e sem lastro.[37]

Robert Schumann formulou mais uma vez com precisão, em linguagem romântica, a vinculação dos *Prelúdios* a uma poética do fragmento, ao comentar que eles são esboços, germens de estudos ou, se quisermos, "ruínas", "penas de águia" dispostas de maneira "selvagem e desordenada", mas com a marca "perlácea" inequívoca do autor, que segue sendo, para ele, "o gênio poético mais ousado e indomável do tempo". O volume contém, diz Schumann, algo de "doentio, de febril e de repulsivo", capaz de engolir quem se aproxime, e mantendo por isso mesmo longe, em prudente reserva, o cauteloso filisteu, essa "*entranha vazia — cheia de temor e de esperança; que Deus tenha piedade dele*".[38]

O PRÍNCIPE CAMPONÊS

Um canal de contato com a memória afetiva das viagens da adolescência pela região do Mazowsze, que circunda Varsóvia, irriga a série das *Mazurcas*, que ocupa um lugar especial no imaginário chopiniano. Peças de compasso ternário, alteradas por uma agógica toda particular, que as distingue das valsas, elas são pontuadas por alusões ao universo instrumental e modal da música popular camponesa, sem se reduzirem a um caráter documental. Em vez disso, transfiguram e realimentam a memória num fio recorrente que, mais do que todos os outros gêneros praticados por Chopin, atravessa a obra de ponta a ponta, do juvenil opus 6 até a última peça escrita, que é a *Mazurca* opus 68 número 4.

Os gêneros populares de referência são a *mazur* ou *mazurek*, a *oberek* e a *kujawiak*, danças polonesas, ora rápidas ora lentas, em que os acentos do compasso ternário incidem não só sobre o primeiro tempo, como é comum na valsa, mas sobre o segundo ou terceiro, formando, junto com certos retardamentos mínimos da pulsação, figuras contramétricas peculiares, "pequenos nadas" microrrítmicos próprios das tradições musicais regidas não por uma espacialização abstrata do tempo, como a da partitura ocidental, mas por uma energia psicocinética eminentemente temporal e impossível de grafar.[39] Chopin utiliza também, em algumas passagens das *Mazurcas*, modos escalares estranhos ao sistema tonal que preside a via central da música de concerto, aludindo a tradições nativas.

Mas não há, senão ocasionalmente, citações literais de temas populares, muito menos pesquisa folclórica no sentido que esta ganhou entre outros românticos, ou no método de composição de autores do século xx como Bártok. A referência popular está, aqui, na livre exploração do campo imaginativo do gênero, povoado de gestos reconhecíveis enquanto cifras fantasmáticas de um *lugar*, que ocupa de tempos em tempos a memória involuntária sob a forma do retorno incontornável do perdido. São acentos rítmicos, modos escalares, notas pedais que imitam, por exemplo, procedimentos das gaitas de fole, células dançantes, modos de ornamentação, entre outros processos menos defíniveis de acento étnico, que contracenam com a presença perturbadora de motivos obsessivos, recorrentes quedas cromáticas, ousadias harmônicas e passagens francamente elípticas e fragmentárias, que afastam ainda mais essas peças do âmbito simplório da peça de salão característica.

Nietzsche fala, a propósito de Chopin, de uma "liberdade principesca" que consiste em dançar entre as cadeias da convenção, como só o pode "o mais livre e mais gracioso dos espíritos". A definição combina com outra, a do aristocrata estetizado (aristocrata democrata "que alcança a nobreza por um processo de autoeducação") capaz de deslizar "sobre o chão em que nós afundamos" graças a uma leveza conquistada e livre de esforço visível.[40] A ideia de uma fluida liberdade dançante em meio às convenções do gênero se aplica bem às *Mazurcas* de Chopin, pedindo, no entanto, um desenvolvimento mais específico quanto ao seu propalado caráter aristocrático. Este se liga ao refinamento inquestionável pelo qual ele trata o repertório gestual e as sonoridades transfiguradas da tradição camponesa. Ao mesmo tempo, a tradição camponesa se afirma com pujança e certa rusticidade estilizada inegáveis, levando a pensar sobre a ligação complexa entre esses termos opostos, o aristocrático e o popular, em Chopin.

A relação sacrificial entre senhor e servo, com a reversão de papéis entre eles, como atesta a novela *Senhor e servo*, de Tolstói, pode ser vista como um mito do mundo eslavo (a palavra "eslavo", a propósito, é da mesma raiz de *slave*, como se o nome da etnia contivesse de maneira ambígua e reversível a oposição entre senhor e escravo). Essa operação simbólica se investe de um papel crucial na Polônia, país marcado por uma singular monarquia eletiva no período das monarquias absolutistas da Europa,[41] guardando ao mesmo tempo uma renitente disposição camponesa e feudal pelos séculos XVI e XVII adentro, e desaparecendo, ademais, como Estado autônomo do fim do século XVIII ao começo do XX. Dentro dessas condições muito peculiares, e ao contrário de outras nações modernas, não há lugar para o protagonismo de uma burguesia nacional, ficando o papel ideológico aglutinador a depender, em vez disso, de uma espécie de amálgama figurado entre o nobre e o camponês no enfrentamento do dominador estrangeiro. No século XIX polonês, o perfil burguês se faz reconhecer mais propriamente nas figuras do alemão e do judeu. A condição da nobreza, difundida entre pequenos proprietários através de mecanismos de troca de reconhecimento, mais que de linhagem, está mais próxima do mundo rural do que das cortes. E se o destino dos servos é o grande tema do embate político entre as forças que pressionam por uma saída aristocrática-conservadora do jugo estrangeiro ou uma saída romântico-libertária, o próprio nó da relação, a oposição entre o nobre e o camponês, se converte, com a reversão de um ao outro, no mito utópico-reparador por excelência.

Um conto de Joseph Conrad, "Príncipe Roman", vai ao núcleo desse complexo simbólico. Escrito em 1911 por esse polonês anglicizado, remonta justamente ao ano de 1831 ("um daqueles anos fatais em que, em presença da indignação passiva e das eloquentes simpatias do mundo, nós tivemos, uma vez mais, que murmurar 'vae victis' e fazer o balanço das perdas na moeda do sofrimento").[42] É aquele mesmo ano em que vimos Chopin, a caminho da França, recebendo notícias assustadoras do esmagamento do levante polonês em Varsóvia. A história familiar de Joseph Conrad, nascido Józef Korzeniowski, é permeada pelas vicissitudes desse passado nacional. Sua família vinha de uma pequena nobreza rural marcada por forte ânimo patriótico: seu tio Robert Korzeniowski fora morto no levante de 1863 (quando se deu o já citado episódio da destruição do piano de Chopin); outro tio, Hilary, fora deportado no mesmo ano para a Sibéria, onde morreu quinze anos mais tarde. O pai de Conrad, Apollo Nałęcz Korzeniowski, poeta e tradutor, foi deportado em 1862, com a família, para a Rússia, por sua participação no clandestino Comitê Nacional Polonês, tendo morrido poucos anos depois, assim como a mulher, das agruras do exílio. O filho ficou com familiares da mãe até os dezessete anos, quando partiu para o mar e para o mundo, tornando-se um dos maiores escritores de língua inglesa sob o nome de Joseph Conrad, embora com um débito permanente, "na moeda do sofrimento", para com essa história pessoal e coletiva. "Príncipe Roman" não deixa de ser um ajuste de contas com as origens abandonadas, que começa com a pergunta sobre o sentido da ideia de aristocracia e de outro valor desacreditado, o "patriotismo", visto pela "delicadeza de nosso olhar humanitário como uma relíquia da barbárie".

 O conto opera uma retomada moderna dessas categorias tradicionais, a nobreza e o patriotismo, do ponto de vista da experiência polonesa, no interior da qual o éthos patriótico continuaria vigorando como um interminável trabalho de luto. Baseia-se na história de um camarada em armas de seu avô Korzeniowski, o príncipe Roman Sanguszko, na figura do personagem Roman S_____, que contraria a aliança aristocrática familiar com o czar e engaja-se intempestivamente na luta antirrussa. No processo, vem a tomar secretamente o lugar do servo que o acompanha, morto em combate, abrindo mão de seus privilégios estamentais e assumindo sacrificialmente a identidade deste, lutando nas fileiras comuns e fazendo-se reconhecido pelo mérito, até ser tomado como prisioneiro e servir na Sibéria (recusando-se em julgamento a renegar a convicção patriótica que o moveu, e a valer-se das atenuantes conciliatórias que a sua posição de origem permitiria perante o tribunal do czar). Trata-se de uma situação singular, e ao mesmo tempo exemplar, em que a nobreza do nobre está em converter-se no camponês que o serve, o qual se faz, por sua vez, nobre póstumo.

Não por acaso o herói nacional Tadeuz Kościuszko, que comandou o levante de 1794, em cujas tropas o pai de Frédéric Chopin lutou, e cuja derrota selou a terceira partilha da Polônia e a desconstituição desta como Estado independente, é objeto de uma biografia recente, *The Peasant Prince* (*O príncipe camponês*), escrita por Alex Storozynski (o qual, ao que tudo indica, não pensou no conto de Conrad quando escolheu o título da obra, o que faz deste um índice involuntário a mais dessa constelação cultural particular).[43] Kościuszko participara também como voluntário, em 1776, das lutas pela independência norte-americana, nas quais se fez reconhecer pelo mérito, em curiosa analogia com o personagem de Conrad, do qual é talvez uma espécie de paradigma histórico e mítico. Foi promovido a coronel de artilharia por George Washington, que o tornou seu auxiliar direto, e mais tarde a general-brigadeiro, fazendo jus a uma série de benesses do Estado americano. Nas lutas de 1794, na Polônia, Kościuszko tinha como ajudante de ordens um negro norte-americano, Jean Lapierre, envolvido com ele na tentativa de libertar servos brancos das condições feudais. Voltando aos Estados Unidos depois das batalhas polonesas e da prisão, confiou a Thomas Jefferson, em 1798, uma soma considerável em dinheiro acumulado, a que tinha direito, para a missão de libertar e educar escravos negros (como se traduzisse de alguma forma para o contexto anglo-americano a vertente romântico-emancipadora do mito identitário polaco).

Um arco significativo de datas nacionais e pessoais compreende, desse modo, a carreira chopiniana, antes, durante e depois de seu tempo de vida: 1794 e a participação do pai no exército derrotado de Kościuszko; 1831 e o levante fracassado, tomado como referência pelo conto de Conrad, no mesmo momento em que Chopin abandonava a Polônia para sempre; 1863 e o piano estraçalhado pelas tropas russas, consumando a vinculação órfica de sua música com a história nacional, tal como decantada no poema de Cyprian Norwid. Somem-se a isso as *Baladas e romances* de Adam Mickiewicz, a interpretação deste do destino polonês como exílio e peregrinação,[44] além de seus fragmentos líricos,[45] e temos algo do elo que liga as *Polonaises* às *Mazurcas*. Na origem música militar ou de corte, as *Polonaises* tornam-se caixas reverberantes, sem palavras, dessas vicissitudes heroicas e trágicas, referidas ao modelo paterno (e assombradas pelas ameaças inomináveis sobre o feminino). Junto com elas, as *Mazurcas* perfazem a rememoração a fundo perdido de um vínculo inapagável e distante, à maneira daquele que se esconde e se revela na obra de Korzeniowski/Conrad (comparado aqui a Fryderyk/Frédéric não como dicção, mas como semelhança de destino, o de polacos exilados e ocidentalizados que escreveram em outra "língua", guardando uma dívida insaldável com a origem).[46] Em Chopin, as *Mazurcas* são peças líricas que alternam penetrante vivacidade e meditação enigmática, que evocam uma área de afinidade feminina, ligada à memória profunda, e que estilizam um campo de sonoridades refinado e rústico, nobre camponês (da parte daquele que sempre dependeu, em seu despaisamento definitivo, da presença, em torno de si, da música da língua materna). Esse complexo histórico-pessoal é evidentemente maior, para efeito da obra, do que a sua ligação, por outro lado, com a aristocracia polonesa dos salões parisienses.

NOTAS FINAIS

Conservador e revolucionário, no dizer de Charles Rosen, esse cultor novecentista da música do século XVIII é fundamental para a ampliação do universo sonoro que se dá na passagem ao século XX, através, por exemplo, das extremadas sonoridades ondulatórias do Ravel de *Gaspard de la nuit* ou das explorações melódicas, harmônicas, timbrísticas e texturais dos — não por acaso — *Prelúdios* e *Estudos* de Debussy (sem falar ainda nos assumidamente chopinianos *Noturnos* e *Barcarolas* de Gabriel Fauré).[47] A maneira como explora células monotemáticas e obsessivas, nos *Estudos*, abre esse campo de possibilidade sonora a Scriabin, Prokofiev e Alban Berg, além de Ravel e Debussy.[48]

O fato de Chopin ser também o compositor de concerto mais presente na música popular brasileira, especialmente na obra de grandes compositores pianistas como Ernesto Nazareth e Tom Jobim (que vemos, numa foto do sítio onde compôs "Águas de março", tocando um piano sobre o qual se distingue, soberana, a estatueta do compositor polonês), merece aqui um pequeno comentário. Em Nazareth, mais do que nas *Valsas* ou na "Marcha fúnebre" (e demais tentativas concertísticas), Chopin deixa traços na textura de sua escrita pianística pontuada por planos superpostos e acontecimentos múltiplos. Em Jobim, além disso, na relação evidente do *Prelúdio* opus 28 número 4 com a canção "Insensatez", de onde o compositor extrai um princípio recorrente em muitas de suas canções, o da melodia que insiste numa mesma nota enquanto a harmonia vai alterando-a através de lentos deslizamentos cromáticos. Lorenzo Mammì identifica também uma possível relação entre a célula geradora do *Estudo* opus 10 número 6 e a célula obsessiva do "Retrato em branco e preto".[49]

Mais que isso, a relação de Chopin com a música brasileira

nos devolve à nossa questão inicial, a da combinação do apelo instantâneo com a complexidade de linguagem, do popular com o "esotérico". Mário de Andrade observava exatamente esse paradoxo em Ernesto Nazareth, dado o fato intrigante de ser ele ao mesmo tempo o mais sedutor e o mais consistente compositor popular de sua época.[50] A observação pode ser estendida, em larga margem, a Tom Jobim, cuja obra de ampla repercussão se faz não obstante seu requinte melódico-harmônico, seu caráter escapadiço e modulante, sua concepção de forma como desenvolvimento sutil de motivos para além dos padrões de repetição da canção popular de mercado. "Quando o acusavam de americanizado", Jobim "dizia-se influenciado por Chopin, 'como Nazareth'."[51] No canto de João Gilberto, por sua vez, que "trabalha sobre um repertório tonal popular 'comum', mas através de uma rede precisa de nuances mínimas em múltiplos níveis (entoativos, rítmicos, timbrísticos, harmônicos, contraponto voz/instrumento)", reencontramos o enigma da música a um tempo "superficial" *e* "profunda".[52]

Podemos dizer que, entre esses artistas da música popular brasileira, vigorou algo daquela condição singular vivida por Chopin na primeira metade do século XIX, quando circulou pelo campo do emergente mercado musical negociando intimamente com ele um lugar à parte, exigente, profundo e sem data.

A palavra "singularidade" recobre semanticamente a percepção latente em todos os comentadores que passaram por aqui, de Gide a Rosen, de Schumann a Carpeaux, de Liszt a Nietzsche. Heine, crítico implacável e ferino de seus contemporâneos, preservou Chopin num lugar único e à parte. Não seria fácil reconhecer num outro artista, músico ou não, o mesmo tipo de perfil. Poderíamos dizer que tamanha singularidade é romântica, mas, como vimos, o romantismo chopiniano também é singular.

Em último caso, ouçamos a *Barcarola* opus 60, obra-prima

tardia de Chopin, na interpretação de Martha Argerich jovem. Raras vezes a pulsação em música, entre o *primo canto* e o canto do cisne, chegou a esse ponto supremo de flutuação.[53]

Machado maxixe: O caso Pestana

> *É preciso ser muito grosseiro para se poder ser célebre à vontade.*[1]
> Fernando Pessoa

SUCESSO E GLÓRIA

À primeira leitura, "Um homem célebre" (*Várias histórias*, 1896) expõe o suplício do músico popular que busca atingir a sublimidade da obra-prima clássica, e com ela a galeria dos imortais, mas que é traído por uma disposição interior incontrolável que o empurra implacavelmente na direção oposta. Pestana, célebre nos saraus, salões, bailes e ruas do Rio de Janeiro por suas composições irresistivelmente dançantes, esconde-se dos rumores à sua volta num quarto povoado de ícones da grande música europeia, mergulha nas sonatas do classicismo vienense, prepara-se para o supremo salto criativo, e, quando dá por si, é o autor de mais uma inelutável e saltitante polca.

A discrepância entre o objetivo idealizado ("uma família de obras sérias, profundas, inspiradas", de alta estirpe) e a natureza do resultado (a prolífica sucessão de sucessos como "Candongas não fazem festa" e "Não bula comigo, nhonhô") envolve a localização do drama num terreno ironicamente escorregadio: o das relações entre o popular e o erudito no Brasil. Machado de Assis já tinha tratado do assunto, de maneira inaugural, embora num tom tendente ao melodramático, no conto "O machete", publicado em 1878 no *Jornal das Familias*. Em "Um homem célebre" volta a atacar, agora comicamente, e com implicações de todo novas, a nossa velha e conhecida disparidade entre o lugar precário ocupado pela música de concerto no Brasil e a onipresença da música popular que repuxa e invade tudo.

O sucesso do compositor compulsório de polcas confunde-se inextricavelmente com o fracasso de suas ambições eruditas, e este, ditado ao que parece por uma imperiosa vocação do meio, não deixa de se metamorfosear no sucesso de polcas sempre renovadas, completando o círculo vicioso. O desejo irrealizado de *glória*, categoria ligada à imortalidade dos clássicos, contorce-se no giro perpétuo e torturante do *sucesso*, categoria afeita ao mercado e ao mundo de massas nascente. E aí balanceia o ponto insolúvel dessa singular *celebridade*: o sucesso é inseparável do fracasso íntimo, e tanto maior este quanto maior o seu contrário, já que, afinal, quanto mais mira o alvo sublime, mais Pestana acerta, inapelavelmente, no seu buliçoso avesso.

Que verdade a polca devolve, então, ao infeliz compositor, como um segredo? Aqui reside o ponto de inflexão da leitura. Pois, em primeiro lugar, o significado da incapacidade de compor a obra almejada não se esgota, em "Um homem célebre", naquela impotência criativa que assombra, por exemplo, o esforçado Mestre Romão de "Cantiga de esponsais" (*Histórias sem data*, 1884). Neste caso, o do modesto e admirado regente que não chega nunca a compositor embora o queira mais que tudo, trata-se de uma daquelas vocações sem língua, que não logram ultrapassar intimamente a barreira da expressão, numa "luta constante e estéril entre o impulso interior e a ausência de um modo de comunicação com os homens". O horizonte dessa impossibilidade encontra-se nos desvãos insondáveis da psique, numa latência sem objeto, em suma, numa prisão interior cujas paredes a inspiração, "como um pássaro que acaba de ser preso [...] forceja por transpor [...], sem poder sair, sem achar uma porta, nada".[2] Já a impossibilidade de criar sonatas, sinfonias e réquiens, em Pestana, não se resume na incapacidade de compor, mas corresponde a um deslocamento involuntário do impulso criativo em direção à língua comum das polcas, com espantosa força própria, o que faz do compositor não só uma individualidade em crise mas um índice gritante da cultura, um sinal da vida coletiva, um sintoma exemplar de processos que o conto põe em jogo com grande alcance analítico, e que são muito mais complexos do que a leveza dançante da narrativa faz supor de imediato.

Nesse sentido, seria estreito demais o entendimento do conto por meio de uma ironia reduzida a seu primeiro nível, lendo-se o eterno retorno da polca como uma simples evidência risível da condição menor do músico popular em face das exigências da cultura alta. Segundo essa ótica, o pianeiro celebrado pagaria a pretensão contida em sua incursão pela seara dos grandes mestres com a repetição estéril de seus esforços, terminados sempre com a queda no irrisório — a montanha sinfônica parindo um rato bailante.

Se somados a essa ilusão os interesses do mercado, que o conto satiriza com precisão hilariante, e que começavam a explorar, no fim do século XIX, o futuroso filão da música popular urbana por meio do comércio de partituras, temos, mais refinada, embora ainda insuficiente, uma leitura que identifica no conto uma crítica pioneira da cultura de massa, e pela qual restaria ao artista o papel do peão impotente entre a alienação de uma arte que não descreve o meio em que atua e um mercado que instrumentaliza seus esforços vãos para os fins do lucro.

Sem negar valor a esse nível de apreensão, vale notar, no entanto, para abrir uma outra ordem de considerações com uma complicação a mais, que a "eterna peteca entre a ambição e a vocação", em cujo balanceio padece a alma de Pestana, segundo as palavras do conto, não gira só no vazio das impulsões não formadas e das produções goradas, simplórias e inautênticas. Pois a polca, que persegue o compositor como a maldição que o condena à vida rasteira dos bailes e "assustados" — os tradicionais arrasta-pés —, é ao mesmo tempo a propensão inata e inerente ao seu impulso composicional autêntico. Elementos do conto permitem insinuar ironicamente que essa propensão é não só *congênita* (ao vincular a criação musical ao tema da paternidade e da filiação, como veremos), mas também, e mais propriamente, o testemunho *congenial* de uma formação musical consistente — expressão, *malgré lui*, de um talento pessoal quintessenciado. Na cena notável em que o vemos compor a polca, inspirado involuntariamente pela "musa de olhos marotos e gestos arredondados, fácil e graciosa", Pestana não pensa mais no público que o aplaude, no editor que a encomenda, nos vultos clássicos que admira, em suma, nos avatares da celebridade, do mercado e da Arte: "Compunha só, teclando ou escrevendo, sem os vãos esforços da véspera, sem exasperação, sem nada pedir ao céu, sem interrogar os olhos de Mozart. Nenhum tédio. Vida, graça, novidade, escorriam-lhe da alma como de uma fonte perene".[3]

A passagem não deixa dúvida: a congenialidade daquelas peças dispõe do valor inestimável da espontaneidade, beirando enviesadamente o genial, como ficará claro, malgrado as alienações da publicidade, da mercantilização e da fetichização da arte, e para além da depreciação a que as submete o próprio compositor. No final, quando se dá o retorno tardio de Pestana à composição de polcas, depois de tê-las abandonado mais uma vez na esperança vã de compor o réquiem, é o texto que diz: "apesar do longo tempo de silêncio, não perdera a originalidade nem a inspiração. Trazia a mesma nota genial".

A ironia sofre, portanto, uma outra torção: o sucesso popular galopante e onipresente, alimentado e realimentado pelo incipiente comércio musical — sucesso que é ao mesmo tempo o rotundo fracasso íntimo perante o ideal de arte e de glória almejado —, contém secretamente um outro *sucesso* de difícil apreensão, no sentido de um *acontecimento* praticamente inacessível ao entendimento do próprio compositor, assim como do insciente meio que o envolve: a graça e a novidade inerentes àquelas composições supostamente banais são índices de algo ainda não nomeado — que nos propomos a examinar aqui.

Mas é precondição desse exame suportar o fato de que o conto trabalha com a ambivalência do que podemos chamar de um *logro* aproveitando o duplo sentido da palavra — dado que nele se encontram e se cruzam, a um só tempo, engano, irrealização e conseguimento. Nesse sentido, fracasso e sucesso são aspectos de um mesmo processo, de um *logro complexo* a ser visto em outro nível de análise e sob múltiplos ângulos. Ao focalizar o balanço aparentemente insolúvel do fracasso-sucesso que se constitui para o personagem num doloroso imbróglio e, por vezes, num lancinante pesadelo, Machado fez, como veremos, uma curiosa e penetrante análise da vida musical brasileira em fins do século XIX, armando uma equação nada simples, em cujas incógnitas se desenham precocemente linhas do destino da música popular urbana no Brasil, para dizer pouco. Porque, entre outras coisas, em que se inclui a sinalização sibilina da transformação histórica da polca em maxixe, que então se dava, Machado acaba — se não revelando — resvalando em algo que nunca disse de si mesmo, em lugar nenhum: a condição do mulato.

A PICADA DO MACHETE

Uma primeira intuição do poder esmagador da música de atrativo popular sobre os incipientes esforços da *música séria* no Brasil pode ser acompanhada em "O machete", publicado, como já dissemos, em 1878, no *Jornal das Familias* — dez anos antes da primeira publicação de "Um homem célebre", na *Gazeta de Noticias*, em 1888. Machado explorava, com forte carga sentimental, a desventura do aplicado e talentoso violoncelista Inácio Ramos, cuja mulher, Carlotinha, mocinha de movimentos "vivos e rápidos", de "rosto amorenado, olhos negros e travessos" (lembrando a própria musa da polca, a "de olhos marotos e gestos arredondados"), acabará por abandoná-lo, fugindo com Barbosa, o tocador de cavaquinho — ou machete, como se dizia —, seduzida pelos requebros do pequeno mas eletrizante instrumento que conquista a todos.

Em "Um homem célebre" os mundos da música erudita e da música popular aparecem confundidos, como vimos, com resultados burlescos. Em "O machete", ao contrário, eles aparecem contrapostos pelo crivo de uma completa diferença de tom e de valor. Faz-se uma clara afirmação da superioridade moral, intelectual e espiritual do violoncelista sobre o cavaquinista, "um espírito medíocre", avesso a qualquer ideia, com mais nervos do que alma, e cuja perícia instrumental se combina com exibicionismo puro: "Todo ele acompanhava a gradação e variações das notas; inclinava-se sobre o instrumento, retesava o corpo, pendia a cabeça ora a um lado, ora a outro, alçava a perna, sorria, derretia os olhos ou fechava-os nos lugares que lhe pareciam patéticos. Ouvi-lo tocar era o menos; vê-lo era o mais. Quem somente o ouvisse não poderia compreendê-lo".[4]

Já os primeiros parágrafos d'"O machete" são talvez o mais circunstanciado testemunho sobre a trabalhosa e sacrificada formação de um músico pobre devotado à música clássica em nosso meio (assim como *Memórias de um sargento de milícias*, em outra medida, é a mais completa representação literária do que terá sido a animada vida musical popular brasileira nos inícios do século XIX). Filho de um músico da imperial capela, que lhe transmite dedicadamente os seus parcos conhecimentos da gramática, junto com sua experiência e exemplo como cantor de música sacra, Inácio Ramos, vocação musical precoce e mais conhecedora, por herança paterna, "dos bemóis do que dos verbos", devora, ainda assim, "a história da música e dos grandes mestres", atira-se "com todas as forças da alma à arte do seu coração" e torna-se em pouco tempo "um rabequista de primeira categoria". Não satisfeito com as limitações da rabeca, e imbuído do mesmo esforço de permanente superação, conhece o violoncelo graças à passagem pelo Rio de Janeiro de um velho músico alemão, com quem consegue ter algumas aulas, e depois vem a comprar, "mediante economias de longo tempo", o "sonhado instrumento", que estuda nas horas roubadas ao trabalho de ensinar e de tocar, "ora num teatro, ora num salão, ora numa igreja".

O parágrafo seguinte é exemplar:

> Havia no violoncelo uma poesia austera e pura, uma feição melancólica e severa que casavam com a alma de Inácio Ramos. A rabeca, que ele ainda amava como o primeiro veículo de seus sentimentos de artista, não lhe inspirava mais o entusiasmo antigo. Passara a ser um simples meio de vida; não a tocava com alma, mas com as mãos; não era a sua arte, mas o seu ofício. O violoncelo, sim; para esse guardava Inácio as melhores das suas aspirações íntimas, os sentimentos mais puros, a imaginação, o fervor, o entusiasmo. Tocava a rabeca para os outros, o violoncelo, para si, quando muito para sua velha mãe.

O contraste é completo entre o show de exterioridade do virtuosístico e esperto tocador de cavaquinho e o aspecto sóbrio e concentrado do praticante de violoncelo, alheio a qualquer apelo exibicionista e todo voltado à essencialidade da música, para transcender o ofício em arte. Vale notar, também, que, passando da rabeca ao violoncelo, o instrumentista migra da condição de músico de conjunto para a condição diferenciada de solista em potencial. No entanto, Inácio é o solista só, encontrando correspondência, além de sua "velha mãe" e da atenção flutuante de Carlotinha, apenas em Amaral, estudante de direito em São Paulo, "todo arte e literatura", com "a alma cheia de música alemã e poesia romântica [...] um exemplar daquela falange acadêmica fervorosa e moça animada de todas as paixões, sonhos, delírios e efusões da geração moderna". Enquanto esses dois amantes da arte ideal se voltam para a profunda Europa, diante de um público ausente, Barbosa, que também é estudante de direito, mas esquecido disso, e em perfeita adequação com o ambiente cultural à sua volta, galvaniza o quarteirão, tocando algo que "não era Weber nem Mozart; era uma cantiga do tempo e da rua, obra de ocasião".

Vê-se por aí que Machado se depara, nesse momento final da sua primeira fase, dez anos antes de "Um homem célebre", com a identificação de uma fratura, operante no meio cultural brasileiro, entre o repertório da música erudita, que está longe de fazer parte de um sistema integrado de autores, obras, público e intérpretes, e a emergência de um fenômeno novo, uma música popular urbana que desponta para a repercussão de massas, a identificação com a demanda do público e a normalização como mercadoria. Esse abismo entre a cultura escrita e a não escrita ("entre a arte e o passatempo", nos termos do conto), que a música exibe com sacudido estrépito, não deixa de dizer algo sintomático, também, sobre a posição da literatura e de seu reduzido público, no Brasil, o que interessa certamente ao desdobramento do assunto em Machado.

"O machete" acena para um leitor no mínimo medianamente culto, que dividiria com o ponto de vista narrativo o pressuposto implícito da superioridade da cultura letrada, isenta dos apelos fáceis da cultura vulgar. O texto supõe e promove a identificação positiva com o mundo representado pelo violoncelo, em clara oposição ao mundo representado pelo cavaquinho. O músico erudito é autêntico na relação com a sua arte, enquanto o popular se serve fartamente de apelos inautênticos na exibição da sua. Mais precisamente, num caso é o ofício que se transcende em "arte", enfrentando as severas exigências das mediações implicadas nesta; no outro, é o mero exercício do "passatempo", que visa à imediatez do entretenimento, que se prevalece da incultura imperante no meio e do desejo, sôfrego e generalizado, de gozar e de esquecer. Usando uma conhecida distinção de Hannah Arendt, podemos dizer que o mundo do violoncelista seria o do "trabalho", que assume e transcende a condição humana como condição mortal, sem esgotar-se no uso — traço ideal da arte; o do cavaquinista seria o do "labor", em que a vida se nutre das suas próprias necessidades imediatas, consumindo-se nelas — o "passatempo", ou "obra de ocasião".[5]

Traído pela força acachapante de uma realidade toda favorável à imediatez dos apelos do machete, que devasta o seu mundo como uma praga, o violoncelista se vê só: solista sem público e sem mulher, abatendo-se sobre ele o segundo fato como decorrência direta do primeiro. O impacto dessa reviravolta é visto pelo prisma de uma ironia de tipo sentimental, esgotando-se no desenlace patético em que Amaral se depara com um Inácio abandonado pela mulher, na companhia do filho pequeno, executando um solo sublime, e depois dizendo a este: "— Sim, meu filho [...] hás de aprender machete; machete é muito melhor". Fecha-se o conto, em seguida, com a chave de ouro do melodrama: "A alma do marido chorava, mas os olhos estavam secos. Uma hora depois enlouqueceu".

Repartindo com o seu leitor pressuposto o ideal de uma arte elevada, e contra a vulgarização embalada pela música popular ascendente, o conto desemboca ele também, contraditoriamente, no apelo do dramalhão — comparável, em outra clave, às tiradas nervosas e rítmicas que condena na atuação de Barbosa ao cavaquinho. Machado de Assis revirou esse esquema, dez anos depois, em "Um homem célebre", abandonando o altivo pressuposto da seriedade artística, diluído em sentimentalismo, e deslocando-o para um lugar onde ele não permanece mais como a garantia de um valor herdado, mas como um crédito artístico não avalizado pelas transformações do panorama cultural que sofre o primeiro influxo da música de massas.

É importante observar, ainda, o esvaziamento da superioridade moral do músico de concerto, imposto pelo meio, através da revirada que se opera em Inácio, ao longo da narrativa. Enquanto era um solista sem público, isso não lhe constituía problema, identificado que estava com o ato puro de fazer música. É quando emerge o público do outro — o rival — que a falta, triangulada com a relação amorosa, passa a gritar como um problema, tirando Inácio Ramos do seu autossuficiente centramento e levando-o ao ciúme, à depressão, ao desespero e à loucura. Em outras palavras, a intuição do trauma amoroso iminente, disparada pela rivalidade imposta e exposta, apresenta-se junto com a consciência de fazer parte de um sistema cultural em que a sua existência se apresenta como nula, e de ser ele duplamente o mal-amado. Percebendo-se incapaz de impressionar vivamente um público, e ao mesmo tempo Carlotinha, como o faz Barbosa, o até então impecável Inácio começa a ter acessos regressivos, desejos de adesão ao meio e de entrar numa espécie de consonância cognitiva com ele: "O que tenho é que estou arrependido do violoncelo; se eu tivesse estudado o machete!", diz ao idealista Amaral, para decepção deste. A ironia, aqui, é a de apontar romanticamente para um mundo de tal modo invertido moralmente que leva o mais puro dos autênticos a ações pateticamente inautênticas. Num outro momento, em que parece ter querido apaziguar o seu dilema, Inácio anuncia a Barbosa a intenção de "fazer uma coisa inteiramente nova", um irrealizado "concerto para violoncelo e machete".

Aqui mesmo é que se vê que o assunto, em Machado, vai se configurar como emblema, com a força de paradigma. Pois se Inácio Ramos, que se formou na música erudita, quer passar afinal ao popular, Pestana, amplamente estabelecido na música popular, quer passar ao erudito: são faces opostas e cruzadas de um mesmo balanceio descompassado em que, diante do outro, nenhum deles tem lugar. Em seus movimentos contrários os dois miram a música erudita como ideal, os dois são arrastados a contragosto ao popular, mas por uma pressão que se manifesta, no primeiro, como um doloroso imperativo externo de sobrevivência e defesa, e no segundo como uma compulsão enigmática que se impõe desde dentro como uma verdade difícil de aceitar. O sucesso do popular, inacessível a Inácio, o desconcerta e o atrai; o sucesso popular, inevitável a Pestana, o envergonha e o nauseia, sem deixar de atraí-lo. Nos dois casos a chave problemática parece estar nalguma forma de cruzamento entre o erudito e o popular, que se manifesta em Inácio Ramos como um desejo vago e da ordem do irrealizável, mas em "Um homem célebre" como um programa irônico subjacente ao conto, impondo-se como um verdadeiro — como se diz em música — motivo obbligato a contrapelo.

Entre o conto do *Jornal das Familias* e o da *Gazeta de Noticias*, a formulação machadiana assim como o diagnóstico nela implicado mudaram substancialmente, e o que há de contraste entre "O machete" e "Um homem célebre" serve justamente para lançar uma luz mais precisa sobre este. Num ponto fundamental houve uma virada decisiva: em Inácio Ramos, a ligação com a música erudita é autêntica e a ligação com a popular é inautêntica; em Pestana, se ele nunca chega a dar um cunho autêntico ao seu desejo de composição erudita, a sua relação com a composição popular, por mais cercada de inautenticidade que seja, é inequivocamente autêntica nela mesma. Assim, em "Um homem célebre" o músico popular não cabe mais no simplismo hábil e oportunista de Barbosa. Como já vimos, Pestana é o criador complexo e conflituado de polcas de sucesso nas quais se percebe a marca da inspiração e da singularidade, para além do efeito cascata com que se espalham pelo Rio de Janeiro. Além disso, leitor musical dos clássicos e intérprete, nas horas mortas, de Haydn, Mozart e Beethoven, contém em si, e em seu piano, o machete e o violoncelo que Inácio Ramos sonhava conciliar como resolução imaginária do seu pesadelo. Num salto irônico potencializado, com o qual embaralha a antítese idealizada d'"O machete", Machado de Assis faz de Pestana um Inácio Ramos que se descobrisse na pele de um Barbosa, para seu próprio desconcerto. A insolúvel solução, tudo o que tem de cômico e desajustado, comporta justo aquele *logro* ambivalente de que falamos antes.

John Gledson já sugeriu, acertadamente, que, no dilema do machete e do violoncelo, Machado cifrou algo da sua própria busca de um processo literário capaz de modular do tom "sério e profundo" ao "leve e zombeteiro", misturando o "local brasileiro" com o "tradicional europeu". "As contradições que dilaceram Inácio Ramos e Pestana dão vida à prosa machadiana, que transita com certa desenvoltura entre o coloquial e o formal, o popular e o erudito, o local e o universal, o detalhe e as grandes questões."[6] Ou seja, aquilo que aparece nos contos como o problema insolúvel dos músicos, divididos simetricamente entre o erudito e o popular, estaria muito próximo de indicar a própria solução literária encontrada pelo Machado de Assis da segunda fase. Com um piparote nos "graves" e outro nos "frívolos" — "as duas colunas máximas da opinião", assinaladas por Brás Cubas na abertura de *Memórias póstumas* —, Machado faz ver a gravidade dos primeiros uma oitava acima e a frivolidade dos segundos uma oitava abaixo, produzindo o efeito cruzado, e inesperado, de seriedade e humor, de "galhofa" e "melancolia". Vai nisso uma concepção implícita de cultura, cujas implicações com a relação entre música e literatura merecem desenvolvimento específico. Tem-se aí, como desafio à análise, um problema que se constitui na sua própria solução, e uma solução que, uma vez formulada, tem a propriedade de insistir, ainda mais agudamente, como problema.

A propósito, note-se que em "O machete" se desenha, pela primeira vez, uma figura que retornará depois em praticamente todos os textos machadianos que envolvem a música: a triangulação. Aqui, uma mulher está posta, como vimos, na posição de pivô da escolha entre dois músicos. Já no "Trio em lá menor", uma mulher, que toca música, pivoteia entre dois homens. A mesma configuração é amplificada no romance *Esaú e Jacó*, através do triângulo Flora-Pedro-Paulo. A música parece marcar, assim, um lugar privilegiado e problemático que é ao mesmo tempo o da realização (imaginária) do desejo e de sua cisão real.

Mas uma mudança decisiva acontece entre "O machete" e os outros casos, marcando a diferença crucial entre o primeiro e o segundo Machado. Carlotinha, posta numa escolha entre o erudito e o popular, e encarnando sestrosamente o desejo feminino numa sociedade sem lastro letrado, *decide-se* pelo segundo, deixando sobre o pequeno mundo das aspirações elevadas um rastro irreparável de desilusão e tragédia. No Machado posterior, no entanto, a música dará sempre lugar a um triângulo indecidível, em que ela supera e suspende a antinomia, permanecendo ao mesmo tempo como solução e como problema insolúvel. É o caso do "Trio em lá menor", em que Maria Regina, tocando ao piano a "sonata do absoluto", compatibiliza os dois homens que nunca escolhe. O esquema será erigido em cifra do Brasil no romance *Esaú e Jacó*, em que Flora concilia ao piano as antinomias que não pode resolver na escolha entre o pretendente monarquista e o republicano. No próprio "Um homem célebre", é Pestana que está entre a musa da polca (cujo avatar concreto é Sinhazinha Mota, a fã) e a cantora tísica, Maria, que encarna a esfera da música elevada. Ao morrer, Pestana acena ironicamente com o eterno retorno da indecidível polca dos liberais, equivalente inseparável da polca dos conservadores.

Em suma, a trama cerrada dos elementos contraditórios nos leva a crer que o caso Pestana não só é complexo, mas faz pensar também na existência, na obra de Machado, de um verdadeiro *complexo de Pestana*.

A POLCA E O MAXIXE

Entre os antecedentes que preludiam a concepção de "Um homem célebre" impõe-se alinhar também, e com destaque, as observações sobre a proeminência que ganham as polcas no cenário do Rio de Janeiro, registradas em algumas crônicas de Machado de Assis a partir do fim da década de 1870. Pelo que se sabe, o gênero fora introduzido no Brasil entre os anos de 1844 e 1846, quando a polca foi dançada, por ocasião do Carnaval, pela atriz Clara del Mastro, dois anos depois de lançada em Paris. A repercussão, transformada numa autêntica febre, deixou traço no nome de uma epidemia que grassou em 1847, apelidada de "polca", segundo testemunho de Joaquim Manuel de Macedo em *Um passeio pela cidade do Rio de Janeiro*.[7]

Pode-se dizer que o gênero constitui-se no verdadeiro protótipo das formas dançantes da música de massas, delineando pela primeira vez o campo em que se desdobrará esse fenômeno urbano por excelência (alguém já disse, com certa propriedade hiperbólica, que, do ragtime ao rock 'n' roll, tudo é polca). De fato, a polca inaugura o mercado de música dançável, acompanhado do frisson que lhe corresponde e de todas as implicações que isso terá sobre a vida musical como um todo, quando a música popular urbana se espalhar pelos meios de reprodução de massa, acuando e estreitando o respeitável espaço que a música de concerto e a ópera chegaram a ter na Europa ao longo do século XIX.

Machado registra, pois, a evidência da polca, o campo de ação conquistado pelo gênero, sua irradiação horizontal e a marca trêfega que ela parece imprimir à época como um todo. Mas, no mesmo movimento com que deixa ver a obviedade gritante do sucesso e da moda importada, o escritor está registrando um objeto oculto, e quase ainda não nomeável, inscrito sutilmente no primeiro: é que a década de 1870 acusa já o processo de transformação da polca naquela outra coisa que se chamará maxixe, por obra dos deslocamentos rítmicos que acompanham a africanização abrasileirada dessa dança europeia, isto é, a decantação das síncopas e a incisiva mudança de estado de espírito musical que isso implica. Temos que ler, portanto, a "polca", nas crônicas referidas, e muito entranhadamente em "Um homem célebre", não apenas como a dança importada, que ela é, mas também como a insinuação de um objeto sincrético, em que ela se transforma, e cuja nomeação é problemática, pois envolve a mistura de música de escravizados com dança de salão.

A palavra "maxixe", que começava a ganhar sentido musical e dançante no fim da década de 1870, contemporaneamente à primeira crônica sobre a polca e a "O machete", delineia-se, nessa época, como denominação do fenômeno emergente, mas vem associada a conotações rebaixadas, e sofre um processo de recalque em ambientes brancos, elitizados, domésticos, senhoriais. Ligado aos ambientes populares da Cidade Nova, inseparáveis dos contingentes de escravos e das músicas tocadas e dançadas por negros, e propagado de início nos ambientes boêmios contíguos à vida noturna, ao teatro de revista e à prostituição — frequentados por homens —, o maxixe, cujo nome se associa originariamente ao legume barato, ao resto e ao lixo, é contaminado de uma sanção moral, para efeitos do decoro familiar.[8] Embora difundido oral e teatralmente, o gênero musical permanece literalmente impublicável até 1897, data da primeira partitura impressa sob esse nome, passando a ser reconhecido e publicamente adotado a partir da primeira década do século XX. Machado escreve seus textos justo no interregno em que a utilização do termo "polca" se mantém como denominação geral e abrangente do fenômeno, matizado muitas vezes em polca-lundu, polca-chula, polca-cateretê, polca brasileira ou "polca de estilo brasileiro",[9] enquanto o termo "maxixe" vem comendo pelas bordas, e as síncopas, os efeitos rítmicos contramétricos e balançantes, vão se imiscuindo, decantando e se fixando por dentro da própria música.

O objeto polca não é, pois, um alvo fixo, mas um alvo em movimento, repuxando consigo um mundo de implicações socioculturais. Em todos os textos sobre o assunto, Machado mantém intocada a denominação de polca, obedecendo à exigência tácita do decoro, de que a palavra já se investe, mas dando sinais, tão sutis quanto decisivos, de que uma outra coisa está acontecendo, e exigindo uma perspectiva diferente, desde os bastidores. Nesse movimento Machado de Assis parece chancelar ambiguamente o recalque das implicações socioculturais e raciais da polca-maxixe, ao mesmo tempo que as desvela, de maneira sutil e incisiva, para não perder o costume. Guarda, aqui, no entanto, uma distância e uma proximidade própria na relação com o assunto, porque ele envolve uma questão nunca tratada de frente em sua obra, e que lhe concerne intimamente: a mestiçagem. Vamos acompanhar aqui esses dois movimentos: a constatação primeira do furor do gênero dançante em franca proliferação, e, em seguimento, a indicação oblíqua das transformações e contradições, dos rastros e dos rastilhos sociais que permeiam o amaxixamento das polcas.

Trinta anos de aclimatação, desde a sua introdução no Brasil, parecem ter sido mais do que suficientes para que a crônica machadiana, publicada em junho de 1878 em *O Cruzeiro*, vá encontrar a linguagem da polca plenamente implantada como moeda musical corrente, fluente e intercambiável. É o que comprova um fenômeno curioso, anotado e recriado de modo hilariante pelo cronista: a ocorrência de polcas cujos títulos, engraçados e bizarros, conversam entre si, em forma de pergunta e de resposta, numa animada e polimorfa correspondência que ora beira ora descamba alegremente no nonsense. '"Se eu pedir você me dá?' é o título de uma polca distribuída há algumas semanas. Não ficou sem resposta; saiu agora outra polca denominada: 'Peça só, e você verá'. Este sistema telefônico, aplicado à composição musical, não é novo, data de alguns anos; mas até onde irá é o que ninguém pode prever."[10]

O fato por si só já é um índice eloquente de que a polca tinha se incorporado, a essa altura, a um sistema de autores, obras e público, e que se realimentava velozmente de sua própria vendabilidade e familiaridade. O tom sestroso e inconclusivo, cheio de negaça e nuance, em que se compartilha com cumplicidade algo que se diz não dizendo, atravessa os títulos pipocantes e atesta que elas, as polcas, se comportam num certo espaço público com desenvoltura e intimidade, secretando recados ao léu. O fato de serem em geral peças dançantes instrumentais, sem letra, só reforça o seu caráter falante por si mesmo, cheio de referências esquivas e aderido à música. Uma outra crônica, sumamente importante para o nosso assunto, publicada em versos na "Gazeta de Holanda", em 1887, cerca de um ano antes da escritura de "Um homem célebre", tece variações sobre o mesmo tema:

> *Vem a polca: Tire as patas,*
> *Nhonhô! — Vem a polca: Ó gentes!*
> *Outra é: — Bife com batatas!*
> *Outra: Que bonitos dentes!*
>
> *— Ai, não me pegue, que morro!*
> *— Nhonhô, seja menos seco!*

— *Você me adora!* — *Olhe, eu corro!*
— *Que graça!* — *Caia no beco!*

E como se não bastara
Isto, já de casa, veio
Coisa muito mais que rara,
Coisa nova e de recreio.

Veio a polca de pergunta
Sobre qualquer coisa posta
Impressa, vendida e junta
Com a polca de resposta.[11]

Voltemos à crônica de 1878, no ponto em que a deixamos. O cronista se perguntava onde iria parar esse impulso que animava as músicas, através dos seus títulos, a dialogarem entre si num movimento proliferante. A crônica embarca, então, na mesma cadência, e expande ao absurdo as possibilidades infinitas da conversa entre a "polca de pergunta" e a "polca de resposta", imaginando-as capazes de se alastrar por toda parte, de se imiscuir na vida pública e privada, de tomar a forma da propaganda (ou dar forma a esta), de timbrar a vida nacional. Especula que esse método responsivo e telefônico (a invenção do telefone tinha sido anunciada por Graham Bell dois anos antes, em 1876), "chegará talvez à correspondência política e particular, aos anúncios do Holloway, à simples e nacional mofina" — tudo falará, enfim, "pelo telefone" das polcas.

Que se pode esperar de tão bárbaro governo?, valsa em dois tempos. — *A oposição delira*, polca a quatro mãos. — *Sr. dr. chefe de polícia, lance suas vistas para as casas de tavolagem*, fantasia em lá menor, por UM QUE SABE. — *Descanse,* UM QUE SABE; *a autoridade cumpre o seu dever*, variações para piano. Teremos a perfeição do gênero no dia em que o compositor responder a si próprio. Exemplo: *Onde é que se vende o melhor queijo de Minas?*, melodia. — *No beco do Propósito n. 102*, sonata.[12]

Carlos Sandroni dá fartos exemplos do procedimento, colhidos em pesquisa de partituras constantes do arquivo da Biblioteca Nacional do Rio de Janeiro. A polca-lundu "Sai, poeira!", por exemplo, editada por Canongia entre 1866 e 1872, traz a observação: "em resposta à polca 'Sai, cinza!'". A polca-lundu "Que é da chave?" desencadeia a série "Que é da tranca?", "Não sei da chave" e por fim "Achou-se a chave". "Capenga não forma" inaugura a série "Gago não faz discurso", "Vesgo não namora", "Dentuça não fecha a boca", "Barrigudo não dança", "Careca não vai à missa", "Corcunda não perfila", numa sequência que arriscaria prosseguir indefinidamente não fosse "providencialmente arrematada", segundo Sandroni, por "Lamúrias do capenga e do careca". Contrasta com essa o "primor de concisão" formado pela dupla "Moro longe" e "Mude-se para perto" (!).[13]

Curiosamente aplicados a peças instrumentais sem letra, os animados títulos das polcas não recobrem uma narrativa literal, mas compõem uma narrativa alusiva, implícita nessa obra aberta "em progresso" e cumplicemente compartilhada, cujo humor combina de algum modo com o seu caráter dançante e buliçoso. Sandroni sugere de passagem que os títulos das polcas brasileiras poderiam ser pensados, à maneira de certos grupos de mitos estudados por Lévi-Strauss em *Le Cru et le cuit*, como uma recorrente exploração, visando ao esgotamento, de "todas as possibilidades contidas num paradigma dado". De âmbito mais modesto, mas de consequências imediatas para o nosso trabalho, é a observação de que a conversa entre as polcas através dos títulos participa da afirmação de um gênero: "[...] quando um compositor de polcas entrava no diálogo dos títulos, estava postulando implicitamente uma afinidade musical genérica entre as peças correspondentes — do mesmo modo que um compositor erudito, ao chamar sua obra de 'sonata' ou 'sinfonia', postula implicitamente um diálogo musical com gêneros precisos".[14]

Como se vê, Machado de Assis trabalha sobre o traço dialógico que insiste, até as raias do absurdo alegremente autoassumido, nessa massa de exemplos empíricos. Na crônica de 1878, amplifica o seu efeito, tomando-o como um índice de época cujo alastrar-se por todas as relações e instituições, numa rede de cunho "telefônico", dá mostras do que poderá a combinação da técnica e da reprodução de massas com o sestro sedutor que atravessa difusamente a corrente subterrânea que vai do protolundu ao maxixe. Assim, o estilo de titulação das polcas, que traz ao mesmo tempo a desenvoltura das relações de mercado e a meiguice vivaz de um indiscernível éthos e/ou páthos popular brasileiro, imprime seu tom a tudo, prometendo açambarcar agora todas as dimensões da vida e os próprios gêneros da música erudita (fantasia, variações, sonata), atraídos para a sua órbita numa paródica imbricação dos níveis e dos gêneros. Se seguimos Sandroni, considerando o diálogo dos títulos, entre outras coisas, como um processo de afirmação e confirmação do gênero no Brasil, podemos dizer que a crônica de Machado encena uma polquização geral do mundo, engolfando consigo todos os conteúdos e as formas, todos os gêneros musicais populares e eruditos.

Acompanha tudo isso uma curiosidade intrigante e sintomática: o tema do "chefe de polícia" que faz vistas grossas ao jogo ilícito, um entre os assuntos glosados na crônica, sob as formas da "fantasia em lá menor" e das "variações", será justamente o clássico mote de "Pelo telefone", de 1917, da autoria de Donga, tido como o primeiro dos sambas consagrado na forma de mercadoria gravada ("O chefe da polícia/ pelo telefone/ manda me avisar/ que na Carioca/ tem uma roleta/ para se jogar").[15]

Trata-se, pois, de um caldo de cultura que tem, além de seu inequívoco sabor, implicações múltiplas e relações profundas com a cultura urbana que engendrará a moderna música popular brasileira. Ao lado disso, o mundo em que proliferam as polcas, serelepe e livremente associativo, capaz de incorporar qualquer matéria à sua lógica vivaz, tocando alegre e irresponsavelmente no nervo agudo e fortuito das coisas, corresponde, de certa forma, ao próprio universo da crônica, no qual o escritor se permite borboletear entre as notícias internacionais e um novo remédio para os calos, entre uma grave pendenga eleitoral, um incidente na rua do Ouvidor, uma frase ouvida no bonde ou a paz dos cemitérios. Assim como transitar entre o governo, a oposição, o chefe de polícia, o jogo e o queijo de minas, deixando suspensa uma reticência irônica sobre tudo isso.[16]

A crônica é a polca da literatura, assim como a "musa da crônica, musa vária e leve", não está muito distante da musa da polca, "fácil e graciosa". Ainda que não planejadamente, Machado de Assis ensaiou nas crônicas o assunto de "Um homem célebre". Ensaiou não só o assunto, mas também o tom, injetando muito da polca da crônica na peça camerística que é o conto, ao modo de um "concerto para violoncelo e machete". Comparando o melodrama d'"O machete" com a crônica de *O Cruzeiro*, textos da mesma época, confirmamos o fato, conhecido, de que Machado já exercitava na crônica, em 1878, um desembaraço irônico-paródico que estava longe de praticar na ficção, embora o fizesse em alguns contos, como "A chinela turca", "Uma visita de Alcibíades" e "Na arca", recolhidos em *Papéis avulsos*, ao contrário de "O machete", que não foi republicado.[17] Pode-se dizer também que injetou, mortiferamente, o mesmo veneno-remédio na sinfonia burlesca de *Memórias póstumas de Brás Cubas*.

Voltemos às particularidades de "Um homem célebre". Na invenção dos títulos das obras de Pestana, Machado tira partido desse caldo de cultura que estamos tentando caracterizar, divertindo-se com nomes de polcas, também eles "empapuçados de melosidade e besteira", conforme definiu Mário de Andrade essa tendência inconfundível na música popular brasileira, num artigo sobre Ernesto Nazareth.[18] De fato, "Não bula comigo, nhonhô", "A lei de 28 de setembro" ou "Candongas não fazem festa", em substituição a "Pingos de sol", assim como "Senhora dona, guarde o seu balaio", ou ainda "Bravos à eleição direta!", todas do repertório de Pestana, participam do mesmo festival de "argúcia, pernosticidade, meiguice e humorismo" que encontramos em "Cruz, perigo!!", "Não caio noutra!!!" ou "Gentes! O imposto pegou?", de Ernesto Nazareth. Ou de rompantes cívicos como o da polca "Passagem do Humaitá", registrada por Carlos Sandroni e alusiva a um episódio da Guerra do Paraguai, trazendo como subtítulo: "oferecida ao bravo oficial da Armada brasileira Artur Silveira da Mota por Maria Guilhermina de Noronha e Castro".[19]

Mário de Andrade viu na parte humorada dessa tendência um "tesouro verdadeiro" e único: "só neles [os títulos musicais] possuímos um curioso padrão lírico da nacionalidade". E segue: "Basta compulsar um repertório de tangos argentinos, de valsas e cantigas francesas e italianas, de fados, de Lieder, mesmo de ragtimes, e depois um catálogo de maxixes, pra ver como o sentimento, a pieguice e a vivacidade de espírito colaboram na titulação indígena". Títulos como "Quis debalde varrer-te da memória", "Iaiá, você quer morrer", "Não se me dá que outros gozem", "Ao céu pedi uma estrela", "O angu do barão", "A mulher é um diabo de saias", "Quem comeu do boi", "Amor tem fogo", "O Bota-Abaixo", "Assim é que é", "Ai! Joaquina", "Pisando em ovos", "Tem roupa na corda", "Foi atrás da bananeira", elencados por Mário como exemplos entre muitos, "nada têm que ver com as músicas que titulam"; em vez disso, "são manifestações livres de espírito, de carinho, de sensualidade, e por vezes dessa vontade de falar bobagens metafóricas [...], costume tão inconfessavelmente nacional".[20]

"Pusemos-lhe a melhor graça,/ No título, que é dengoso,/ Já requebro, já chalaça,/ Ou lépido ou langoroso", dizia a crônica de 1887. Em "Um homem célebre" essa tendência aos títulos chistosos dá sinais de um clima sestroso de gratuidade e sedução que acompanha o flagrante amaxixamento da polca, pondo-a em contato com o substrato mais arcaico do lundu. Mas é também, como veremos em detalhe, um campo fértil para a manipulação dos editores, que, pondo-se no lugar do compositor, escolhem títulos oportunistas para o momento político e a moda, interessados naquilo que, mesmo não querendo dizer nada, "populariza-se logo"; empresta sua cadência galopante e entrópica à dança inócua da política nacional, que gira em falso sobre oposições que não produzem diferença; compõe uma rede velada de cifras alusivas a circunstâncias históricas envolvendo a Lei do Ventre Livre e as idas e vindas da Abolição.

Temos, assim, um fenômeno musical popular e urbano que ganha um espaço real e também simbólico: a "polca" é um índice de modos de modernização à brasileira, decantando uma certa malícia inocente, galhofeira e às vezes pomposa, no limite de uma gratuidade aliciante e de um "pouco-se-me-dá" para a inteligibilidade estreita, que combina com a nova realidade do mercado em que tudo se mistura como notícia, publicidade e produto, num alegreto vivaz que afronta a seriedade das formas cultas e clássicas.

Assim também, a musa da crônica, "vária e leve", é chamada a descalçar, numa outra oportunidade, as "grossas botas" dos assuntos administrativos e políticos, calçar sapatinhos de cetim e dançar, dançar, dançar na pontinha dos pés, "como as bailarinas de teatro".[21] Mas, poderíamos considerar, o balé que Machado pratica nas suas crônicas, como essa em que ele suspende repentinamente o teatro da vida pública para revelar-lhe o fundo falso e giratório, não é só "a morte do cisne", convenhamos, nem "a morte da bezerra" — ele parece mais com aquela "mistura de cisne e de cabrita" com que define o da mulher que dança maxixes em "Terpsícore" (de que falaremos adiante). Pois, insisto, os bastidores do sucesso das polcas amaxixadas falam de um recalcado — a música de escravizados — que soma sedutoramente através delas as portas da música popular urbana em vias de constituição.

A consciência explícita da transformação da polca, isto é, da apropriação do momentoso gênero de música de dança europeia e sua conversão a padrões brasileiros, vem formulada com todas as letras na já citada crônica de janeiro de 1887, sestrosamente publicada em versos na "Gazeta de Holanda" (ou *Gazette de Hollande*") sob a rubrica "*Voilà ce que l'on dit de moi*". O texto começa considerando, justamente, a mudança que sofrem, no Brasil, os objetos importados que se transformam em coisas "mui nossas":

Coisas que cá nos trouxeram
De outros remotos lugares,
Tão facilmente se deram
Com a terra e com os ares,

Que foram logo mui nossas
Como é nosso o Corcovado,
Como são nossas as roças,
Como é nosso o bom-bocado.[22]

Esse começo não deixa de lembrar, curiosamente, a cadência do famoso samba de Noel Rosa, "Coisas nossas" (1932), em que se faz uma lista irônica de traços brasileiros que se imprimem em gestos, hábitos, situações, objetos, convergindo para o clássico refrão:

"o samba, a prontidão e outras bossas/ são nossas coisas, são coisas nossas!". Na crônica de Machado de Assis é a polca em mutação que ocupará o lugar central entre as "coisas [...] nossas", investida dessa capacidade plástica, anotada não sem ironia, que a cultura nacional parece ter — a de transformar o elemento cultural estrangeiro em natureza, alinhando-o nessa série resvaladiça que vai do Corcovado ao bom-bocado, passando pelas roças. Antes de chegar à polca, faz-se uma defesa humorada da capacidade brasileira de adaptação criativa, a não se confundir com imitação:

Dizem até que, não tendo
Firme a personalidade,
Vamos tudo recebendo
Alto e malo, na verdade.

Que é obra daquela musa
De imitação, que nos guia,
E muita vez nos recusa
Toda a original porfia.

Ao que eu contesto, porquanto
A tudo damos um cunho
Local, nosso; e a cada canto
Acho disso testemunho.

Como se vê, ainda que em tom jocoso, consonante com o universo próprio da polca, mas com um horizonte crítico a verificar, afirma-se a musa-guia da versatilidade brasileira como sendo não a imitação mas a originalidade — poderíamos usar novamente aqui a palavra "congenialidade" —, a "original porfia" a imprimir um cunho próprio a cada coisa importada e tornada "mui nossa" — fenômeno negado por alguns mas a ser confirmado no desenvolvimento da crônica. Descartando, em primeira instância, as novidades da moda e suas mercadorias mais imediatas ("Já não falo do quiosque,/ Onde um rapagão barbado/ Vive […] no meio de um enxame/ […] de cigarros,/ Fósforos, […]/ Parati para os pigarros;// Café, charutos, bilhetes […]/ E outras muitas coisas boas"), a crônica aponta, na polca, a necessidade de encarar a importação cultural sob um crivo diverso.

Mas a polca? A polca veio
De longe terras estranhas,
Galgando o que achou permeio,
Mares, cidades, montanhas.

Aqui ficou, aqui mora,
Mas de feições tão mudadas,
Até discute ou memora
Coisas velhas e intrincadas.

Chegamos então àquela estrofe já citada: "Pusemo-lhes a melhor graça,/ No título que é dengoso,/ Já requebro, já chalaça,/ Ou lépido ou langoroso". Mais adiante se dirá: "É simples, quatro compassos,/ E muito saracoteio,/ Cinturas presas nos braços,/ Gravatas cheirando a seio". Entre todas essas palavras — graça, dengo, chalaça, lepidez, langor —, que remetem a uma atmosfera de amolengamento e negaceio, já reconhecível na recepção que acompanhava a modinha e o lundu no século XVIII, destaco aqui "requebro" e "saracoteio": são indicações mais específicas de um procedimento rítmico que, aplicado à polca, sugere a sua sincopação, isto é, a acentuação em pontos deslocados do tempo, fora dos lugares tônicos do compasso binário, fixados no padrão importado de origem. Essas acentuações deslocadas levam a dança a balançar como se estivesse entre dois pontos de referência acentual, dois pulsos simultâneos e defasados, criando-se entre eles frações de vazio que o corpo tende a ocupar com seus meneios.

Mário de Andrade dizia que a rítmica brasileira resulta da conjugação original da quadratura métrica regular, característica da música europeia, que procede pela *subdivisão* do compasso, com uma rítmica fraseológica baseada em irregularidades internas e que procede pela *adição* indeterminada de tempos, como a das músicas africanas e indígenas.[23] Podemos ver essa solução de compromisso entre dois universos rítmicos opostos como homóloga da "dialética da malandragem" que Antonio Candido depreendeu da construção de *Memórias de um sargento de milícias*: trata-se de uma rítmica que se baseia na oscilação constante entre uma ordem e sua contraordem acentual, sustentadas no mesmo movimento. Decanta-se, com isso, no plano técnico da construção rítmica, uma espécie de negaceio estrutural, inteiramente isomórfico em relação àquele mundo de títulos chistosos que comentamos, cheio de acenos e recuos, de promessas em aberto, de objetos chamativos e escapadiços, conduzido numa cadência aliciante.

Carlos Sandroni contribui também para avançar o entendimento dessa questão, inspirado na etnomusicologia africanista. Afirma ele que a rítmica permeada de deslocamentos acentuais, a qual remonta, no Brasil, ao lundu, e se consagra modernamente no maxixe e no samba, reconhecendo-se nas mais variadas regiões da música popular, foi tradicionalmente pensada por meio do conceito de síncopa: a já mencionada acentuação em pontos não tônicos da métrica regular do compasso. Essa concepção padeceria, porém, do defeito de ser pensada conforme o ponto de vista da música europeia, pois reduz os processos rítmicos — ditos sincopantes — a um desvio da norma do compasso, isto é, a uma espécie de exceção insistente, que se torna, no entanto, paradoxalmente, a regra definidora da música popular brasileira. O assunto ganharia então, de acordo com Sandroni, em ser pensado diretamente segundo a lógica rítmica conatural às músicas africanas, que não se baseia na medida regular do compasso, que não subdivide o tempo em células regulares, mas o produz por meio da adição de células desiguais, pares e ímpares, gerando múltiplas referências de tempo e contratempo, que entram continuamente em fase e defasagem. Essa combinação de paridade com imparidade rítmica, em que o deslocamento e a defasagem constituem-se em dado inerente à pulsação musical, e em fundamento da sua temporalidade, resulta naquilo que Sandroni chama *contrametricidade*. Já a tradição europeia teria sua rítmica baseada não na composição acirrada e simultânea de motivos pares e ímpares produzindo fases e defasagens, mas na subdivisão e replicação de células regulares, ora binárias, ora ternárias. O seu fundamento é, segundo Sandroni, a *cometricidade*.[24]

No nosso caso, o frisson da polca stricto sensu, isto é, da polca originária da Boêmia, que se espalhou pela Europa e pelo mundo na década de 40 do século XIX, é ligado ao movimento rápido das semicolcheias, que subdivide os dois tempos do compasso, sem questionar no entanto a primazia das balizas acentuais que sustentam a binaridade. Podemos dizer que ela submete o tempo a uma redundância de princípio: subdivide binariamente o compasso binário, fazendo com que as acentuações coincidam sempre com os tempos fortes. Destacando e afirmando de maneira unívoca a acentuação sobre os dois tempos do compasso, como acontece também no gênero marcha, a polca europeia é, na verdade, uma marcha puladinha — inteiramente cométrica.

Já a polca amaxixada consistiria, diferentemente, numa estrutura de tempos e contratempos em que a pulsação regular do compasso binário, com sua acentuação principal no primeiro tempo e acentuação secundária no segundo, sofre a interferência de acentuações que confirmam e deslocam as balizas mestras do compasso. A paridade binária do compasso é defasada por esquemas de imparidade internos, tendo como resultado o fato de que acentos fortes — tônicos — recaem sobre lugares átonos do compasso (o que chamamos de segunda e quarta semicolcheias). Essa espécie de ambivalência rítmica, ou de oscilação estruturante dos pontos de referência da tonicidade, demanda do ouvinte envolvido um movimento de balanceio, o meneio corporal característico e *contramétrico*.

A mudança não é apenas uma questão de nuance. A quadratura da música europeia dá lugar a uma outra lógica, ou uma outra clave rítmica, na qual está envolvida uma decisiva interferência africanizante. Ou, melhor dizendo, e voltando a Mário de Andrade, instaura-se uma dialética entre duas ordens acentuais simultâneas, que a rítmica afro-europeia brasileira sustenta no limite: a do compasso binário, que a contrametricidade tensiona, e a da adição combinada de células pares e ímpares, que se abrigam e se subdividem, no entanto, no interior do compasso.

As primeiras peças, precocemente geniais, de Ernesto Nazareth, publicadas justamente no período que antecede a escrita de "Um homem célebre", guardam o nó e o xis do problema. Em "Cruz, perigo!!" (1879), por exemplo, um acompanhamento típico de polca europeia, na mão esquerda, convive com um motivo amaxixado, baseado em síncopas rebatidas em oitavas, na mão direita; na segunda parte, a melodia, acéfala na primeira semicolcheia do compasso, valoriza deslocadamente a segunda semicolcheia e sugere o vezo sincopado e inconfundível do maxixe. Em "Os teus olhos cativam" (1883) ocorre a seu modo a mesma coisa: os dois gêneros, com seus perfis característicos — a polca e o maxixe —, se superpõem na mão direita e na mão esquerda como num palimpsesto em que pudéssemos flagrar o momento diacrônico da passagem de um gênero ao outro, que então se dava, ao mesmo tempo que a radiografia sincrônica do processo que lhe subjaz.

Na cena de abertura de "Um homem célebre", em que Pestana anima ao piano o sarau da "boa e patusca" viúva Camargo, ele é convidado a tocar uma quadrilha — peça de salão em moldes importados, comportados e cométricos —, que cumpre sua função sem maiores consequências. Instado, em seguida, a executar sua recente polca "Não bula comigo, nhonhô", o efeito, mesmo a contragosto do pianista compositor, é completamente outro: "Ouvidos os primeiros compassos, derramou-se pela sala uma alegria nova, os cavalheiros correram às damas, e os pares entraram a saracotear a polca da moda". A "alegria nova" e o "saracoteio", o qual comparece mais uma vez aqui, indicam não só a receptividade ao talento individual do já célebre Pestana, mas a emergência do gênero novo e seu caráter sincopante, amaxixado e sub-repticiamente africanizado.

A euforia estará ligada ainda ao isomorfismo entre o ritmo e a decantação do negaceio, destilada no título: "Não bula comigo, nhonhô" indica uma polca-lundu característica, remetendo à sugestão tradicional do assédio sexual de escravas pelos senhores, recorrente em peças musicais do gênero desde o século XVIII. Sandroni registra um "Sossega, nhonhô", e Machado, na crônica de 1887, vai mais fundo na violência latente da relação, com o já citado "Tire as patas, nhonhô!". Luiz Felipe de Alencastro refere-se a uma aplaudida ária, do gênero das que se executavam no intervalo de peças teatrais e operetas na primeira metade do século XIX, que atesta "sem complexos o grotesco do sadismo escravocrata", com o título "Meu ioiô você me mata".[25] Para fazer justiça à complexidade do assunto, no entanto, é preciso ver que o negaceio tem, por definição, faces reversíveis, tal como registradas por Machado, com "Ai, não me pegue, que morro!", "Nhonhô, seja menos seco!", "Você me adora!", "Olhe, eu corro", "Que graça!", "Caia no beco!". Esse vaivém de atração e esquiva, em que se combinam violência e sedução, está no complexo inconsciente da mestiçagem, da qual os títulos das polcas e lundus são, a seu modo, cifras, associados, não sem efeito, a uma rítmica sincopante, métrica e contramétrica.

Machado trabalha esse substrato coberto de tabu — um tabu sociocultural, político, econômico, racial, sexual, existencial, cujo cerne persistente é difícil de deslindar até hoje, e que a antropologia politicamente correta, tratando-o de maneira unívoca, só faz confirmar e recobrir. Ademais, a subjetivação do mulato permanece como dimensão virgem na literatura brasileira do tempo, encontrando sua primeira expressão, posterior, em Lima Barreto. O tratamento pitoresco do escandaloso *O mulato*, de Aluísio Azevedo, publicado ao mesmo tempo que *Memórias póstumas de Brás Cubas*, é um sintoma tanto da emergência do assunto quanto da dificuldade de tratá-lo por dentro. Machado administra, pois, um tabu social e pessoal, cercando de silêncio, como sabemos, a sua condição de mulato. Mas enfrenta aqui, e a seu modo, esse fundo problemático, com seus instrumentos de escritor. Pestana também o faz, com os seus recursos de músico: quando se descreve o seu processo compositivo em ação, vemos um artista extraindo operosa e prazerosamente relações novas dos sons brutos, e estabelecendo ligações entre os elementos que têm no "meneio" a sua mediação decisiva. "Começou a tocar alguma cousa própria, uma inspiração real e pronta, uma polca, uma polca buliçosa, como dizem os anúncios. Nenhuma repulsa da parte do compositor; os dedos iam arrancando as notas, ligando-as, meneando-as; dir-se-ia que a musa compunha e bailava a um tempo." Aqui, a intenção compositiva não se distingue nem se separa da expressão pessoal: formatividade e páthos subjetivo ressoam um éthos coletivo, falando por si e sanando por um momento aquela cisão irreparável que atormenta o Pestana enquanto compositor clássico.

Em suma, falando de um fenômeno cuja nomeação se resolve e não se resolve pela rubrica da polca, o texto machadiano conduz o assunto no limite entre o que se diz dizendo e o que se diz secretando subentendidos, num grau de implicação que tentaremos avaliar. O conto trabalha ele mesmo por uma espécie de negaceio secreto.

O PIANO

A primeira cena de "Um homem célebre" é a do sarau na casa da viúva Camargo, onde somos lançados, de imediato, diante da visão do sucesso de Pestana, tipificado no efeito dançante de sua polca, na animação "patusca" da anfitrioa contratante, e na admiração de Sinhazinha Mota, que se vê, incrédula, diante do compositor cuja fama já ganha as ruas. A abertura, *in media res* ("— Ah! O senhor é que é o Pestana?"), recorta de imediato o contexto da celebridade momentosa, da qual só destoa o próprio compositor, dando sinais de uma contrariedade que se esclarecerá na sequência, na forma de uma reversão inesperada. Pois, fugindo assim que pode do sucesso opressivo, e escapando dos ecos persecutórios de si mesmo que se ouvem pelas janelas das casas e nos assovios das ruas, Pestana se retira para a sala onde convive com os clássicos, cujos retratos estão "postos ali como santos de uma igreja". Entre eles, "o piano era o altar", e "o evangelho da noite lá estava aberto: era uma sonata de Beethoven".

O drama do compositor que recusa o aplauso consagrador da média, como um antimedalhão que se exige voos mais altos, condensa-se em dois espaços contrapostos, o do salão onde se dá o "sarau íntimo" mas trepidante, com suas vinte pessoas, e o da sala íntima e retirada, ungida de uma aura religiosa. Nos dois casos, seja como galvanizador da dança da moda, seja como o altar do templo laico onde se cultua solitariamente a arte, o piano é o centro das atenções e o protagonista do dilema.

Segundo Luiz Felipe de Alencastro, o piano é a "mercadoria-fetiche" da fase econômica que se inicia em 1850, com o fim oficial do tráfico negreiro, tendo como símbolo "a maioridade efetiva de d. Pedro II", e como perspectiva o "fim da africanização do país e da vexaminosa pirataria brasileira", completada pela imigração modernizante e ocidentalizante dos "novos europeus". Levas de pianos ingleses e franceses de todos os feitios, disputando entre si o primado da resistência ao clima tropical, feitos "objeto de desejo dos lares patriarcais" e espalhando-se por casarões urbanos e rincões rurais, levados no lombo de escravizados como índices de uma europeidade que pretendia sobrepor-se à existência destes, constituem-se em promotores de status e ícones dos novos tempos em que o Império prometia "dançar ao som de outras músicas". Assim, "comprando um piano, as famílias introduziam um móvel aristocrático no meio de um mobiliário doméstico incaracterístico e inauguravam — no sobrado urbano ou nas sedes das fazendas — o salão: um espaço privado de sociabilidade que tornará visível, para observadores selecionados, a representação da vida familiar. Saraus, bailes e serões musicais tomavam um novo ritmo".[26]

Tal como representado por Machado, o serão e baile da viúva Camargo, em 1875, participa vivamente dessas condições descritas. Elas supõem mudanças significativas e profundas nas condições de produção musical, que aparecem a uma nova luz: é "o piano que substitui a viola, a composição de autor — comercializada sob a forma de partitura — que substitui o refrão tradicional ou anônimo, as novas modas internacionais que se manifestam".[27] Em correspondência com isso, danças populares tradicionais de par separado ou grupos em roda, ligadas a remotas práticas coloniais, como os lundus e as umbigadas, dão lugar à dança de salão com o par enlaçado, especificamente urbana e moderna, da qual a polca timbra por ser a introdutora. As primeiras polcas de Nazareth foram editadas, num exemplo sintomático, pela viúva Canongia, que comercializava partituras, água mineral e leite condensado: vendidas de porta em porta por escravos, as partituras incorporavam-se aos itens domésticos. Ponha-se junto o papel de parede importado, com seus "ornamentos, desenhos e cores da moda", e muda-se radicalmente o aspecto visual e sonoro do interior acanhado "das residências imperiais".[28]

O piano traz consigo um fragmento prestigioso de Europa, constituindo-se nesse misto de metonímia de civilização moderna e ornamento do lar senhorial, onde entretém as moças confinadas ao espaço da casa. Além disso, dada a própria extensão da sua presença e a conhecida dinâmica adaptativa e apropriadora da vida musical brasileira, vem a ser atingido e transformado, em certa medida, por usos populares. Mas, antes de mais nada, o instrumento já supõe, na origem importada, dois mundos musicais muito distantes entre si, que estamos vendo se cruzarem aqui o tempo todo: o repertório de salão e o repertório de concerto. Segundo o indefectível testemunho estrangeiro, no caso o de um observador francês da cidade do Rio de Janeiro, chamada também por Araújo Porto Alegre, em 1856, de "cidade dos pianos", há um teatro lírico, as "ruas são iluminadas a gás e há um piano em cada casa. É verdade que esse teatro está situado no meio de uma praça infecta [...] que as ruas, sem passeios, são mal calçadas de pedra bruta, e que afinal, nos tais pianos [...] não se tocam senão músicas de dança, romanças e polcas".[29]

A introdução galopante da moda do piano no Brasil não configura, obviamente, um campo dos mais propícios para o exercício das agruras progressivas da sonata, com seus desenvolvimentos complexos; as especificidades formais e a consciência dos parâmetros sonoros, investidas nas variações; as texturas intrincadas e a estetização dos problemas técnicos, tal como se colocam nalgumas coleções de estudos para piano; a reserva e a densidade tantas vezes atingida pela música de câmara, e mesmo as exigências do puro virtuosismo instrumental. Ela suscitava, em vez disso, a projeção de um espaço de convivência e relação ameno, ilustrativo, decorativo, sentimental e dançante, cuja discrepância das dimensões da tradição musical europeia de concerto é análoga, certamente, à discrepância entre as dimensões problemáticas atingidas pelo romance europeu no século XIX e a escala reduzida do que se convencionou chamar o "tamanho fluminense" — expressão de José de Alencar para o marasmo imperial periférico e escravista.

É claro que há uma vida musical de concerto no Brasil do Segundo Império (embora vivendo um certo interregno entre a geração de Carlos Gomes, de Leopoldo Miguez e a dos jovens Alberto Nepomuceno, Alexandre Levy e Francisco Braga), com a apresentação de óperas e a vinda de virtuoses estrangeiros, como Gottschalk, que compôs a famosa *Fantasia sobre o Hino Nacional Brasileiro*. O Club Beethoven, associação musical fundada em 1882, conferindo uma aura concertística mais ambiciosa aos últimos anos da Monarquia, vigorou até 1889, promovendo concertos de câmara e sinfônicos, palestras (dadas, entre outros, pelos beletristas Rui Barbosa e Afonso Celso, e pelo "parlamentar" Antônio Ferreira Viana), e mantendo ao mesmo tempo uma biblioteca dirigida por Machado de Assis. "Um homem célebre" foi escrito, a propósito, durante a vigência do Club Beethoven, o que oferece uma contraface interessante ao fato de o compositor alemão figurar como o "evangelho" de Pestana: ele é, ao mesmo tempo, o ideal do compositor de polcas e o vulto honorável consagrado pela elite imperial, além de ser objeto privilegiado da atenção do amante de música Machado de Assis. Mas o notável, aqui, é que, ao não mimetizar a escala normal desse estado de coisas, projetando em vez disso a situação de um compositor que está fora do circuito musical erudito em vigor e que se debate entre o ideal de uma música clássica em estado pleno e o crescimento avassalador da música popular de massa dentro de si mesmo, Machado de Assis assinala de maneira viva, como figura, a polarização desnivelada a que está sujeita a vida musical brasileira como um todo.

Pestana está aí, em primeira instância, no lugar da ponte impossível entre a quadrilha de salão e a sonata de Beethoven que o espera aberta sobre o piano — ele mesmo a encarnação da incongruência entre a música de peso e a música mais que ligeira, cujas léguas de distância o mundo brasileiro parece transformar em anos-luz, quando não as dissolve nos salões. Mas, ao mesmo tempo que se marca essa distância abissal, Pestana faz a ligação secreta entre uma coisa e outra, detendo, mesmo que sem saber, a chave de um pianismo requintado que trabalha instintivamente sobre os materiais e sobre a incongruência que lhe é dada. Não é impertinente considerar que a própria incapacidade de compor — quando isso significa transpor um estilo que não corresponde à experiência profunda — não deixa de ser uma qualidade e o índice de uma relação não falsificada com a arte: fácil seria uma versão edulcorada e kitsch — um pastiche dos clássicos —, o que não vinga no horizonte do nosso Pestana. O seu inefável noturno "Ave, Maria", por exemplo, sucumbe ao teste do plágio, e é imediatamente descartado. Convenhamos, aliás, que a grandeza também pode ser medida pelo tamanho de um fracasso — com o seu, Pestana escapa com altiva dignidade à condição do reles diluidor.

A permeabilidade entre diferentes mundos musicais é, por outro lado, o traço definidor da formação musical brasileira, segundo Lorenzo Mammì:

> Numa sociedade pouco diferenciada como a nossa, nunca houve uma separação muito nítida entre práticas musicais "altas" e "baixas". No século XIX, o lundu era cantado nos teatros, a polca e a valsa se dançavam na rua (e daí surgiram o maxixe e a brasileiríssima valsinha). Coros de escravos eram recrutados para cantar óperas, e um músico de banda podia acompanhar a procissão do Divino num dia e, no dia seguinte, participar da encenação de um drama de Verdi.[30]

Os programas musicais de saraus e recitais, de que se tem notícia, são geralmente ecléticos e misturados. O próprio Inácio Ramos, nosso conhecido de "O machete", ganha a vida, como vimos, tocando "ora num teatro, ora num salão, ora numa igreja", ao mesmo tempo que se aprofunda no violoncelo. Pestana é, portanto, a versão extremada de um dado constitutivo e extensivo da cultura musical brasileira, que ganha, nele, um acabamento radical pela exposição flagrante dos opostos — tensionados e carregados de interrogação.

O PADRE-PAI

Na casa em que respira, com alívio, a atmosfera silenciosa da noite propícia às aventuras musicais profundas — "casa velha, escada velha, um preto velho que o servia" —, Pestana cerca-se ao piano, como já vimos, de uma galeria de retratos de músicos, religiosamente entronizados. "Cimarosa, Mozart, Beethoven, Gluck, Bach, Schumann, e ainda uns três, alguns gravados, outros litografados, todos mal encaixilhados e de diferente tamanho": os nomes desse panteão compõem um cânone estético envolvido ironicamente, pela ótica narrativa, numa aura de canonização sacral. Todos incorporados, no entanto, dados os índices de informalidade, a uma relação sugestiva de convivência, mais que de veneração abstrata. Tanto mais que um entre eles, o único brasileiro, figura como um padre compositor, que permanece anônimo para o leitor, e cuja ascendência pessoal direta sobre Pestana paira, conforme veremos, como uma incógnita decisiva.

Quando exercita ao piano a aproximação ao momento de compor, "desvairado ou absorto", entre ansiosas xícaras de café, movimentos até a janela e trechos executados "com a alma alhures", a fonte musical em que Pestana bebe é nada menos que a do classicismo vienense e o núcleo denso da forma-sonata: Beethoven, tocado "com grande perfeição" diga-se de passagem, e acompanhado, numa linha cheia de consequências, por seus predecessores diretos, Haydn e Mozart.

Logo antes disso o escravo, que acende o gás da sala e traz o café, é senhorialmente destratado pelo aspirante à grande arte, que o despacha, sequioso pelo usufruto da solidão: temos, na cena, uma primeira pontuação, em nota realista de passagem, da convivência entre o cultivo ambicioso da grande arte burguesa e o escravismo cotidiano, relação que guarda, no entanto, como veremos, camadas mais profundas e de múltiplas consequências.

O contexto musical é nada casual ou indefinido: as escolhas de Pestana, longe de namorar um romantismo ralo de salão, convergem na prática para a grande tradição clássico-romântica. O repertório, embora sugerido com naturalidade, é paradigmático. Por isso mesmo, também, ganha peso inequívoco a referência àquele único brasileiro entre os retratos de músicos que pendem da parede, em meio ao rol dos europeus ilustres, e que não por acaso merece ser tratado à parte:

> Um só era a óleo, o de um padre, que o educara, que lhe ensinara latim e música, e que, segundo os ociosos, era o próprio pai do Pestana. Certo é que lhe deixou em herança aquela casa velha, e os velhos trastes, ainda do tempo de Pedro I. Compusera alguns motetes o padre, era doudo por música, sacra ou profana, cujo gosto incutiu no moço, ou também lhe transmitiu no sangue, se é que tinham razão as bocas vadias, cousa de que se não ocupa a minha história, como ides ver.

O padre anônimo mostra aqui um valor formativo comparável àquele que já vimos consignado, em "O machete", na relação de Inácio Ramos com o pai, também ligado à música sacra: embora em dimensões materiais diferentes, porque se trata agora de um verdadeiro cabedal, é ele que passa o seu patrimônio de conhecimentos, posses e motivações ao jovem músico. Mas, como em todos os outros aspectos, essa relação complica-se, definitivamente, em "Um homem célebre". Porque, nesse caso, o padre não é um humilde músico de igreja, mas está posto na posição de índice das aspirações brasileiras à música de concerto, e a alusão à paternidade é esquiva, objeto de "bocas vadias" com as quais o narrador não se compromete e negaceia com ironia, dizendo sem dizer e deixando o não dito pelo dito. Indecisa entre o biológico e o simbólico, entre o sacro e o profano, entre a religião e a quebra do celibato, e barrada por um recalque que o narrador glosa ambiguamente, a questão da paternidade é inseparável, aqui, do drama artístico e existencial de Pestana.

Ao referir-se, em outro momento, às qualidades inerentes à polca do compositor, o narrador insiste no mesmo leitmotiv da relação entre a criação musical e a transmissão biológica: "[...] na composição recente e inédita circulava o sangue da paternidade e da vocação". Está em jogo, na verdade, um cabedal genético-cultural incontornável, investido de maneira dúbia na dimensão simbólica da paternidade: quando reza por música a sua missa noturna, Pestana busca sair-se dela como o pai de uma obra clássica, e filho, por sua vez, do grande tesouro paradigmático de nomes ilustres entre os quais alinha, com discreto mas inequívoco destaque, o padre-pai.

Em seu rito composicional, Pestana tenta sacramentar essa linha de filiação e paternidade que o faria imortal através da obra criada, extraindo do nome-do-pai, ou do padre — que não pode ser dito —, o sacramento que ele mesmo tem, no entanto, que oficiar. "Vão estudo, inútil esforço. Mergulhava naquele Jordão sem sair batizado": o batismo, sacramento que consagraria nele o filho, é falhado. Logo adiante, tentará o casamento, o sacramento que consagraria nele o pai, unindo-se em núpcias espirituais à frágil Maria, viúva de 27 anos, "boa cantora e tísica", recebendo-a como "a esposa espiritual do seu gênio". O arrazoado que acompanha a decisão marca mais uma volta do leitmotiv da criação musical como paternidade: "O celibato era, sem dúvida, a causa da esterilidade e do transvio, dizia ele consigo; artisticamente considerava-se um arruador de horas mortas; tinha as polcas por aventuras de petimetres. Agora, sim, é que ia engendrar uma família de obras sérias, profundas, inspiradas e trabalhadas". Cheio dessa esperança, e entoando o seu cântico dos cânticos particular — "Maria, [...] dá-me o que não achei na solidão das noites, nem no tumulto dos dias" —, desemboca num fragoroso lapso de memória, tomando como seu um noturno de Chopin, plagiado involuntariamente sob o título, grávido ainda de religiosidade, de "Ave, Maria".

Do primeiro desastre, o do mergulho no Jordão que não batiza, Pestana sai-se como um autêntico "Fausto suburbano", como já foi chamado, pensando livrar-se das polcas por meio de uma espécie de pacto mefistofélico pela culatra: " — As polcas que vão para o inferno fazer dançar o diabo — disse ele um dia, de madrugada, ao deitar-se". A frase que segue é um assombro da ironia: "Mas as polcas não quiseram ir tão fundo". Desejante desesperado da verticalidade, divina ou diabólica que fosse, desde que elevada ou profunda ("interrogando o céu e a noite, rogando aos anjos, em último caso ao diabo"), Pestana recebe de volta a platitude serelepe e sem saída da polca, com sua irrequieta intranscendência: o seu inferno é horizontal, e a horizontalidade dissipa até mesmo os infernos. Do outro desastre, o do casamento espiritual falhado que lhe apresenta um filho que não é seu, porque plagiado, nascido "daqueles becos escuros da memória, velha cidade de traições", Pestana parte para o suicídio, igualmente abortado, com o qual pretenderia matar a polca no próprio nascedouro: "Para que lutar? [...] Vou com as polcas... Viva a polca!".

Os motivos religiosos, sacramentais, que cercam a criação musical erudita em "Um homem célebre", apontam todos de volta, em seu fracasso, ao mesmo ponto de origem: o padre-pai, que está e que falta, que acena para as alturas da música elevada e sublime mas que secreta, como pretendo mostrar, os eflúvios que proliferam em polcas amaxixadas. O patrimônio genético-musical de Pestana — se se pode dizer assim — não vem diretamente de Gluck e Schumann, mas envolve esse intrigante suposto pai que paira como enigma, e cujo alinhamento entre os vultos europeus não se dá sem sustos.

É inevitável lembrar, então, que a figura de um padre compositor de música sacra, e às vezes profana, capaz de transitar entre o moteto e a modinha, tem um valor indiscutível de paradigma na formação da música erudita brasileira: sem pretender sugerir, obviamente, qualquer referência do conto a personalidades reais, sabemos o quanto o lugar de pai da música erudita no Brasil, durante o século XIX, foi atribuído ao padre José Maurício Nunes Garcia, e tanto mais marcadamente pelo fato de que se desconhecia, a essa altura, a grande produção mineira do século XVIII. Teve um papel decisivo na valorização da obra do grande compositor mulato a dedicação de Afonso de Taunay, cujos resultados Machado conhecia bem. No contexto de "Um homem célebre", a presença única de um brasileiro, figurado como um padre compositor posto entre os luminares da música europeia com seu retrato caprichado a óleo, guarda, ao lado de suas fortes ligações afetivas e obscuras com o próprio Pestana, um inequívoco caráter de representatividade, constituindo-se num tipo cultural cujo valor de ícone pode ser aferido de vários modos.

A figura do padre-pai é conhecida na história colonial brasileira. Gilberto Freyre, no seu melhor estilo, é enfático a respeito. Sintomaticamente, o padre-pai se associa, em primeira instância, à miscigenação, dado que "o intercurso sexual de brancos [...] inclusive eclesiásticos [...] com escravas negras e mulatas foi formidável", ao mesmo tempo que "talvez em nenhum país católico tenham até hoje os filhos ilegítimos, particularmente os de padre, recebido tratamento tão doce; ou crescido em circunstâncias tão favoráveis".[31] A figura do padre-pai, absorvida, por certo com a devida ou relativa ambiguidade, pela ordem familiar patriarcal associa-se também à transmissão de valores letrados, já que o clero foi, segundo Caio Prado Jr., "durante a nossa fase colonial, a carreira intelectual por excelência, e a única de perspectivas amplas e gerais", tornando-se a batina, muitas vezes, o escasso "refúgio da inteligência e cultura".[32] A função sacerdotal conjugou-se não poucas vezes com a administração de famílias e proles informais, como meio que era de ascensão social e de educação relativamente aprimorada para rapazes de pendor às vezes mais intelectual que religioso, muitas vezes mulatos ("os mestiços são numerosos no clero brasileiro", tendo a Igreja honrado "no Brasil sua tradição democrática, a maior força com que contou para a conquista espiritual do Ocidente", diz ainda Caio Prado), outras vezes como lugar de franca afirmação de "virtudes patriarcais", que explicam a existência de "tanta família ilustre no Brasil fundada por padre ou cruzada com sacerdote; [...] tanto filho e neto de padre, notável nas letras, na política, na jurisprudência, na administração", completa Gilberto Freyre.[33]

O que temos aí, em rápidos traços, é uma verdadeira constelação sociocultural, nebulosa pela sua própria informalidade de base, mas reconhecível no modo como se conjugam nela, sintomaticamente, a figura do religioso e sua "fraca vocação para o ascetismo", posto na posição de promotor ou produto da miscigenação, ao mesmo tempo que beneficiário e transmissor dos valores da cultura letrada. Curiosamente, todos esses traços se encontram na figura ancestral do padre José Maurício, como veremos a seguir. Eles se encontram também em "Um homem célebre", com a diferença de que Machado de Assis os dissimula, articulando-os em múltiplos níveis que vão da explicitude resvaladiça à filigrana cifrada.

Sobre o padre mulato José Maurício Nunes Garcia, justamente, autor de antífonas, ladainhas e te-déuns, sabe-se, por Mário de Andrade, que teve um filho, o doutor Nunes Garcia, médico, catedrático de Anatomia geral e descritiva, poeta, pintor, sócio do Instituto Histórico e Geográfico Brasileiro, autor de modinhas, tendo dedicado à memória do pai a coleção musical das "Mauricinas", partituras "acompanhadas das respectivas poesias", e sendo, segundo Sandroni, um dos compositores profissionais de lundus na segunda metade do século XIX.[34]

O caso fala por si mesmo, em sua relação com "Um homem célebre". O modelo genético-cultural no qual vigora a figura de Pestana é bastante peculiar e brasileiro: ele pertence ao mesmo mundo em que o pai totêmico da nossa música erudita pode compor a *Grande missa em fá maior* e o filho, ao exaltá-lo, compor lundus; o mesmo filho que compõe lundus se constituir em homem de prol e medalhão, enquanto o pai é respeitabilíssimo padre. Não é à toa que a igreja de Beethoven, no altar do piano, balance em polcas amaxixadas, e que o real de raiz, quanto à relação familiar, permaneça em segredo de polichinelo. Já a mulatice e a música que a ela corresponde permanecem como segredos que se debatem em níveis mais profundos, porque nelas está o próprio nó que liga os termos formalmente impermeáveis da estrutura social — senhor e escravo —, através do elo proliferante, óbvio e oculto, entre escravidão e sexualidade, que "inventa" social e culturalmente, no Brasil, o mulato.[35] Esse nó, diga-se, é ambivalência pura, porque — mais além do senhor e da escrava, e mais do que o homem livre branco — o mulato, na própria borda do processo, está na fronteira entre a exclusão e a inclusão, como a parte nem rejeitada nem admitida que guarda o segredo inconfessável do todo. Esse lugar é homólogo, por sua vez, àquele ocupado pelas músicas populares africanizantes, entre renegadas e sedutoras, índices irreprimíveis da vida brasileira, que se tornarão depois ícones festejados do Brasil moderno, e via privilegiada de sua simbolização.

O ensaio de Mário de Andrade, "Padre José Maurício", em *Música, doce música*, merece longa citação aqui, tal é a sua familiaridade com o mundo implícito nos bastidores do conto machadiano. Vejamos a descrição da infância de José Maurício, segundo o autor de *Macunaíma*:

> Filho de preto sabe cantar. No Rio a era das modinhas estava se intensificando e um eco vago dos salões devia chegar até a rua da Vala (Uruguaiana), onde o mulatinho nascera. De resto as ruas ressoavam com os cantos dos escravos "seminus, aos grupos de dez a doze, movendo-se a compasso com os seus cantos, ou antes gritos, a carregar em grandes varais cargas pesadas e todas as mercadorias do porto". Esse canto devia ser impressionante porque vários cronistas se referem a ele, Foster, o príncipe de Wied, Luccock... E ainda as duas mulheres levavam José Maurício às festas de igreja, onde o pequeno rezava ainda mal convicto, distraído com as músicas então aplaudidas do brasileiro padre Manuel da Silva Rosa. Tudo isso de certo que influía muito no mulatinho extremamente musical, dotado de voz bonita e passando o tempo dos brinquedos a fazer violinhas de tábua e elásticos de botina.
>
> Afinal arranjou uma viola de verdade e a tangeu, tangeu tanto, que acabou descobrindo por si o segredo das primeiras harmonias. Dedilhava as cordas e se punha cantando romances tradicionais. Logo a vizinhança toda se engraçou pelo menino e ele ia nas reuniões, cantar os casos do Bernal Francês, da Dona Iria e suspirar modinhas árcades. "Este menino precisa aprender música..." E as duas mulheres trabalhavam mais porque além das roupas, tinham que ajuntar os oitocentos réis mensais que pagavam a escola de música do mulato Salvador José. Aí José Maurício aprendeu teoria e dizem que violão.

Mesmo que em grande parte um exercício de especulação imaginária sobre o contexto em que terá crescido o compositor, a biografia mário-andradina de José Maurício não deixa de ser um documento que nos remete à pouca diferenciação cultural e à mistura de fontes e níveis na vida musical do Rio de Janeiro no início do século XIX, com destaque para a presença do escravo na paisagem sonora da cidade. A propósito, a música e as artes plásticas, tidas como artesanais e mais próximas das funções puramente técnicas, são praticadas tendencialmente, no Brasil, na tradição colonial, por negros e mulatos, enquanto as belas-letras, distantes do trabalho manual, são prerrogativa de brancos. Esse contexto formativo evocado por Mário de Andrade não será de todo estranho, como se pode imaginar, ao lugar sociocultural do próprio Machado, com a diferença de que este torceu de certo modo a linha da destinação social corrente no Brasil ao se tornar, digamos, não mais um padre mulato, e músico, mas um escritor.

Um outro trecho do texto de Mário de Andrade nos interessa aqui, e, ao tratar da questão da paternidade em José Maurício, ganha mesmo um certo sabor machadiano, podendo ser lido quase que como uma explicitação despachada daquilo que o narrador de "Um homem célebre" desvela camufladamente:

> Aliás também outro ano forte de comoções, fora pra José Maurício, esse de 1808. As... limpezas públicas eram muito desleixadas e indecisas e o padre-mestre dera um formidável escorregão nas calçadas pouco limpas do tempo. Em dezembro ficou pai. Não tenho nada com isso e o filho do padre e da "mula sem cabeça" tradicional, não seria um inútil para o Brasil. Formou-se médico; e o dr. Nunes Garcia foi além de catedrático de Anatomia geral e descritiva, escritor de obras científicas, como as "Lições de Antropotomia" e o "Nova forma de apreciar os ferimentos do peito com ofensa duvidosa nas entranhas". E inda foi poeta e pintor. E foi, mais, sócio do Instituto Histórico e Geográfico. E finalmente compositor de modinhas.[36]

Mário toma para si, não sem encenar certo negaceio e fingida reticência, algo do lugar daquelas "bocas vadias" com as quais o narrador de Machado finge nada ter a ver. Aliás, o "não tenho nada com isso" é comum aos dois, implícito num e explícito noutro. Ambos estilizam certamente um costume de longa data, isto é, a fofoca imemorial que comenta, com certa malícia permissiva e disfarçado prazer, "o filho do padre e da 'mula sem cabeça' tradicional" (a violência da expressão diz por si mesma do lugar desqualificado da mãe), com saída edificante, porque acrescenta a cultura letrada — "não seria um inútil para o Brasil", "era doudo por música, sacra ou profana, cujo gosto incutiu no moço".

Um adendo. Numa crônica de 1884, em *Balas de estalo*, a constelação de que falamos, incluindo um divertido contraponto entre José Maurício Nunes Garcia e a polca, dava um outro sinal: Machado de Assis dizia que Taunay, em campanha eleitoral, ocupava-se, em vez disso, dos responsórios do padre José Maurício, empenhado, como já vimos, em elevar a memória do compositor a seu merecido reconhecimento. Machado chama-o engraçadamente à realidade, exortando-o a assumir-se como político em campanha, que é, e a eleger-se para poder, afinal, dançar polca — que "também é música, e não é de padre".[37]

O VENTRE LIVRE

Num pequeno texto sobre "Um homem célebre", com o título de "Polcas para um Fausto suburbano", Mário Curvello observa que o conto está coalhado de datas de aparência meramente factual mas sub-repticiamente significativas. O procedimento, já apontado outras vezes em Machado de Assis, em especial por John Gledson, que lhe deu dimensões interpretativas de caráter amplo, emparelharia fatos narrados, de natureza local e pessoal, com episódios da história brasileira, através de datações disfarçadamente orquestradas. Tais ligações, de cunho críptico, se mostram às vezes convincentes, depois de tiradas do suposto limbo em que se disfarçam, outras vezes podem parecer artificiosas, ou mesmo permanecer num estado de suspensão, talvez construída de forma metódica pelo escritor, entre a alusão e o acaso.

Não me parece, de todo modo, que seja um procedimento alegorizador, que fizesse dos acontecimentos narrados um conjunto articulado de metáforas históricas. Supondo uma intencionalidade ponto a ponto, como é o caso do texto de Mário Curvello, a interpretação resulta redutora. Pode-se pensar, em vez disso, numa técnica de contraponto, à maneira musical, em que as linhas da ficção e da história se tocam sub-repticiamente, produzindo efeitos de correlação sugestiva, não necessariamente analógicos nem necessariamente equiparáveis em importância.

As datas referidas por Curvello, presentes no conto, apontam para "temas da história política brasileira", envolvendo situações internacionais que incidem sobre "a política oficial do abolicionismo gradual", as reformas parlamentares e "o revezamento do poder entre liberais e conservadores". As primeiras são francamente nebulosas: 1815, data deduzida do nascimento da viúva Camargo, correspondendo ao Congresso de Viena, em que a Inglaterra "assume a liderança europeia e colonialista" e Portugal assina um tratado reconhecendo o controle das rotas marítimas pela Inglaterra, com consequências sobre o tráfico; 1845, data deduzida do nascimento de Pestana, coincide com o decreto do Bill Aberdeen pela Inglaterra, "assumindo a repressão direta ao tráfico, o que atingia imediatamente os interesses dos escravistas no Brasil".[38]

Nenhuma delas mereceria ser considerada não fossem polarizadas por uma outra, essa explícita, e em torno da qual podemos dizer que gravitam: 1871, data da Lei do Ventre Livre, é ao mesmo tempo a data de estreia das polcas do Pestana. É quando o compositor, ainda "donzel inédito", escreve "Pingos de sol", cuja lírica nomeação, escolhida pelo autor, é substituída pelo editor, mais pragmático, por "A lei de 28 de setembro" ou "Candongas não fazem festa". Depois de alguma orgulhosa resistência, mas levado pela "comichão da publicidade" — a "sede de nomeada" (que no caso de Pestana é intermitente, vindo a posteriori e sujeita a arrependimentos, ao contrário do caso de Brás Cubas, que a tem por princípio e fim, *causa vitae* e *causa mortis*) —, o compositor aceita inserir-se no sistema produtivo da música popular urbana, e regular-se a partir daí por uma nova lógica de formatação da mercadoria, digamos assim, deixando ao editor a tarefa de determinar os títulos que lhe "parecessem mais atraentes ou apropriados". Segundo este, os títulos das polcas devem ser, "já de si, destinados à popularidade", mesmo que por duas vias aparentemente opostas, no caso a conexão com um acontecimento momentoso, isto é, a "alusão a algum sucesso do dia" — "A lei de 28 de setembro" —, ou a pura gratuidade chistosa, isto é, a "graça das palavras" — no caso de "Candongas não fazem festa".

A explicação rápida do editor para o sentido desse último título, tão cheio de graça quanto obscuro, configura-se já como um clássico avant la lettre do pensamento midiático: "— Não quer dizer nada, mas populariza-se logo". Na verdade, Machado de Assis aproveita-se mais uma vez, aqui, de elementos reconhecíveis pela sua circulação popular. Sandroni faz referência à polca "Ai! Candongas", da autoria "de um certo M. S.", e no romance *Til*, de Alencar, um escravo canta e dança um "samba", cuja letra diz: "Candonga, deixe de partes/ É melhor desenganar/ Que este negro da carepa/ Não há fogo pra queimar".[39] Na linha dos títulos escorregadiamente sugestivos, de que já falamos, "candonga" constitui-se numa condensação polissêmica exemplar, pois, além de designar "instrumento de percussão e batuque", é uma palavra cujos sentidos deslizam entre "trapaça", "contrabando", "intriga", "mexerico", "amor" e "benzinho".[40] Assim, "populariza-se logo" porque "não quer dizer nada" e quer dizer tudo: resume a poética difusa nos títulos das polcas amaxixadas, dizendo o não dito entre certa transgressão e certa sedução. A conjunção de "Candongas não fazem festa" com "A lei de 28 de setembro", aparentemente discrepante em si mesma, forma no entanto uma intrigante figura de contraponto: a emergência da polca amaxixada, de cunho africanizante, combina-se com a lei de 28 de setembro de 1871, a Lei do Ventre Livre, que assinala o momento em que uma política oficial de desativação gradual da máquina escravista, sujeita na sequência a inacreditáveis marchas, contramarchas e casuísmos de toda ordem, dispõe sobre a liberdade dos nascidos de mãe escrava a partir daquela data. A associação do tema da emancipação dos escravos com os títulos "Candongas não fazem festa" e "Senhora dona, guarde o seu balaio", ambas de 1871, não deixa de ser sugestiva de imediato. Elas ressoam difusamente, dentro do tom buliçoso nosso conhecido, os sinais da crise profunda que se desenha com a iniciativa monárquica, que se desenrolava desde alguns anos, de formular a lei que daria o passo no sentido de nos tirar da vexaminosa "vanguarda do atraso" que disputávamos com Cuba, tardando no regime escravista.[41] Eivada, porém, de "uma penca de disposições ambíguas que deixavam ao futuro a decisão sobre as fronteiras precisas entre o poder de intervenção do Estado e o exercício da vontade senhorial",[42] isto é, resolvendo sem resolver a questão, e criando um campo prolífico para as manipulações interessadas na continuidade das relações escravistas, a lei de 1871 havia aberto, ao mesmo tempo, feridas políticas profundas, redefinindo "arenas de conflitos sociais", legitimando "uma maior intervenção do poder público nas relações entre senhores e escravos"[43] e inflamando nesses, "altanados", a ponta de um sentimento reivindicatório percebido pelos grandes proprietários como profundamente ameaçador.[44] Sidney Chalhoub descreve longamente o processo pelo qual Machado de Assis acompanhou, como funcionário do Ministério da Agricultura, Comércio e Obras

Públicas, as agruras da implementação da lei, contribuindo na medida das suas possibilidades, reduzida ao caso a caso burocrático, para a observância do seu espírito emancipatório, e assistindo de perto e por dentro, ao longo da década de 1870, ao espetáculo do malabarismo retórico e da truculência com que as prerrogativas senhoriais se recompunham, e em torno do qual a máquina política girava em falso na indiferenciação patética entre conservadores e liberais.

Podemos perceber as marcas desse processo, e da desilusão que lhe corresponde, em "Um homem célebre". Depois de "Não bula comigo, nhonhô", de 1875, que emparelha com o ano da entrada em pauta das "discussões em torno de um projeto de lei para a libertação dos sexagenários",[45] o conto conflui para a cômico-cívica "Bravos à eleição direta!", em 1878, ano da subida dos liberais, e termina em 1885, quando a subida dos conservadores motiva a encomenda, pelo editor, de uma polca alusiva ao "sucesso do dia", provocando em Pestana a única pilhéria de toda a sua existência, pouco antes de morrer, "bem com os homens e mal consigo mesmo": "faço-lhe logo duas polcas; a outra servirá para quando subirem os liberais".

Liberais e conservadores dançam, portanto, polcas políticas espelhadas e equivalentes, figura que retomaremos depois, no contexto maior da obra machadiana. Interessa aqui, no entanto, ao arrematar o capítulo das datas, assinalar que há uma outra que fica soando em surdina, não propriamente no enunciado do conto, mas na assinatura: "Um homem célebre" foi publicado em 29 de junho de 1888, pouco mais de um mês depois do 13 de maio da Abolição, e pode-se considerá-lo, por todos os motivos, conjunturais e estruturais, uma singular espécie de "trans-escritura" comentada da Lei Áurea. Literariamente, a questão não se coloca diretamente no foco da representação, mas na intrincada textura contrapontística implícita, através da qual se sobrepõem e se interferem no conto três ondas históricas de diferente duração e alcance: a cena da crise política em que o sistema escravista brasileiro vislumbra seu fim sem admitir a própria superação, e sem projeto consequente para fazê-lo; a emergência irrefreável de uma experiência de fundo, da escravidão e da mestiçagem, ligada a dispositivos inconscientes, recalcados e irradiantes, que se manifesta difusamente em música e toma forma nas polcas amaxixadas; a instauração recente e já voraz de um mercado de bens simbólicos, com vocação totalizante, que visa ao efeito da popularização e da vendabilidade, formatando as manifestações tradicionais da cultura com vistas ao consumo imediato e de massa.

Como se vê, não é pouca composição. Pestana contracena com essas linhas subjacentes da narrativa, e é em contraponto com elas que se desenvolvem as vicissitudes da sua mal e bem lograda criação. Voltemos, então, àquele ponto crucial do conto em que ele tenta, em vão, compor a obra clássica, invocando o paradigma paterno do padre compositor e tentando compatibilizá-lo com os vultos modelares da música europeia. Em poucos parágrafos, vive uma espécie toda particular de "angústia da influência", figurando-se um céu vazio sobre uma terra constelada de partituras já escritas e gasta para o repertório de frases musicais possíveis, como se todas as estrelas do universo, caídas, fossem notas musicais já usadas. Esquecido das polcas e distante dos devaneios desejantes de Sinhazinha Mota, tenta em vez disso fazer "surgir das profundezas do inconsciente uma aurora de ideia", que não vem, ou se esvai. Peteca irritada entre o plágio e o nada ("se acaso uma ideia aparecia, definida e bela, era eco apenas de alguma peça alheia, que a memória repetia, e que ele supunha inventar"), pensa em abandonar tudo e expiar o fracasso no trabalho braçal ("jurava abandonar a arte, ir plantar café ou puxar carroça") — trabalho braçal que se alinha aqui, estruturalmente, com as outras alternativas desesperadas que se apresentam ao fracasso compositivo, isto é, o inferno e o suicídio, de que já falamos.

Como sabemos, à noite perdida em contorções estéreis na busca da composição da sonata segue-se a manhã trivial na qual despontará, extemporâneo e intempestivo, o veio inadvertido da criação. Pestana acorda, cedo e pouco dormido, para a rotina das aulas particulares em domicílio, secundado sempre pela sombra provedora do escravo doméstico, que serve o almoço e que o protege da sua proverbial distração, perguntando-lhe pela escolha da bengala ou guarda-chuva. Um breve diálogo direto sobre se chove ou não chove produz uma pausa maquinal, enquanto a atenção do compositor flutua absorta e o escravo fala do estado do céu "meio escuro".

> Pestana olhava para o preto, vago, preocupado. De repente:
> — Espera aí.
> Correu à sala dos retratos, abriu o piano, sentou-se e espalmou as mãos no teclado. Começou a tocar alguma coisa própria, uma inspiração real e pronta, uma polca, uma polca buliçosa, como dizem os anúncios.

A reversão completa e abrupta, especialmente se considerada a exuberância da composição que se segue, e de que já falamos, precisa ser entendida no contexto construído pela narrativa. Em primeiro lugar, não é difícil pensar, dado o quadro, que a longa noite infrutífera e o contato continuado com a resistência do objeto--música, que não se entrega, desencadeiam uma elaboração não consciente, e de efeito retardado. Nesse caso, é justamente quando a consciência desiste da luta acirrada com as "profundezas do inconsciente" que algo daquilo que se acumulou no processo ganha forma inesperada e mesmo involuntária. Nesse sentido, a meneada polca fluminense é, apesar de tudo, composta em diálogo com a longa viagem dentro dos clássicos.[46]

Mas é aí que se realiza, também, a extraordinária viragem,

cujo desencadear-se está cifrado na passagem referida. A narrativa figura uma conjugação de elementos triviais que guardam, no entanto, o poder de precipitar forças latentes e acumuladas numa direção-surpresa. A conversa vazia sobre o tempo junta difusamente o preto escravo e a nuvem carregada, e dispara uma corrente associativa que desemboca em polca repentina: um retorno do recalcado, que converte momentaneamente o círculo vicioso em virtuoso, deslocando o lugar falseado do padre-pai.

É claro que, se não houvesse tantos níveis de referência velada em volta, o mais natural seria que aceitássemos a cena como uma simples vinheta de verossimilhança realista. O que ocorre, porém, é uma conexão instantânea de conteúdos cumulados, dispersos e articulados pelo conto em motivos ligados à música e à escravidão, à música erudita e à música popular urbana, à música europeia e à africana, à miscigenação e à mestiçagem, tudo isso se combinando na fronteira do emergente com o recalcado. Não penso, pois, na cena como metáfora e no escravo presente nela como um suposto símbolo estático, ou algo que o valha, mas como o índice desencadeador — nada "in-significante" — de uma espécie de lapso produtivo, que abre comportas e redireciona inconscientemente o impulso musical travado.

Pode-se dizer que a questão agora passa a ser não só a do padre-pai mas também, de um duplo ponto de vista, social e artístico, a do ventre livre — valendo para a criação musical. Ou seja: nela estão implicados pai e mãe, escravidão e mestiçagem, história social e música. Formalmente, o ventre livre era, no contexto que cerca a lei, uma ficção jurídica em torno da qual se debatia se o filho da mãe escrava era "ingênuo", isto é, já livre desde a concepção, ou "liberto", isto é, escravo no corpo escravo, e juridicamente emancipado ao nascer. A complicada guerra retórica investida na questão implicava diretamente as responsabilidades decorrentes da educação e destino social da criança, e as manobras tendentes à perpetuação de interesses senhoriais. O corpo da mãe escrava é, no momento da Lei do Ventre Livre, de um ponto de vista jurídico-formal, um ser em mutação histórica, um híbrido litigioso, só concebível por uma singular contorção ideológico-retórica, suscetível de ser escravo como um todo e livre em parte, no íntimo insondável em que concebe e engendra.

Visto assim, o conflito de Pestana dá forma a essa passagem, expressando na polca amaxixada o nascimento de um ser musical cujo estatuto — dúbio — pode ser reconhecido e ao mesmo tempo negado, por tudo o que se disse até aqui. Mas a força do acontecimento, e o que nele não quer calar, mesmo com as consequências risíveis que isso comporta, no contexto geral do conto, indicam algo que se coloca — como a própria força de um ventre materno, escravo ou livre — num lugar que está mais além da ficção jurídica e ideológica. Alencastro afirma que Machado de Assis "compõe a charada que se coloca aos compositores imperiais pelo fato de o piano estar fora do lugar".[47] A palavra "charada" é muito bem aplicada aqui, e coloca-se, com mais propriedade ainda, ao leitor. Pois, se a música erudita no Brasil comparece como uma espécie de *ideia fora do lugar* (Alencastro alude certamente ao texto clássico de Roberto Schwarz), a polca-maxixe que assalta o Pestana é um *lugar fora das ideias*: ela dá sinal de um núcleo inconsciente que nele se manifesta e que o ultrapassa, e que sobrevém como a afirmação irreprimível pela qual se decanta algo de uma experiência coletiva não verbal, feita de síncopas, acenos, negaceios, e a pulsão soberana que não há como calar. Por esse viés, a escravidão não é somente a instância que problematiza o estatuto do liberalismo como ideologia na periferia do capitalismo, mas parte daquela nebulosa humana concreta cujos sinais miscigenados ao longo dos tempos são captados pela polca em mutação, através — como só a música é capaz — de deslocamentos mínimos e incisivos, que testemunham e expressam um mundo social barrado pelo recalque.

Alencastro observa que o sofrimento de Pestana se liga ao seu desejo de "dar à sua atividade um caráter público", transformando-se, ao menos desejadamente, "num grande artista", e escapando às injunções restritas dos saraus familiares, em que só se permite "exercitar pendores privados".[48] De fato, alçar-se às alturas da música universal significaria conquistar a imortalidade imaginária, libertar-se dos caprichos senhoriais da "boa e patusca viúva", e incluir-se numa dimensão pública chancelada pelo cânone da grande arte — dimensão que falta, no entanto, no Brasil.

Mas a atividade de Pestana participa, inequivocamente, de um "caráter público" de outra natureza, que Alencastro deixa de notar: o homem célebre foge do salão dançante mas também das ruas que transpiram por toda parte seus ritmos e suas melodias, no clarinete que toca numa casa, onde se dança, e nos assovios que ecoam em cânone e em uníssono uma de suas polcas. A questão, aqui, é que a polca amaxixada vaza os espaços fechados e os contextos de classe implicados no pianismo dos salões: ela se liga com o machete das ruas, com flautas, clarinetes, oficleides, violões e cavaquinhos, com pandeiros e candongas — ela se irradia incontrolável, sai e volta pelo ladrão do inconsciente. É não só mercadoria de massas mas cifra imponderável do mundo brasileiro, algo que cruza as orquestras de teatro, os salões da moda, a música das camadas médias e dos chorões mulatos, as danças de negros na Cidade Nova, ligadas às profundezas sem fundo da humanidade escrava.

A introdução do piano no Brasil parece ter funcionado, conforme vimos, como uma espécie de sublimação modernizante da escravidão. "Vendendo um piano, os importadores comercializavam — pela primeira vez desde 1808 — um produto caro, prestigioso, de larga demanda, capaz de drenar para a Europa e os Estados Unidos uma parte da renda local antes reservada ao comércio com a África, ao trato negreiro."[49] O fato espantoso, então, é que o piano se substitui, em parte, como mercadoria-fetiche, à própria mercadoria-escravo, pondo-se no lugar desta como se a negasse, ao mesmo tempo que promove o remanejamento do trânsito de capitais, contribuindo para conectá-lo aos centros adiantados. Mais uma razão para que o escravo real, que carrega o piano, permaneça como seu sinal, sua metáfora oculta e sua metonímia. Traços disso ficaram na música — nos "cantos de carregar piano", tal como aparecem referidos emblematicamente na penúltima página de *Casa-grande & senzala* e tal como foi encontrá-los ainda na década de 1930, em Recife, a Missão de Pesquisas Folclóricas promovida por Mário de Andrade. Mas ficaram também e sobretudo nas polcas estilizadas por pianeiros nos bailes populares, que se transformaram em polcas-lundu, tangos brasileiros, habaneras e maxixes, superiormente criados e recriados por Ernesto Nazareth, cujas primeiras peças, como a genial "Cruz, perigo!!", de 1878, são contemporâneas às de Pestana, e cuja obra acabou não só por relativizar mas por devassar as fronteiras entre o erudito e o popular.

Machado de Assis foi quem primeiro percebeu — e muito precocemente, no apagar das luzes do Império — a dimensão abarcante que assumiria a música popular no Brasil como instância a figurar e a exprimir, como nenhuma, a vida brasileira como um todo. Todo necessariamente problemático aos olhos do mais agudo crítico das totalizações que conhecemos; todo não harmonioso mas paradoxal no cerne, remetendo a um mundo de conflitos e imbricações que engata diretamente o substrato cultural mais arcaico do escravismo nas formas mais lépidas da mercantilização moderna. Não obstante, flagrou a potência humana e artística dessa encruzilhada, e disse-o, em interrogação e em *segredo*.

O segredo está ligado à capacidade machadiana, tantas vezes reconhecida e estudada, de elaborar construções complexíssimas, e afinal incisivas, sobre a alusão e a referência indireta. Mas, nesse caso, associa-se particularmente, como venho tentando mostrar, à barreira de ovos que cercava o chão do próprio assunto — a música brasileira e a mestiçagem que lhe é inseparável, tratadas com um misto de agudeza desveladora e decoro. A "propensão para o decoro", em Machado, marca, segundo Alfredo Bosi, parafraseando Lúcia Miguel Pereira, uma estratégia defensiva para o "mulato pobre e enfermiço a que só o mérito e uma conduta sóbria e discreta ofereceriam alguma chance de ascensão social", protegendo a "intimidade frágil e vulnerável" contra "os golpes da esfera pública e de suas formas diretas ou oblíquas de dominação".[50] Fala por essa fina interpretação da subjetividade em situação social a própria ausência — silenciosa e gritante — de qualquer referência a um único mulato livre em toda a série dos romances de Machado de Assis.[51]

"Um homem célebre" labora, pois, em torno dessa lacuna, que não deixa de ser central. Por isso mesmo é um conto que diz tanto escondendo tanto. Não bastasse, empresta ao protagonista, numa piscada semântica, o signo *pestana*, ligado musicalmente à estrutura e ao uso dos instrumentos de cordas, mas ligado também ao ocultamento associado à visão, presente nos cílios que formam a "franja protetora do globo ocular", e na "tira costurada a uma peça de vestuário e guarnecida de casas para abotoamento, em que os botões ficam ocultos".[52]

O QUARTETO SEMIÓTICO

Uma última volta da narrativa: fracassado na esperança do casamento artístico, Pestana, sentindo nos dedos a comichão libidinal da polca como "um frêmito particular e conhecido", compõe e faz publicar novas polcas sob pseudônimo, à maneira de aventuras extraconjugais. Em paralelo, Maria, sabidamente tuberculosa desde antes do casamento, definha e morre numa noite de Natal, seguindo-se a cena pungente do velório solitário em que, invadidas pela música dançante de um baile vizinho, cujo repertório soa como um pot-pourri infernal, de sua autoria, as horas dançam uma espécie de polca macabra, "úmidas de lágrimas e de suor, de águas de Colônia e de Labarraque, saltando sem parar, como ao som [...] de um grande Pestana invisível".

No ano que se segue, Pestana tenta compor, numa última cartada, na qual já amarga o gérmen da desistência, o réquiem dedicado a Maria, isto é, a obra solitária que o redimiria em última instância, depois do que promete depor as armas e se transformar definitivamente em "escrevente, carteiro, mascate, qualquer cousa que lhe fizesse esquecer a arte assassina e surda". Fracassado também esse projeto derradeiro, retorna o editor, voltam as polcas, amortece-se o drama, esgotado em sua própria lógica interna, dissipa-se, ao que tudo indica, o cabedal, desaparece o escravo, e resta a coda, *ante mortem*, da piada sardônica sobre os conservadores e os liberais.

Esse último movimento fecha um circuito cuja perfeição contribui para dar ao conto esse caráter, que ele tem, de exposição e desenvolvimento de uma fórmula, em que todos os elementos se precipitam e condensam numa configuração algébrica cerrada. Em termos esquemáticos, a narrativa se desenvolve num giro entre quatro modos de expressão musical: a *polca*, a *sonata*, o *maxixe* e o *réquiem*. Esses nomes são aproximativos, pois nenhum deles corresponde à efetuação em si mesma acabada de um gênero, mas a uma expressão tendencial que, empurrada pelo desejo consciente ou inconsciente, leva a um moto perpétuo de realização e irrealização, confundidas. Estou chamando de *polca* a face visível do gênero da moda, cuja *realização não realiza* o desejo de arte (cenas do sarau e do editor). Estou chamando de *sonata* o ideal de expressão artística cuja *não realização não realiza*, por sua vez, o modelo de composição e consagração desejado (cena da sala de retratos). No insidioso *maxixe* a *realização realiza*, sem nomear, um potencial que timbra por estar recalcado e oculto na polca, além de relacionado obscuramente com a sonata (cena da manhã seguinte). O *réquiem* é a tentativa de solução extrema em que a *não realização realiza*, ou pretende realizar, através da obra fúnebre, um testemunho terminal do projeto artístico — que também não se consuma, encerrando o ciclo da busca (extensão da cena do velório). A cada um desses termos corresponde uma figura de mulher e uma modalidade conjugal ou sexual: à *polca*, as fantasias idolátricas de Sinhazinha Mota, e as "aventuras de petimetres"; à *sonata*, o desvelo espiritual e artístico de Maria-cantora, e as núpcias espirituais; ao *réquiem*, a doença de Maria, e a viuvez; ao *maxixe*, "a musa de olhos marotos e gestos arredondados" — entidade inspiradora —, e sua dimensão erótica.

O esquema corresponde a um esforço aproximativo de organização dos dados segundo o quadrado semiótico greimasiano,[53] de que me utilizo aqui, mesmo que de maneira não ortodoxa, porque me parece que o conto esgota, de fato, ao longo do seu percurso, uma combinatória de realizações e não realizações irônicas em torno de quatro gêneros musicais, o que lhe dá uma forma algo cristalina. Estamos acostumados a lê-lo pelo crivo da *polca* e da *sonata*, isto é, pelo capítulo das negativas mais aparentes, já por si só suficientemente irônicas. Mas o giro intrincado e vertiginoso do conto envolve torções de maior potência, em que se incluem o *réquiem* como virtual *realização do não realizado*, e o *maxixe* — sibilina realização do realizado, que relativiza o que há de derrisório na *polca*, porque inscreve nela um testemunho musical que vem de fora das injunções do paradigma clássico, falando de um lugar outro cuja verdade pulsional não há como refugar. Dessa contaminação incontornável de gêneros e níveis resulta um fracasso do ideal artístico visado, mas sobra como trunfo mais-que-irônico uma realização artística de outra natureza, para a qual não há lugar no sistema de classificações estéticas vigente.

Os elementos, claro está, não se comportam de maneira dócil

no esquema, porque se interpenetram e se revertem todo o tempo: o *maxixe* está na *polca*, balançando com ela num vaivém perpétuo entre encantamento e náusea, sentimento de realização e não realização; não é descabido pensar, dada a sua enviesada contiguidade com a leitura da sonata, no processo criativo, que o piano clássico deixa marcas na *polca-maxixe*, as quais a singularizam artisticamente e contribuem em alguma medida para a sua "nota genial" (à maneira do que acontece, podemos dizer de boca cheia, em muitas das peças de Ernesto Nazareth). O *réquiem*, embora seja a realização do fracasso, associa-se por isso mesmo, de alguma forma, ao páthos da tragédia que avassala a vida pessoal do artista, alinhando o infortúnio do compositor, pelo menos nesse ponto, ao modelo da biografia romântica dos grandes mestres (isto é, fazendo-o encontrar uma forma sublime e perversa de realização na não realização — o único saldo aparente, corrosivamente positivo porque radicalmente negativo, da sua busca de identificação com os clássicos).[54]

Tudo isso configura aquilo que chamamos, inicialmente, um *logro complexo*, em que se assinalam enganos tanto naquilo que se pensa conseguir como naquilo que se pensa não conseguir, de modo que realização e não realização se confundam continuamente, como termos equívocos. O núcleo decisivo desse logro complexo está na *polca-maxixe*. Pois se, enquanto *polca* celebrada, *parece e não é* a realização que tanto se busca, enquanto *maxixe* criador, *não parece e é* a realização singular de algo, pessoal e coletivo, que busca e encontra forma. Por um lado *mentira*, mas, por outro, *segredo*.

Os termos "sonata" e "réquiem", no esquema semiótico, se neutralizam sob o modo do *nem isso nem aquilo*. Já os termos "polca" e "maxixe", modulados surdamente pela sonata-réquiem, compõem um termo complexo em que se juntam *isso* e *aquilo*: mercadoria e arte, europeu e brasileiro, branco e negro.

O saldo final da fábula gira na impotência e na fatalidade, arrematado pela pérola sardônica da coda, referente à indiferenciação política dos opostos conservadores e liberais: a polca das ambivalências insolúveis. Ressalta, no entanto, a potência da própria formulação, em sua capacidade de pôr em relação tal conjunto de forças, oposições, contradições e paradoxos, sujeitos a uma permanente e inacabável reversão interna — em que se adivinha o Brasil.

A SONATA DO ABSOLUTO

O leitmotiv do triângulo indecidível ronda os textos machadianos em que a música tem um papel decisivo. Em "Um homem célebre" a triangulação é política e é também, até certo ponto, "amorosa": Pestana está entre a polca dos conservadores e a polca dos liberais, que se indiferenciam, e está entre a musa da polca, o gênero que seduz Sinhazinha Mota (paixão não correspondida por ele mas que o toma à revelia), e a música clássica que ele espera extrair do casamento com a cantora Maria (esperança não correspondida pelos fatos). O que importa observar de novo, nesse ponto, é que a triangulação a um só tempo amorosa, política e musical será, por sua vez, o núcleo do romance *Esaú e Jacó*, em que Flora hesita interminavelmente entre os gêmeos Pedro, o monarquista, e Paulo, o republicano, no momento histórico da Proclamação da República. A hesitação insolúvel se dá ao piano, no qual Flora conjuga em música, sem excluí-los, os opostos que se digladiam, e também se confundem, na dimensão política. Aquilo que na música parece ser a utópica conciliação a-histórica dos contrários é ao mesmo tempo a impossibilidade de movê-los por meio de uma decisão, espelhando uma sistemática política em que as oposições gêmeas só se diferenciam para igualar-se, confirmando a derrisória equiparação de conservadores e liberais em "Um homem célebre", estendida aqui à Monarquia e à República. Estamos à beira de uma alegoria a qual como que paralisa a narrativa, ao mesmo tempo que a lança a uma ambição representativa e enigmática que aparenta sobrepassar o âmbito da nossa polca. Mas podemos reconhecer nela, no mínimo, o ríctus final da polca girando em falso a mesma e recorrente dança política, incapaz de avançar e de mudar: em *Esaú e Jacó*, a dança paira como uma sonata imóvel sobre o Quinze de Novembro, e, em "Um homem célebre", gravita como uma polca em círculo em torno do Treze de Maio. Pontua-se tão discreta quanto corrosivamente, assim, o lugar crítico da modernização que avança sem avançar e que muda para conservar, incidindo sobre as questões cruciais da escravidão e da modernização do Estado. Mais do que uma mera referência ao marco histórico cristalizado em data oficial, ou do que uma cobertura factual daquilo que se consagrou como evento histórico (o que Machado evitou de maneira sistemática, como sabemos, a ponto de parecer, enganosamente, ausente), trata-se de constituir uma espécie de marco mítico, feito literariamente com o intrincado recurso a motivos musicais múltiplos, em que a história social se suspende numa efeméride a-histórica que atesta a sua paralisia em movimento.[55]

Sendo impossível, aqui, estender as consequências desse núcleo problemático, trata-se de focalizar, pelo menos, algo das relações entre a sonata e a polca, que estão no seu cerne, e que têm a dizer sobre tudo isso. O triângulo político-amoroso e musical de *Esaú e Jacó*, tendo Flora em seu centro ambivalente, foi ensaiado antes no "Trio em lá menor", publicado inicialmente em 1886 e recolhido no mesmo volume de *Várias histórias*.[56] Uma vez mais confirmamos o quanto os textos musicais de Machado de Assis incluem-se numa longa elaboração em movimento, cujos motivos são retomados, expandidos e concentrados, de texto para texto, através de um processo no qual não deixamos de reconhecer o da própria composição musical. No caso do "Trio", esse processo, que é na verdade da ordem da estrutura profunda e de larga extensão na obra, transparece localmente como imitação, no formato narrativo, de uma peça de câmara em quatro movimentos: "Adagio Cantabile", "Allegro Ma Non Troppo", "Allegro Appassionato" e "Menuetto". Ali Maria Regina, alma volúvel e "curiosa de perfeição", incapaz de decidir entre dois pretendentes, Maciel e Miranda, que apresentam atrativos e defeitos comparáveis e opostos, e não querendo abrir mão das vantagens de um e de outro, sonha com estrelas duplas que se fundem, e com a voz do abismo que lhe diz: "[...] a tua pena é oscilar por toda a eternidade entre dous astros incompletos, ao som desta velha sonata do absoluto: lá, lá, lá...".

Temos, então, uma estranha sonata sem desenvolvimento, repetindo eternamente o motivo ostinato de uma nota só, cuja fixidez encobre mal o balanceio sem fim dos opostos incompletos, cuja diferença não se decide nem se move do lugar. Ora, tal "sonata do absoluto", em seu antimovimento, é o exato contrário do princípio que rege a forma-sonata, tal como se desenvolveu ao longo dos cinquenta anos de vigência do classicismo vienense, que Pestana pratica ao piano, ao tocar Haydn, Mozart e Beethoven. O primeiro movimento da sonata clássica consistiu, de modo geral, na criação de um discurso musical em que dois temas expostos, contrapostos e sujeitos a um processo modulatório em que exibem suas diferenças, suscitam um desenvolvimento no fim do qual são reexpostos com qualidades tonais modificadas, numa démarche em que podemos reconhecer a própria forma mental que produziu a dialética hegeliana. São exemplares dessa forma — isto é, sonatas —, com sua articulação progressiva e sua exigente unidade complexa, que Maria Regina executa perante os dois meio-namorados e perante a avó que cochila "um pouco" a cada movimento, não sem expressar sua preferência pelo bel canto ("a religião de Bellini e da *Norma*"), e falar "das toadas do seu tempo, agradáveis, saudosas e principalmente claras". Esse indício levemente familiar do acanhado "tamanho fluminense", e da dificuldade com que a densidade da música de concerto mais exigente se aclimata ao ambiente brasileiro, vem associado a outro dado, mais profundo: na "sonata do absoluto" do sonho final de Maria Regina os "temas" opostos, como os dois namorados, são atraídos para um ponto imaginário onde suas diferenças querem anular-se, como se isso fosse possível — o que suspende a possibilidade de desenvolvimento. Podemos dizer que a forma-sonata europeia, não obstante fazer parte do repertório do salão de Maria Regina, inverte o sinal, no processo narrativo do "Trio em lá menor", e converte-se num caso singular de antissonata, ironicamente absoluta na forma como eclipsa o desenvolvimento. Assim também o devaneio de Flora ao piano, quando cai a Monarquia, corresponde a uma "sonata do absoluto" em que os dois temas correspondem a espelhos melódicos que se confundem, medusados igualmente pela nota lá: *lá, lá, dó, ré, sol, ré, ré, lá* e *ré, ré, lá, sol, lá, lá, dó*.[57]

Enquanto em Beethoven — "evangelho" de Pestana — a forma--sonata dá um passo a mais, sofrendo um significativo recrudescimento no desenvolvimento, promovendo não só o embate dialético entre dois temas mas a problematização acirrada de cada um desde a sua primeira exposição, a "sonata do absoluto" brasileira, figurada emblematicamente em Machado de Assis, parece colapsar simetricamente o desenvolvimento e fazer a contrapelo ironicamente radical o percurso da sonata clássica europeia, do século XVIII para o XIX.

O espelhamento de Pestana no modelo da sonata beethoveniana, invocando todo o repertório que a cerca, que dela se desdobra e que a pressupõe, nas condições sociais brasileiras, soa ao modo de uma "ideia fora de lugar", se considerarmos que ela não corresponde nem às condições locais médias de reprodução musical, escassamente sustentadas por uma tradição escrita, nem às relações sociais dadas numa sociedade escravocrata, na qual não se imaginariam com facilidade, entre proprietários de escravizados e homens livres dependentes do favor, os arrancos da subjetividade autônoma. E é justo "a subjetividade [estética] autônoma" que faz com que o desenvolvimento musical se converta, no caso das sonatas de Beethoven, "no centro de toda a forma", segundo Adorno em página-chave da *Filosofia da nova música*. Superando internamente o esquema organizativo em que se expunham dois temas (desenvolvendo-os em seguida para depois voltar a expô-los), o desenvolvimento nas sonatas de Beethoven arrasta-os a um processo de variação originária em que eles se apresentam, desde o primeiro momento em que são expostos, como matéria em transformação: "o material que serve como ponto de partida está feito de tal maneira que conservá-lo significa ao mesmo tempo modificá-lo. [...] Em virtude desta não identidade da identidade, a música readquire uma relação absolutamente nova com o tempo [...]".[58]

Aqui, abro um parêntese que, mesmo correndo o risco do excesso, espero possa retornar com proveito ao exame da singularidade machadiana. O momento da história da música europeia em que a temporalidade interna à linguagem musical se investe de uma dinâmica progressiva, a ponto de projetar a herança clássica burguesa e a linha em movimento que vai de Beethoven a Schoenberg "num sentido bastante parecido àquele em que a dialética materialista está em relação com Hegel",[59] é, para Theodor W. Adorno, um ponto de referência podemos dizer que mítico, na medida em que baliza em toda a linha a sua concepção da música e da cultura. Poderíamos discutir a universalidade de que esse critério se investe na sua teoria crítica, incidindo não somente sobre a sua avaliação da música popular e, como se sabe, do jazz, mas também recortando a estrutura do livro citado, a *Filosofia da nova música*, que se divide em duas faces opostas: "Schoenberg e o progresso" e "Stravinski e a restauração". De um lado, as dissonâncias de Schoenberg entram em consonância com a dialética negativa adorniana porque assumem, pode-se dizer, a tradição da temporalidade em movimento, que se consubstancia no desenvolvimento acirrado da forma-sonata como expressão da liberdade subjetiva, encontrando na atonalidade schoenberguiana a sua agudização sem síntese (Adorno toma Schoenberg para si, fazendo dele o que Beethoven pode ser considerado como sendo para Hegel). Já Stravinski lhe parece ser o compositor que não assume as consequências da mesma dialética e o estado atual da linguagem musical, regredindo a pulsões arcaicas e a pastiches neoclássicos, graças a polirritmias e politonalidades em que motivos diatônicos se entrelaçam sem avançar.

O assunto só nos interessa aqui porque a contraposição entre Schoenberg e Stravinski, por Adorno, é, no fundo, esquematizando drasticamente, similar à contraposição entre a *sonata* e a *polca*, isto é, entre uma música "expressivo-dinâmica", que "tende a dominar inteiramente o tempo, integrando-o em suas manifestações mais acabadas" e transformando "o heterogêneo recurso temporal em força do processo musical", e uma música "rítmico-espacial", que "obedece ao toque do tambor", e que lhe parece estar baseada "na articulação do tempo mediante subdivisões em quantidades iguais, que virtualmente invalidam o tempo e o espacializam". De um lado, a vocação para o desenvolvimento que articula todos os elementos numa temporalidade em progresso, sustentada pela linhagem musical alemã que é a grande referência para Adorno; de outro, uma música das pulsações e das texturas politonais, ligada no caso à tradição da música eslava e expressamente relacionada com a temporalidade da música de massas, que lhe parece anular, sintomaticamente, o tempo, ao espacializá-lo pela repetição rítmica.[60] O pressuposto melódico-harmônico e desenvolvimentista da forma, em Adorno, prejudica nele, digamos logo, o entendimento de qualquer música para a qual a pulsação rítmica seja um dado constitutivo central: reativo tanto às elementaridades quanto às complexidades rítmicas, o primado do pulso lhe parece recorrente, repetitivo e inevitavelmente regressivo (sabendo-se o peso que essa expressão tem na sua teoria crítica).

A aplicação estrita de uma estratégia adorniana, extraída seja da *Filosofia da nova música* seja de sua crítica da indústria cultural, com seu parti pris erudito e profundamente ligado a uma linha de desenvolvimento da cultura alemã, resultaria portanto algo despaisada e fora de lugar, ela mesma, em face da situação insólita do conto de Machado, em que a sonata e seu avesso rebatem numa polca absoluta que tem como fundo secreto o maxixe. Embora toque agudamente, de uma maneira ou de outra, na ferida formal e social de muitos dos temas musicais nela envolvidos, identificando-lhe as contradições cruciais de maneira nada dualista, o julgamento adorniano consagra a polarização entre o compositor alemão e o russo segundo um crivo crítico debaixo do qual Stravinski se sai, para retornarmos aos textos, como um Barbosa incrementado pela alta cultura. O infantilismo musical e a neurose obsessiva que modelariam, de acordo com Adorno, a música de Stravinski, agravada em psicopatia coroada pelo gosto burguês,[61] a "indiferença hebefrênica" da sua "incansável atividade", bem como o catatonismo do seu procedimento rítmico,[62] a afinidade dançante "com o caráter ridículo da polca" e outros gêneros "vulgares de música de salão do século XIX", agradáveis "ao fanático do jazz",[63] a promoção da dissolução do sujeito,[64] a revivescência exterior da ginástica arcaica dos ritos, encontram correspondência formal na técnica de assemblage e superposição de temas curtos que se subtraem cruamente aos protocolos do desenvolvimento musical, capazes de "verdadeiramente constituir", estes sim, segundo Adorno, "relações temporais", como, por exemplo, "a transição, o crescendo, a diferença de tensões e resoluções, de exposição e desenvolvimento, de pergunta e resposta".[65] Em Stravinski, em vez de uma temporalidade em movimento progressivo-contraditório, em que o sujeito se expressa e se problematiza, como a que remonta a Beethoven e a Brahms, e de cujos estilemas Adorno tem evidente nostalgia, tem-se um pulular de "diabruras métricas" que mal afetam a simulação geral de uma espécie de "eternidade imóvel" —[66] ligada na verdade, podemos acrescentar, a uma música pautada pela sincronicidade textural de motivos pulsantes. Se tivermos humor para tanto, aplica-se aqui, cum grano salis, a frase que Dostoiévski narra ter imaginado ouvir de um guarda alemão, em Colônia, podendo ser entendida como um resumo rasante da *Filosofia da nova música*: "Russo desprezível, [...] você é um verme perante a nossa ponte".[67]

O que conta como déficit, aqui, para o estudo do nosso assunto é a relativa exterioridade da oposição dialética entre as duas figuras polares, que, se pensamos nos textos de Machado, nos remetem antes a um "O machete" revisitado pela densidade alemã do que propriamente às complexidades ambivalentes de "Um homem célebre". Para este, teríamos que retornar à formulação de Walter Benjamin (invocada por Adorno na abertura da *Filosofia da nova música*, mas dando-lhe um outro sentido), em que a "configuração da ideia" nasce da forma que parte "dos extremos opostos, dos excessos aparentes da evolução" e se configura "como uma totalidade caracterizada pela possibilidade de uma coexistência plena de sentido de tais contrários".[68] Pois é exatamente de uma fulgurante configuração de extremos opostos, nucleada pelo erudito e pelo popular, percebida no fulcro da experiência cultural brasileira e submetida a uma dialética vertiginosa de sentidos que se multiplicam e se anulam que Machado extrai a visão de uma totalidade que só se entende como logro complexo, isto é, através da possibilidade de uma "coexistência plena de sentidos" nos contrários. Muito diferentemente da oposição entre progresso e restauração temos, em Machado, um terceiro ponto (não distante do famoso ponto de vista de Sírius) entre desenvolvimento acirrado e impossibilidade dele, construção em processo e "eternidade imóvel".

Quem formulou com agudeza as questões aí implicadas, em

intuição verdadeiramente inaugural, foi José Antonio Pasta Junior, ao estudar Raul Pompeia[69] e Guimarães Rosa,[70] e ao identificar em obras centrais da literatura brasileira uma estranha metafísica, recorrente, segundo a qual a "junção inextricável, em um mesmo princípio, de movência obrigatória e fixidez inamovível, de metamorfose contínua e pura repetição" remete ao "estatuto da contradição insolúvel", em que sujeito e objeto, o mesmo e o outro, se distinguem e se indistinguem.[71]

No caso, podemos dizer que, se a sonata beethoveniana marca o salto pelo qual o *desenvolvimento* intensivo do tema o expõe como "não identidade da identidade", o que equivale a dizer que o desenvolvimento é inerente ao tema, e que neste a identidade musical só se apresenta como processo em que o *mesmo* se trabalha como *outro*, na polca-sonata do absoluto machadiana o desenvolvimento apresenta-se paralisado, pois os contrários, uma vez expostos, são sugados pelo buraco negro em que *o outro é o mesmo* (Pasta Junior chama esse traço, no qual reconhece uma importância fundante em obras centrais da literatura brasileira, de *formação supressiva*). Como dizia por sua vez a polca da crônica, em versos:

Chega a polca, e, sem detença,
Vendo a discussão, engancha-se,
E resolve: — Há diferença?
— Se há diferença, desmancha-se.

[...] Desmancha, desmancha tudo,
Desmancha, se a vida empaca.
Desmancha, flor de veludo.
Desmancha, aba de casaca![72]

A CABOCLA

Não precisamos insistir no ceticismo radical que enforma a visão, sistematicamente ironizante, de uma história sem redenção, condenada ao eterno retorno do imaginário que, refugando o confronto com o limite, gira em falso ad aeternum, perpetuando a iniquidade social. Em Machado de Assis não podemos nos fiar em nenhuma representação da esperança — que não se desenha, como sabemos, no horizonte desses textos —, nem recitar com ele uma complacente litania de corrosão niilista, que se pretendesse cáustica. O que conta aqui é a potência da pontuação infinitamente nuançada do real complexo, cifrada em enigma, em que o poder criativo é crítico, e vice-versa.

Ainda assim, os momentos de relação com a música, nos textos de Machado, pedem uma ou duas especificações a mais quanto a esse ponto. Em primeiro lugar, o leitor de Schopenhauer, que é o nosso ficcionista, não despreza a música e sua singular potência consoladora, na qual engano e ilusão envolvem uma verdade de outra ordem, e graças à qual a ironia machadiana roça — como raríssimas vezes — uma fímbria utópica. O leitor do capítulo LXIX de *Esaú e Jacó*, "Ao piano", em que Flora executa quase oniricamente a sua sonata do absoluto em espelho, enquanto o Império cai, e em contraponto com o ridículo teatro doméstico dos interesses familiares e de classe, pode reconhecer nele algo desta passagem de *O mundo como vontade e representação*: "A intimidade indescritível de toda música, graças a que se apresenta a nós qual paraíso de nossa familiaridade, e contudo infinitamente distante, inteiramente inteligível e contudo inexplicável, reside em que reproduz todos os movimentos de nossa mais íntima essência, mas totalmente destituídos de realidade e sofrimento".[73]

Essa apresentação interiorizada, aparentemente livre da dor, do peso do mundo e da espessura imediata das coisas, que o realista raso tomaria como puro escape, dispõe para Schopenhauer de uma "seriedade essencial" que "exclui inteiramente o ridículo do seu âmbito de propriedade imediata, por ser o seu objeto não a representação a respeito de que são possíveis a ilusão e o ridículo, mas [...] diretamente a vontade, e esta é essencialmente o que há de mais sério, como sendo aquilo de que tudo depende". (O filósofo acrescenta, como testemunho e exemplo da riqueza diferencial da música em sua modalidade própria de conteúdo e significação, na mesma passagem, que a repetição da capo, que seria insuportável "em obras escritas em palavras", é inteiramente pertinente em música, "pois a apreensão completa exige uma audição repetida".)

Se a apresentação da *vontade* na sonata de Flora, com toda a força de seu paroxismo plácido, patina ironicamente na fragilidade enfermiça de sua indecisão, o mesmo não se pode dizer de "Terpsícore", extraordinário conto de 1886, que ficou perdido tanto tempo nas dobras do tempo, e no qual a moça pobre, Glória, surge como gloriosa encarnação — outra vez — da nossa musa da polca, com seus "movimentos lépidos, graciosos, sensuais, mistura de cisne e de cabrita".[74] Aqui, a soberana vontade de polcar e a fixação do marido medusado pela aparição fulgurante da mulher, que se constitui na própria dança popular em seu esplendor, contracenam com vantagem inesperada sobre as asperezas e a precariedade da vida material. Contra tudo o que mandaria o senso da realidade, Porfírio dissipa o dinheiro que tem e o que não tem, deixando a descoberto o seu futuro, dramaticamente imediato, de despossuído, para gozar o momento pleno da festa dançante que tem Glória como rainha. Aqui, não são no entanto a irresponsabilidade da sua ilusão nem o que ela possa ter de objetivamente ridículo que dominam a cena, mas a misteriosa "seriedade essencial" desse desejo que insiste ainda ao amanhecer da dura realidade. Davi Arrigucci Jr. observou o deslocamento por que passa a ironia machadiana nesse conto musical, desviando-se "do alvo aparentemente visado" e desembocando num "desenlace paradoxal" pelo inesperado.

Quase todo o tempo permanecemos à espera da catástrofe do esbanjador ou da quebra realista de seu mundo ilusório, que afinal não vem. [...] É que, ao invés da história de um perdulário contumaz e patético, que sempre malgasta irresponsavelmente o que possui, sem conseguir escapar do círculo vicioso que o aferra à pobreza, nos defrontamos talvez com um homem que escolhe livremente o ato que o redime da sujeição degradante. [...] Fiel a si mesmo e ao desejo, Porfírio se entrega mais uma vez à dança, cuja ardência tudo consome até o raiar do dia.[75]

Esse lugar sem lugar, que é também, afinal, aquele de onde surgem as polcas de Pestana, ao piano, toma parte, portanto, nessa poderosa formulação antiapologética que é a obra de Machado de Assis, e que não deixa de ser também expressão, em sua potência, do mundo social brasileiro, aquele mesmo que sua visão corrói criticamente. Pois como foi possível, então, o surgimento de uma elaboração literária desse porte no próprio mundo circularmente abafado que ela descreve? A pergunta, irrespondível e algo retórica, se não for tomada como enigma, só pode ter como resposta, aqui, um outro enigma musical, que estava faltando: o da *cabocla*.

Na abertura de *Esaú e Jacó* (capítulo I, "Cousas futuras!"), Natividade e Perpétua, mulheres da elite do Rio de Janeiro, sobem o morro do Castelo para se consultarem com a "cabocla", a adivinha Bárbara, sobre o destino dos filhos de Natividade, Pedro e Paulo, que teriam brigado no ventre da mãe. As palavras, intensas e vagas, da pitonisa do morro são acompanhadas, no entanto, em contraponto sutil, por uma cantiga que o pai dela canta ao fundo, roçando os dedos na viola: "Menina da saia branca,/ Saltadeira de riacho...". A cifra do encontro está na música, de que falaremos logo. Mas o que é preciso ressaltar, em consonância com o percurso que fizemos, é que essa "cabocla", assim chamada, disfarça, mais uma vez, uma mulata-negra, em nomeação ardilosamente evasiva. Quando as duas damas sobem o morro, penosamente e sem poder dissimular um certo donaire de classe, é uma "crioula" que pergunta, de passagem, a um sargento: "Você quer ver que elas vão à cabocla?". A "crioula", que figura literalmente aqui como um indicador da outra, pode ser vista também como o índice de um não dito racial, pois, embora "cabocla" designe em primeiro nível uma mestiça de branco e indígena, a nomeação, em contexto religioso, remete aos ritos afro-brasileiros que tomaram o culto de ancestrais indígenas como orixás. A canção, por sua vez, contendo inflexões afro ("Lelê, coco, naiá"), sugere Bárbara ela mesma como uma crioula "dando aos quadris", no final do capítulo, "o gesto da toada", enquanto o velho repete lá dentro a cantiga enigmática, que decanta vaga e ludicamente velhos cantos de trabalho, refrões religiosos, e secreta, em subtexto da adivinha, a alteridade de classe e a violência social latente:

> Menina da saia branca,
> Saltadeira de riacho,
> Trepa-me neste coqueiro,
> Bota-me os cocos abaixo.
>
> Quebra coco, sinhá,
> Lá no cocá,
> Se te dá na cabeça,
> Há de rachá;
> Muito hei de me ri,
> Muito hei de gostá,
> Lelê, coco, naiá.[76]

O espectro de ação da música em Machado alcança, portanto, num novo quarteto, a indecidível *sonata do absoluto* de Flora, mas também, em contraponto extremo de classe social, a *dança gingadamente provocadora* de Bárbara e, entre elas, a *dança esplendorosa* de Glória e a *dilacerada polcamaxixe* de Pestana, que inclui problematicamente todas as outras. O casarão e o morro, a elite e o escravo recôndito, as ideias fora de lugar e o lugar fora das ideias, o mundo do trabalhador pobre e o das vicissitudes do artista exposto às contradições da cultura, captados por um olhar capaz de atravessá-los e de um ouvido capaz de senti-los: é no mínimo uma amplitude dessa ordem, sinalizada, no caso do ângulo de que tratamos, pelas cifras musicais, que remete à intuição e ao alcance inacreditável dessa obra.

Nela, uma esfinge dançante, posta hieraticamente num pórtico esquivo, anima e persona oculta, esplende em flagrante segredo: sibila mulata, mãos na cintura, dançando e rindo o trabalho e a dor, própria e alheia, a distância social e o coco quebrado, a ordem das coisas e sua contraversão universal. Quem quiser pode, portanto, se souber, ouvir ao fundo, em Machado de Assis, o soneto da canção inaudível e ineludível, que o disfarce só reforça: *nego que sou nêgo, sonego que sou nêgo, sou nêgo...*

CANDONGAS FAZEM A FESTA

Vale lembrar com alguns exemplos, para terminar, o quanto a música brasileira se desdobrou, do século XIX para o XX, sob o signo de Pestana. José Maurício Nunes Garcia e Carlos Gomes, os maiores vultos — mulatos — da música brasileira, não resistiram, entre missas e óperas, à modinha. Henrique Alves de Mesquita, trompetista mulato que ganhou uma bolsa para estudar no Conservatório de Paris, em 1857, escreveu operetas, suítes, abertura sinfônica, quadrilhas e polcas, e foi o primeiro a chamar de "tango" a habanera "Olhos matadores", gênero cuja fusão com a polca está também nas origens do maxixe. O extraordinário Ernesto Nazareth, que escreveu polcas amaxixadas e maxixes, os quais ele classificava evasivamente como "tangos brasileiros", foi considerado por Darius Milhaud o maior compositor do Brasil, em artigo na *Revue Musicale*,[77] e inspirou significativas composições politonais do músico francês; em 1922, suas peças pianísticas foram apresentadas litigiosamente no Instituto Nacional de Música do Rio de Janeiro, sob tumulto policial e reação conservadora, mas, com o passar do tempo, foram incorporadas com proveito ao repertório de concerto, ao mesmo tempo que se constituíram em clássicos da nossa memória coletiva. Nazareth é uma espécie de Pestana que deu certo pelo avesso, pelo menos no destino da obra, pois tornou-se um clássico erudito-popular não pela "Marcha fúnebre" e pelo "Improviso de concerto", que dedicou a Villa-Lobos, mas pelos seus próprios buliçosos, singulares, extremamente refinados e, numa palavra, geniais maxixes. Villa-Lobos não teria escrito a sua série de *Choros* e *Bachianas brasileiras* sem que, fugindo ao modelo preconizado pelo pai, tivesse convivido com os chorões, seresteiros e sambistas do Rio na década de 1910, entre os quais tinha o apelido de "Violão Clássico". Tom Jobim não se conformaria com o sucesso mundial do "Samba de uma nota só", de "Garota de Ipanema" e de "Águas de março" sem se aproximar muitas vezes, cancional e sinfonicamente, do seu modelo máximo — a música de Villa-Lobos.

Como sabemos, o maxixe recalcado, virado em samba, torna-se o paradigma musical de um Brasil mulato, nas primeiras décadas do século XX, num vasto processo de desrecalque, agora apologético, que constituiu a imagem do país moderno sobre os escolhos da escravidão, e que tem em *Casa-grande & senzala* um marco. "Aquarela do Brasil" começa com "Brasil/ meu Brasil brasileiro/ meu mulato inzoneiro": nesse samba-exaltação e emblema, com sua euforia tautológica (já que o país assumidamente mulato agora coincide consigo mesmo), o "coqueiro [...] dá coco", "o rei conga" vai pro "congado", o Brasil é "Brasil brasileiro" e seu significante primeiro é o "mulato inzoneiro". O adjetivo, tão intrigante, merece um comentário à parte, pois "inzona" é um curioso sinônimo da nossa já conhecida "candonga", significando, igualmente, "trapaça", "logro", "embuste", "intriga", "mexerico", tudo envolvido numa coloração afetiva que faz do "inzoneiro" um sonso manhoso e enredador. Agora valor, a sedução malandra, capaz de lidar com níveis de relação capciosos e subentendidos, é estratégia do mulato elevada a traço definidor da nacionalidade.

Caetano Veloso, consciente da margem de manobra que a música pós-tropicalista construiu para si, transitando parodicamente entre vanguarda e massa, alta poesia e consumo, deu em *Araçá azul* (1972), pode-se dizer, uma interpretação ironicamente produtiva às reversões do complexo de Pestana: "destino eu faço não peço/ tenho direito ao avesso/ botei todos os fracassos/ nas paradas de sucessos". Na contracapa de *Circuladô* (1991) retoma para si o complexo de Pestana, e estampa explicitamente a frase do conto: "Mas as polcas não quiseram ir tão fundo".

João Gilberto entreteceu um motivo do *Concerto n. 1*, para piano e orquestra, de Tchaikóvski com motivos rítmicos tão petulantes quanto elegantemente contramétricos, ao defender de maneira irônica a legitimidade do samba em "Pra que discutir com madame?", de Janet de Almeida e Haroldo Barbosa,[78] no qual se reduz ao absurdo o argumento que advoga a substituição do popular pelo erudito: "No Carnaval que vem também concorro,/ meu bloco de morro vai cantar ópera/ e na avenida entre mil apertos/ vocês vão ver gente/ cantando concerto". Já o "Bim bom", com seu balanceio sincopado e infinito entre duas notas, e mais nada, pode ser reconhecido como o *samba absoluto*.

O alcance que a música popular chegou a atingir no Brasil, sua ambição estética, o contraponto com o repertório erudito, suas mediações e fraturas, potência e limite, assim como o crescimento avassalador do mercado musical e até mesmo a carga explosiva das margens, a ponto de desbordá-las, tudo parece estar já contido, como partículas litigantes e altamente concentradas, nos textos machadianos que dançam em volta, se precipitam e convergem em "Um homem célebre".

A república musical modernista

O ARREGAÇO

Tão ou mais importante do que revisitar as circunstâncias que cercam a realização da Semana de Arte Moderna é ler, cem anos depois, "As enfibraturas do Ipiranga", poema musical de Mário de Andrade que encerra a *Pauliceia desvairada*.[1] Escrito antes da Semana, em 1921, "As enfibraturas do Ipiranga" é uma antevisão alucinada — como só a poesia seria capaz de fazer — das entranhas sociais e artísticas do acontecimento. Rebarbativo, destemperado, desmedido, mas fiel ao *desvairismo* que Mário professava no "Prefácio interessantíssimo", o poema é uma espécie de pesadelo visionário no qual se expõe o jogo de forças envolvidas no *arregaço* modernista — para usar aqui o termo empregado com precisão por Emicida, ao se referir ao evento de 1922 no filme *AmarElo*.[2]

Como sabemos, a Semana foi uma cerimônia de profanação do templo da cultura burguesa — o Theatro Municipal de São Paulo — sem deixar de ser uma cerimônia burguesa que sacudia seu próprio território, pondo em confronto as correntes inovadoras e as correntes conservadoras internas à classe que a promovia. O poema da *Pauliceia*, no entanto, situava o embate não dentro do teatro mas fora dele, no grande anfiteatro do vale do Anhangabaú. Mário faz da fenda geológica que corta o centro de São Paulo, contígua ao Municipal, o palco de uma batalha campal de forças comportamentais e artísticas, encenando alegoricamente suas contradições gritantes. Dessa massa, que vai dos "milionários e burgueses" à "gente pobre", posicionados em respectivos nichos territoriais como se estivessem em camarotes, frisas, plateia e *poleiro* de um grande teatro de ópera, fazem parte os incluídos e os excluídos da Semana, reunidos num *coro dos contrários* que tem por palco a cidade que os engloba.³ Além de antecipar o que viria a ser seu núcleo conflituoso, o poema dá ao evento uma escala urbana e telúrica, ampliando seu alcance e dirigindo-o dramaticamente ao futuro.

É certo que permanece nele algo daquele *ruim esquisito* que Manuel Bandeira identificou na poesia juvenil de Mário, e que podemos reconhecer, com certa parcimônia, como um traço constitutivo na dicção original do poeta da *Pauliceia desvairada*. Foi escrito num jorro de "lirismo",⁴ por ocasião do "estouro" libertário e desrecalcante que o levou a se oferecer sacrificialmente à "tempestade de achincalhes" que viria com a Semana, conforme narrou, mais de vinte anos depois, na conferência "O movimento modernista".⁵ Mas é por isso mesmo, por sua embocadura convulsionada, seu caráter ruinoso, fracassante e utópico, por escancarar sua ambição e seus limites, que o poema fala conosco, hoje, quando interrogamos o destino da cidade, do modernismo e do Brasil.

Escrito à maneira de um gigantesco "oratório profano", coral e sinfônico, cuja execução mobilizasse *toda* a população de São Paulo (em torno de 550 mil vozes àquela altura), reunida em grupos postados em posições de confronto no vale do Anhangabaú, com orquestra e banda formada por "5 mil instrumentistas" (compondo um conjunto ingovernável de cordas, sopros e percussões ad libitum regido penosamente por "maestros... vindos do estrangeiro"), o poema se comporta como a narrativa dramática de um evento musical do qual ele fosse, ao mesmo tempo, o texto e a partitura, incluindo indicações de ritmo, de instrumentação e de dinâmica, além da alusão a gêneros musicais, a naipes corais e orquestrais. Mais que um oratório profano que *representa* a cidade, é uma representação em que a própria cidade *atua* um oratório profano. Na contramão do caráter unívoco, concorde e altissonante desse gênero de celebrações, se faz de contrapontos em choque, de embates dissonantes e derrisórios.

O título alude ao centenário da Independência que se avizinhava, associado, no entanto, não às "margens plácidas" do Ipiranga (do hino, do grito e do riacho), mas às fibras entremeadas e conflagradas de um tecido social a ponto de se romper sobre o leito oculto e assombrado do Anhangabaú. Uma referência às comemorações apologéticas e patrióticas de datas cívicas, mas invocando já uma formação vocal e instrumental semelhante à das obras monumentais que Villa-Lobos comporia mais tarde, ao longo dos anos 1920, com suas massas corais-sinfônicas e sua mistura característica de instrumentos europeus com indígenas ("Só aguentam o *rubato* lancinante violinos, flautas, clarins, a bateria e mais borés e maracás").

O grupo das "Juvenilidades Auriverdes", formado pelos modernistas, assumidos como "nós" — o sujeito coletivo do poema —, tem os pés "enterrados" no fundo do vale e se debate heroicamente, mesmo que à custa da desafinação assumida e do pouco ensaio, contra o bloco grandiloquente dos "Orientalismos Convencionais", constituído por artistas acadêmicos, parnasianos e beletristas, entrincheirados nas janelas e nos terraços do Theatro Municipal. Esse coro acadêmico e tradicionalista é secundado pela dança caricata, em tempo de minuete, das "Senectudes Tremulinas" — a burguesia endinheirada que exibe seu privilégio nas sacadas elegantes do outro lado do Anhangabaú (Automóvel Clube, Prefeitura, Rotisserie Sportsman, Tipografia Weiszflog, Livraria Alves). Contraposta a todos, a massa dos assim chamados "Sandapilários Indiferentes", formada por trabalhadores e desempregados, ocupa o viaduto do Chá, avessa às batalhas campais da cultura de elite e mais interessada em árias de ópera italiana ou na emergente música popular urbana (como a marcha carnavalesca "Pé de anjo", que era um sucesso recente de Sinhô).

Entre vaias mútuas, os grupos antagônicos se comportam como as torcidas nos nascentes estádios de futebol (torcida que, àquela altura, ocupava às vezes parte do vale para acompanhar em tempo real notícias lance a lance de jogos da Seleção Brasileira acontecendo em outras cidades).[6] A propósito, Nicolau Sevcenko diz, em *Orfeu extático na metrópole*, que a cidade, "dissipada no caos de um crescimento tumultuoso", encontrava no evento esportivo "a enfibratura" capaz de organizar "pela exaltação" estratégica as correntes entrópicas das multidões urbanas, buscando dar-lhes coesão.[7] "As enfibraturas do Ipiranga" combina assim, de maneira intencionalmente discrepante, o rito artístico da cultura erudita em crise — no qual se debatem os acordes bombásticos dos "Orientalismos", as intervenções dissonantes das "Juvenilidades" e os ecos francamente anacrônicos das "Senectudes" — com os sinais ruidosos da cultura de massa emergente, vocalizados pelos "Sandapilários", tudo reunido num espaço urbano que começava a ser tomado pelas demonstrações esportivas.

Vocalizado em meio à falha e em torno dela, o rito de massa *junta* e *divide* a multidão. Instaura-se nele a polifonia cacofônica, a "grita descompassada" da metrópole — alegoria musical dos choques sociais e culturais que avassalam a cidade e, por isso mesmo, figuração hiperbólica do que viria a ser o núcleo nervoso da Semana de Arte Moderna, mas indo além de suas fronteiras culturais e de classe. Enquanto as vozes dos convencionalismos convencionais (o pleonasmo é proposital) assumem uma cadência opressiva de marcha fúnebre, seguindo num crescendo ininterrupto ("Temos nossos coros só no tom de dó!/ Para os desafinados doutrina de cipó/ [...] Glória aos iguais! Um é todos! Todos são um só!/ Somos os Orientalismos Convencionais!"), as "Juvenilidades" modernistas despontam como a manifestação desgarrada das pulsões de Eros ("Nós somos as Juvenilidades Auriverdes!/ As franjadas flâmulas das bananeiras,/ As esmeraldas das araras,/ Os rubis dos colibris/ [...] Todos para a fraterna música do Universal!"). Chamando-se a si mesmas de "ignorâncias iluminadas", buscando o gosto multifário do infinito, sonham errantes por meio de metáforas tardorromânticas ("Magia das alvoradas entre magnólias e rosas.../ Apelos do estelário visível aos alguéns.../ — Pão de Ícaros sobre a toalha extática do azul!") e entram num excruciante processo de autoflagelação à medida que se chocam contra o paredão da grita conservadora.

Alternam-se, pois, num duelo coral, o bloco das "chatezas horizontais" (como se o burguês da "Ode ao burguês" da *Pauliceia* — "a digestão bem feita de São Paulo" — se multiplicasse num coro tanático) e o cordão da diferença libertária, cantando um torturante "Hino à alegria" tropical que fosse ao mesmo tempo um descompassado enredo de escola de samba (que ainda não existia) ou, ainda, uma parada gay muito avant la lettre. Postos de través em meio a isso, os "Sandapilários Indiferentes" (a palavra alude a antigos carregadores de defuntos nos enterros pobres), mesmo convivendo cotidianamente com a morte, como indica sua designação, participam da exaltação de massa que acompanha a emergência da canção popular de mercado e vaiam tanto as chiquezas da cultura bem-posta quanto as estridências de vanguarda.

Vista assim, a polêmica estética que caracterizou a Semana de Arte Moderna — isto é, a querela de poetas modernistas com parnasianos, da pintura acadêmica com a expressionista, do poema sinfônico com o ruidismo futurista — acontece dentro de um *arregaço maior*, engolfando classes e grupos sociais em reações díspares e autocontraditórias. O "oratório profano" da cultura dominante não rege mais, nem idealmente, a sociedade de massas industrializada, com seus maestros "vindos do estrangeiro"; assim também, a política velha, o café com leite das oligarquias, ou o que se chamou depois de República Velha, *senil* e *tremulina*, não dá mais conta da escala e da escalada dos novos embates socioculturais. A massa urbana transita entre o gosto da velha ópera e o emergente Carnaval pelo gramofone; a exaltação modernista, sabendo-se tateante, e arcando com o peso e a culpa pelo ataque a paradigmas assentados, namora, em delírios febris, com a autoaniquilação decadentista. O texto é uma espécie de sismógrafo público do terremoto íntimo que precedeu, em Mário, a experiência da Semana, e que o fez jogar-se agônica e agonisticamente nas *constrições*, nas *contradições* e mesmo nas *contrições* envolvidas no ato transgressor.

Mas é oportuno observar, desde já, o quanto o cenário traçado no poema aponta para aquilo que se tornará uma questão subjacente aos desenvolvimentos posteriores do modernismo: o que fazer, para além de combater a arte acadêmica, com a pressão da cultura de mercado no campo minado da sociedade de massas? Qual o elemento unificador capaz de orientar e reger essa barafunda? E, diante disso, que lugar tem a entidade "povo" no projeto nacional? As respostas para essas perguntas virão da música: à medida que o movimento modernista passa da fase necessariamente atritante da ação de vanguarda para a fase construtiva de um projeto nacional, é na música que se encontrará a aliança do intelectual letrado com o povo, baseada no substrato folclórico e contraposta à influência considerada desagregadora da música popular urbana.[8]

A *república musical modernista*, se chamarmos assim a política cultural que se desenhará já no decorrer dos anos 1920, terá dois atores fundamentais empenhados na resposta a essa crise. Mário de Andrade professará a conversão do folclore em arte erudita, buscando unanimizar o país no grande coral nacional do *boi* — esse nume tutelar que comparece na cultura popular de norte a sul (como declara a peroração do *Ensaio sobre a música brasileira*), entidade capaz de morrer e renascer nas danças dramáticas brasileiras. Villa-Lobos emplacará, por outro lado, o programa do canto orfeônico como política de Estado, ao longo do governo getulista, de 1930 a 1945, introduzindo o ensino de música nas escolas e exaltando-o com grandes concentrações corais de colegiais em estádios de futebol.[9]

Assumido diretor de ideias do grupo dos compositores nacionalistas (entre os quais se destacam Francisco Mignone, Lorenzo Fernández e Camargo Guarnieri), Mário os exortará a encontrar o espírito da nação na música do povo (rural, anônima e coletiva), por meio da pesquisa das fontes populares e de sua estilização erudita; Villa-Lobos, investido como o condutor musical das novas gerações escolares, formulará o *Guia prático*[10] destinado a coralizar o país, difundindo folclore, saneando os males identificados na música radiofônica e promovendo a introjeção de civismo e disciplina — valor estratégico para o projeto ideológico do Estado Novo. Se o programa de Mário, sediado politicamente, enquanto pôde, no Departamento de Cultura da Prefeitura de São Paulo,[11] é musicológico, artístico e voltado para uma grande aliança entre o popular folclórico e o erudito, o programa de Villa-Lobos é orfeônico, cívico e pedagógico (o compositor se tornando uma espécie de Getúlio Vargas de batuta, um duplo do ditador populista, sem dispensar o característico charuto comum aos dois). Não esqueçamos que não estamos falando, aqui, de dois agentes de política cultural, simplesmente, mas de dois artistas de relevância máxima, imbuídos, cada um a seu modo, de um sentido de missão no exercício da função social da música, que se tornava imperativo, nos anos 1930-1940, em todo o mundo ocidental. Lembremos que as relações entre música e Estado foram questões políticas candentes na União Soviética e na Alemanha nazista, e que a incorporação da música de concerto à indústria cultural foi uma operação minuciosamente construída, por essa época, nos Estados Unidos.[12]

Voltando ao poema: o conflito virulento atinge seu ponto de ruptura quando eclode finalmente o berro, pelas "Juvenilidades Auriverdes", de um palavrão furibundo e catártico ante o qual as outras partes fogem e se escondem, "tapando os ouvidos à grande, à máxima Verdade". Essa palavra estrondosa e não pronunciada, ou pelo menos não escrita, significante inarticulado de revolta, com tudo o que carrega de violência não simbolizada — de real e de inconsciente —, dispara a ameaça contida na quebra de um tabu, abalando as *enfibraturas do Ipiranga*: o pacto dominante que costura e submete a sociedade. Enquanto as demais partes fogem à contundência dessa eclosão, as "Juvenilidades Auriverdes" sucumbem à sua incapacidade de furar o bloqueio dos "Orientalismos Convencionais", permanecendo no fundo do vale, onde jazem como sementes a frutificar no futuro.

Vale aplicar aos passos dessa narrativa o esquema arquetípico que Northrop Frye chama de "mito da procura": *agón* (instauração do conflito); *páthos* (intensificação e morte de um ou dos dois lados da luta); *sparagmós* (estraçalhamento ou desaparição do herói); e *anagnórisis* (reconstituição, reaparecimento ou reconhecimento daquilo que foi despedaçado ou desaparecido).[13] Curiosamente, esse esquema corresponde exatamente ao movimento simbólico que Mário de Andrade identificaria mais tarde nas "danças dramáticas do Brasil", a começar do bumba meu boi, tendo como cerne a "Morte e Ressurreição dum qualquer benefício".[14] No caso do poema, podemos chamar essas quatro fases de *fricção* (o atrito sem mediação entre forças opostas); *fritura* (o aumento da temperatura conflitual até o rompimento); *fratura* (a fuga, o desaparecimento geral e a morte seminal de uma das partes); e *redenção futura* (o anúncio do renascimento das forças vitais e telúricas). A redenção é anunciada, no final, pelo personagem "Minha Loucura", uma espécie de projeção órfica do eu lírico *desvairista*: ela entoa uma "cantiga de adormentar", consoladora, supostamente embaladora (e ainda assim loquaz), na qual augura o futuro renascimento das *sementes-perséfones* modernistas, enterradas na fenda que divide o centro da cidade e a sociedade brasileira, à espera de que sua fertilidade seja resgatada na estação propícia.

Sem ser nenhuma "obra-prima", antes longe disso, "As enfibraturas do Ipiranga" tem valor singular como antevisão sintomática: é uma tumultuada alegoria hiperbólica dos impasses modernistas e um diagnóstico da crise cultural nas metrópoles, além de um intrigante rito sacrificial em que o moderno se anuncia mas não consegue se instaurar, batendo no muro conservador e morrendo na esperança de renascer da fratura assombrada da cidade como algo a se perfazer e a se completar no futuro — algo que se concebe como eclosão, fracasso e semente.

Mário de Andrade reconheceria mais tarde, em 1942, que a Semana de Arte Moderna foi patrocinada pela parte cosmopolita da oligarquia do café que se queria em dia com as novidades europeias (Mário a chama de "aristocracia do espírito", com Paulo Prado ao centro), tendo seu antagonista na burguesia propriamente dita, "tanto [...] de classe como [...] do espírito" (com a ironia extra de que imigrantes enriquecidos se mostraram às vezes mais ciosos das tradições nacionais do que a burguesia aristocrata quatrocentona).[15] Culpabiliza-se então, numa época em que o engajamento social tinha se tornado de exigência máxima, pelo que considera como sendo a gratuidade anarco-estética da grande "orgia intelectual" que enxerga retrospectivamente no movimento de 1922. É importante notar, ao lado disso, que os trabalhadores paulistas que tinham feito as impactantes greves de 1917 não podiam ser considerados politicamente "indiferentes", como são os "sandapilários" que aparecem no poema gritando "fora o que é de despertar", embora pudessem ser reativos à cultura de elite e às novidades modernistas. Movidos pela inspiração anarquista, falavam, pode-se dizer, a "retórica exata das reivindicações", como enuncia aliás o "Prefácio interessantíssimo" a propósito da ordem implícita nos distúrbios aparentes da multidão (que Mário compara à desordem aparente da poesia modernista).[16] Em outras palavras, se a burguesia de classe e de espírito selava claramente seu pacto com a arte antimoderna, os intelectuais modernistas (na visão posterior de Mário) sustentavam a posição frágil de serem fomentados pela oligarquia tradicional — disponível, inclusive porque decadente, para a alta cultura moderna — e de estarem a uma abissal distância de classe e espírito dos trabalhadores e da "gente pobre".

São todas essas contradições juntas que fazem, a meu ver, o interesse do poema. São elas, também, que o levam a soar estranhamente atual hoje, cem anos depois, quando presenciamos a mais agressiva ação antimoderna ser acumpliciada pela coreografia política da camada empresarial brasileira, mais instituições militares, grupos religiosos, pressões moralistas, como se estivéssemos ainda na cena do Anhangabaú, mesmo que mudados os endereços. O poema soa então como uma espécie de déjà-vu ao contrário, em que o passado fantasmático nos faz lembrar de um presente que insiste em não mudar, apesar de todas as mudanças ocorridas nesse século de distância — como se não tivesse havido o modernismo, que no entanto *houve* e constituiu as bases da vida cultural brasileira. Às vésperas do centenário da Semana de Arte Moderna, utopias, projetos coletivos, compromissos públicos, vida cultural, universidades, diversidade humana, racial e de gênero são esfolados pelos ataques dirigidos contra tudo o que se construiu sobre os pilares progressistas da modernidade brasileira, a começar do "direito permanente à pesquisa estética", da "atualização da inteligência artística" e da "estabilização de uma consciência criadora nacional", para voltar aos termos de Mário de Andrade.[17]

Mas o som e a fúria do poema nos devolvem também ao luto e à luta investidos no *arregaço* modernista, arrancando-nos da atitude lamentosa e derrotista. Ele aponta para aquilo que veio driblando, apesar de tudo e com tudo, a resistente e insistente *baixa antropofagia* brasileira, tal como formulada por Oswald de Andrade, e estribada, segundo o "Manifesto Antropófago", em *inveja* (podemos atualizar como ressentimento cósmico), *usura* (liberalismo oportunista), *calúnia* (fake news) e *assassinato* (necropolítica assumida).[18] A esse respeito, é emblemático o show de Emicida no Theatro Municipal de São Paulo, em 2020, que costura a matéria documental e artística do filme *AmarElo*. O show é uma assumida *profanação* (enquanto ocupação do espaço interdito, tomando-o para usufruto dos excluídos), ao mesmo tempo que uma *consagração* do espaço público destinado a todos — em outras palavras, como uma "transformação do tabu em totem". Dialoga diretamente com a Semana de Arte Moderna, elege uma epígrafe de Mário de Andrade ("nosso modernista favorito"), homenageia a antropofagia oswaldiana ("só o que é do outro me interessa") e, mais importante, mostra o quanto o Theatro Municipal e o vale do Anhangabaú permaneceram ao longo do tempo como o eixo de referência das pulsações culturais da cidade para os invisibilizados e postos à margem. Resgatando as enfibraturas históricas da negritude em São Paulo, Emicida chama a atenção para o fato de que o Movimento Negro Unificado, o MNU, elegeu as escadarias frontais do Municipal como espaço de suas manifestações históricas, em 1978, e como as batalhas de ritmo e poesia do movimento hip-hop escolheram o largo São Bento como seu território, homenageando o escravizado-arquiteto Tebas, construtor de igrejas entre os séculos XVIII e XIX. Mais recentemente, as batalhas poéticas do slam escolheram a praça Roosevelt, tudo girando, com maior ou menor proximidade, em torno do Anhangabaú.

AmarElo resgata, assim, um arco de tempos e espaços contendo múltiplas manifestações políticas e criativas, individuais e coletivas, de modo a construir, a partir das periferias, uma inesperada ponte sobre a fenda. E trazendo uma surpreendente *anagnórisis* atual para o sonho convulsionado e inconcluso d'"As enfibraturas do Ipiranga" — reconhecimento e maturação das forças dissipadas e semeadas no poema final da *Pauliceia desvairada*.

A ROTATÓRIA

Em todos os estágios de sua trajetória, a música é a referência teórica e artística principal nos projetos literários e culturais de Mário de Andrade. É importante identificarmos três *tônicas* principais nesse roteiro sempre conflituado, que faz das próprias contradições matéria de permanente autoexigência e tormento.

Por ocasião da Semana de Arte Moderna, a ênfase esteve na atualização da linguagem artística brasileira face às vanguardas europeias dos anos 1910 e início dos anos 1920: a liberação do simultaneísmo, das polifonias, das dissonâncias, a quebra da linearidade na linguagem artística, tudo associado ao sentimento arlequinal da metrópole provinciana e cosmopolita, "galicismo a berrar nos desertos da América". Como vimos, uma intelectualidade boêmia vivia sua "orgia intelectual" junto àquela parte da burguesia paulista que queria acertar o passo com o último grito da segunda Revolução Industrial, dando sinais, intencionais ou não, da decrepitude do acordo oligárquico que sustentava a República Velha, criando "um estado de espírito revolucionário e um sentimento de arrebentação".[19] A poética modernista é explicada, no "Prefácio interessantíssimo" e em *A escrava que não é Isaura*, com base em ferramentas de análise musical — o simultaneísmo harmônico e polifônico, aliás largamente praticado em "As enfibraturas do Ipiranga". E o mais ambicioso poema da *Pauliceia desvairada* imita, como vimos, procedimentos de partitura musical.

Em torno de 1924, a ênfase desloca-se para a nacionalização da linguagem artística brasileira, baseada na pesquisa das fontes populares rurais, anônimas e coletivas, de modo a desfazer o abismo existente entre as expressões orais e as escritas, e a rebater o peso das matrizes importadas com a contribuição da música folclórica. Transitando da destruição vanguardista de barreiras estéticas para a pesquisa construtiva da "entidade nacional", Mário lidera um programa de acerto de contas da intelectualidade letrada com a imensa reserva da cultura popular dispersa pelo território do país, a ser recolhida e estudada como referência técnica, estética e ética.

Subjaz ao projeto o princípio de uma aliança de classes, com aspectos paternalistas, em que o povo aparece como o criador coletivo a ser valorizado e redimido em sua "falta de caráter" (no sentido de uma falta de estabilização e autorreconhecimento de sua identidade cultural), cheia no entanto de vigor, vitalidade, versatilidade e originalidade. O programa é tratado mais uma vez pela via musical, no *Ensaio sobre a música brasileira*, de 1928. E a obra literária representativa do período, embora muito mais complexa que a doutrina, é *Macunaíma*, isto é, não um romance, mas a *rapsódia* cujo narrador se revela no final o cantador popular, imitando na escritura as modalidades de transmissão da cultura oral.

No fim dos anos 1930, e com muita intensidade até a morte de Mário, em 1945, o empenho na luta de classes introduz uma cisão no caráter unanimizador do projeto nacional. O engajamento impõe o posicionamento do artista no embate entre os trabalhadores e os "donos da vida". A tensão surda entre o popular e o cosmopolita, que o fez enojar-se das "chiques dissonâncias dos modernos", ao presenciar a miséria nordestina durante viagem relatada em

O turista aprendiz, vem à tona com a pressão histórica pela participação no debate que acompanha a montante do fascismo, a atuação comunista, a militância católica. Mário envolve-se de maneira não partidária, como demonstra o compositor Janjão em *O banquete*, sabendo-se um *burguês* na origem, *aristocratizado* por sua formação estética e convertido ao *sentimento proletário* por opção (admitindo, como num arpejo dissonante, a pertinência contraditória a todas as classes sociais, cuja luta ele próprio personificasse num drama íntimo). Aqui também o projeto é teorizado em música (n'*O banquete*) e efetuado artisticamente num longo poema dramático destinado a virar ópera revolucionária: *Café*.[20]

Podemos ler *Café* como uma conversão termo a termo do programa vanguardista de "As enfibraturas do Ipiranga" para o programa engajado: os "Sandapilários" saem da margem e tornam-se protagonistas, agora como heróis operários; as "Senectudes" capitalistas mostram-se como o que são, isto é, os proprietários opressores e "donos da vida", como se passando da República Velha ao Estado Novo; os "Orientalismos" saem do Parnaso e vão para a Câmara dos Deputados, onde o palavrório do Deputado da Ferrugem tinge sua fatura bacharelesca de um novo cunho populista; as "Juvenilidades" investem-se da figura mítica e romantizada do herói revolucionário coletivo e dionisíaco; e "Minha Loucura" vira a "Mãe Operária". Comparados hoje, fica claro que a negatividade das "Enfibraturas", mesmo com seus defeitos, e também por eles, resulta mais atual e mais viva do que a positividade do *Café*, espécie de ópera falhada de Estado socialista, escrita por engano num país capitalista periférico durante o Estado Novo.[21]

É necessário esclarecer um ponto que gera muito mal-entendido: a música popular a que Mário se apega em seu projeto não é a música popular urbana, descaracterizada, segundo ele, pela pressão danosa do urbanismo, do mercado e da influência estrangeira, mas a música folclórica — a dos sambas rurais, dos bumba meu boi, reisados, pastoris e congadas, cocos, cururus, modas de viola e cateretês. É essa que deveria ser transfundida em música de concerto pelos compositores nacionais, ressaltando-se enfaticamente, no *Ensaio sobre a música brasileira*, que quem não entrasse em linha com essa conduta artística seria "pedregulho na botina" a ser devidamente descartado.[22]

Mário não previu, pode-se dizer, a importância exponencial que a canção urbana veio a assumir mais tarde, redimensionando o passado e o futuro da música popular no Brasil. Numa carta muito reveladora a Moacir Werneck de Castro, no entanto, anota sua comoção com o "Vão acabar com a praça Onze", de Grande Otelo e Herivelto Martins, e seu espanto diante do alcance poético e antropológico de um samba como "Amélia", de Ataulfo Alves e Mário Lago: "Ora o sujeito estourar naquela bruta saudade da Amélia, só porque está sentindo dificuldade com a nova, você já viu coisa mais humana e misturadamente humana? Tem despeito, tem esperteza, tem desabafo, tristeza, ironia, safadez de malandro, tem ingenuidade, tem pureza lamacenta: é genial. Acho das manifestações mais complexas que há, como psicologia coletiva".[23]

Na mesma carta, faz uma declaração precisa sobre o samba urbano como gênero: "além de ser com frequência genial na felicidade de dizer as coisas, é de um inesperado de assuntos, de uma riqueza psicológica assombrosa". Mas faz também uma sugestão sintomática: "Já era tempo de alguém, mas alguém com muita sensibilidade e conhecimento de causa, fazer um estudo sobre os textos do samba carioca. Um Aníbal Machado talvez servisse ou talvez o [...] ilustre autor de *Oscarina*" (referência a Marques Rebelo). Ora, perguntaríamos nós, hoje, quem melhor do que ele mesmo — Mário de Andrade — para fazer isso, ainda que não se sentisse totalmente familiarizado com o mundo do samba carioca? Por que delegar a tarefa a outros improváveis escritores, que "talvez" servissem? Por que só se referir à riqueza assombrosa do samba de passagem e *em âmbito privado*?

O fato é que a música popular urbana, embora eloquentemente reconhecida, nesse caso, como admirável, não estava no foco teórico de seu programa para a cultura brasileira: a um passo de intuir melhor do que ninguém a força *artística* da canção brasileira, Mário se apega ainda a uma concepção tardorromântica de fundo, assumindo a ferro e fogo a pureza do folclore como modelo da cultura. É verdade, também, que o reconhecimento do alto nível estético da canção, aos nossos olhos e aos do mundo, só pôde se afirmar mais tarde, depois da bossa nova, numa virada de paradigma que tem seu marco no *Balanço da bossa* de Augusto de Campos, cuja primeira edição data de 1968.[24]

Não se trata, pois, de acusá-lo simplesmente por essa omissão, mas de reconhecer que operava ali uma forma mental dominante no modernismo musical brasileiro, em grande parte por sua própria influência e seu sentido de missão, que buscava nas formas mais puras e intocadas da música rural, à maneira de Herder e do pré-romantismo alemão, o substrato para uma composição erudita comprometida com o achado da essência nacional. Não vamos nos alongar sobre o fato de que se tratava de um programa que elegia a cultura pré-industrial como a base primordial de um projeto moderno, num país em franco processo de industrialização, com todos os impasses e decorrentes fracassos práticos envolvidos nisso.

Por todas essas razões, o *Ensaio sobre a música brasileira*, se olhado em seu nacionalismo programático, é uma obra francamente datada. Ao mesmo tempo, é atualíssima em sua inquietação musicológica. Para percebermos isso, é preciso atentar para o analista do ritmo que propõe uma reveladora fórmula métrico-fraseológica para entender a rítmica brasileira, que critica a concepção convencional de síncopa, que prevê a seu modo a *contrametricidade* e o *paradigma audiotátil*, tal como formulados pela musicologia mais recente,[25] e que comete, na primeira parte d'*O turista aprendiz*, uma fantasia teórica antropológica e poético-musical sobre oralidade, corporalidade, analidade, música e linguagem, culminando numa teoria vocal da *imanência do inimigo* (ver os trechos sobre Pacaás Novos e tribo Dó-Mi-Sol) que nos remete a formulações de Eduardo Viveiros de Castro sobre o perspectivismo ameríndio.[26]

O autor de *Macunaíma* precisa ser entendido, pois, como uma personalidade intelectual e artística intrinsecamente dramática, agônica, conflituada, ambivalente, oscilante entre contrários em princípio incompatíveis, que tem no fracasso de seu programa, paradoxalmente, uma de suas maiores contribuições para a reflexão sobre o Brasil. Uma de suas personae é a de uma espécie de Herder, o pesquisador dos *Volkslieder*, que se autoerigisse num Platão da República musical brasileira, buscando organizar a cultura no sentido de uma ampla conciliação entre os estratos orais da cultura popular e os níveis letrados da cultura erudita, no afã, ou na tarefa autoimposta, de superar o abismo entre classes, repertórios e linguagens, a partir do alto. Mas esse Platão abriga ao mesmo tempo um Nietzsche d'*O nascimento da tragédia*: o poeta-músico das "Dinamogenias políticas" (em *Música, doce música*), da "Terapêutica musical" (em *Namoros com a medicina*), dos mantras indígenas de Macunaíma voltando para a querência, do torpor amazônico no "Rito do irmão pequeno", das glossolalias, das palavras sonoristas e sem significado, da melopeia hipnótica do catimbozeiro e do canto que dança na boca do brasileiro como as folhas de coca na boca do neto do Inca (em *Música de feitiçaria no Brasil*), tudo enfim que devolve a arte à vida pela via da palavra-música. Sobre o bumba meu boi, afirmou em *Danças dramáticas do Brasil* tratar-se de uma tradição de origem dionisíaca, baseada num culto vegetal em que o deus morre junto com a natureza no inverno e renasce junto com ela na primavera, culto este que se teria convertido, no Brasil, num culto animal ligado à pecuária. Assim, sem que se acuse a leitura de

Nietzsche em sua biblioteca nem em seus fichamentos, pode-se dizer que Mário identificou no contexto dessas práticas festivas brasileiras um princípio que podemos reconhecer como afinado com ressonâncias nietzschianas indiretas e com o *nascimento da tragédia no espírito da música*.²⁷

Por tudo isso, trata-se de uma figura incontornável na discussão dos destinos da música brasileira em grande amplitude — a rotatória em que todas as encruzilhadas se embatem: a vanguarda, a entidade nacional, o engajamento, o transe musical; a pesquisa, a história, a crítica, a criação.

CAOS E COSMOS

Heitor Villa-Lobos não era ainda, em 1922, o compositor consumado e inconfundível do *Noneto* (1923), do *Rudepoema* (1926) e da série dos *Choros* que compôs ao longo dos anos 1920, com destaque para o monumental e turbulento *Choros n. 10* para orquestra e coro misto, de 1926.²⁸ Esse período explosivo, aliás, que sucede imediatamente à Semana e que se estende até 1929, é o mais ousado de sua obra prolífica, antecedendo a pacificação neoclássica das *Bachianas brasileiras*, que se iniciam em 1930.

As obras de sua autoria presentes nas três noitadas da Semana de Arte Moderna (sonata para violino, trios, quartetos, peças pianísticas e canções em francês) circulavam ainda, como caracterizou Mário de Andrade, na órbita de um certo "internacionalismo afrancesado",²⁹ com reconhecível influência da linguagem de Debussy, embora estivessem longe de se reduzir a uma imitação do autor de *L'Après-Midi d'un faune*. Oswald de Andrade colocou pimenta nessa associação, ao referir-se ao Villa-Lobos da época da Semana como um "debussyista zangado",³⁰ isto é, alguém que trafegasse numa zona de linguagem afinada com as harmonias flutuantes do músico finissecular francês, mas ostentando seu próprio temperamento irrequieto, tendente à estridência e às sonoridades atritivas, junto com arrancos primitivistas. A expressão é boa para caracterizar certas peças apresentadas na Semana de Arte Moderna. Entre as mais salientes, as *Três danças africanas* ("Farrapos", "Kankukus" e "Kankikis") misturavam ritmos reiteradamente sincopados e "característicos" com o uso da escala de tons inteiros, etérea e estranhamente impressionista, gerando uma espécie de incongruência estilística que sinalizava o desejo ainda incipiente de dar ao material nativo e de caráter afro-brasileiro um tratamento modernizador. Mas as referências europeias em que bebiam esses curiosos maxixes algo *depaysés* correspondiam mais às atmosferas suspensas do fim do século XIX do que à última moda parisiense, na qual soava àquela altura o grito francamente antidebussysta do Grupo dos Seis (formado por Milhaud, Poulenc, Auric, Honegger, Durey e Germaine Tailleferre, sob a égide de Satie), com suas manifestações menos interessadas na sublimidade impressionista do que nas sonoridades cruas da vida moderna, da música de circo, de rua etc. Sem falar no abalo provocado pela *Sagração da primavera* de Stravinski em 1913, com suas polirritmias e suas aglomerações modais e politonais.

As *Três danças africanas*, escritas originalmente para piano solo, receberam na ocasião uma versão camerística para octeto de cordas, madeiras e piano, cuja execução virtuosística impressionou o público da primeira noite da Semana, não obstante sua esquisita combinação de apelos rítmicos pregnantes com uma harmonia não resolutiva, entre diáfana e abrupta, marcada por atritos e eventuais deslocamentos politonais. Indeciso ainda entre o *fauve* e o *flou*, o debussysta enfezado ensaiava as liberações sonoras que sobreviriam nas obras mais contundentes que escreveria nos anos seguintes, como o *Rudepoema*, quando sua linguagem passou a dialogar propriamente com algumas das expressões arrojadas do século XX, entrando na zona devassada por Stravinski, Milhaud e Varèse, sem nunca perder de todo o seu expansivo fundo romântico.

Outra peça mais ambiciosa e inusual, presente no repertório da Semana, foi o *Quarteto simbólico* para flauta, saxofone, celesta e harpa (substituída no caso pelo piano), que encerrou o concerto da última noite. O programa fala em vozes femininas cantando em coro oculto, e Villa-Lobos refere-se, em carta a Iberê Lemos, a efeitos de "projeção de luzes e cenários [...] a fornecerem ambientes estranhos, de bosques místicos, sombras fantásticas [...]".[31] Essa ambiência visual algo onírica combinava com a timbragem inusual produzida pela junção de flauta com saxofone pairando sobre as sonoridades misteriosas da celesta e da harpa (ou do piano arpejante). O clima instrumental e a ambiência sugerem difusamente o Debussy da ópera *Pelléas et Mélisande*, sobre texto de Maeterlinck, com sua "ação fora do tempo e em algum lugar da terra, com sua atmosfera poética rarefeita, seus personagens extra-humanos, que atuam e perpassam como sombras, e seu clima sonoro impalpável [...]".[32]

Musicalmente, a combinação de vozes com timbragens inusuais, contida no *Quarteto simbólico*, voltará amplificada e recrudescida no *Noneto*, escrito já para audiência europeia, com sua combinação de flauta, oboé, clarinete, saxofone, fagote, celesta, harpa, percussão, piano e coro. Mas aqui, em vez da atmosfera difusa e incorpórea, vem à tona a matéria bruta e ruidística de uma espécie de inconsciente sonoro brasileiro, que se interrogasse buscando forma, com suas vertiginosas quedas para o alto, os glissandos ascensionais das vozes femininas, além, como observa Lorenzo Mammì, de "uma riqueza de instrumentos de percussão jamais vista".[33] Se as peças de Villa-Lobos, mesmo as da primeira fase (como aquelas apresentadas nos programas da Semana), sempre procederam por impulsões, por "golpes sonoros de invenção subitânea", livres da quadratura das melodias "concluídas, lógicas, completas e isoladas", apresentando "uma infinita variedade de linhas" e arabescos que se entrelaçavam "numa polifonia sensual não raro deliciosa",[34] é logo depois da Semana que ele radicaliza essa propensão, estruturando suas obras de maneira francamente não linear, compondo por assemblage descontínua de motivos interferentes e chocantes. Como num estouro liberador, esse fluxo pulsional encontra nas percussões, nas vozes e nos gêneros cruzados da música do Brasil seu substrato somático e seu corpo sonoro de destino. Olhando retrospectivamente, o Villa-Lobos da Semana de Arte Moderna era algo assim como uma fera refreada, mas na iminência de se soltar na arena do modernismo musical da Europa e das Américas, onde ganhará espaço nas décadas seguintes como o representante "selvagem" da música de um "país novo".

As músicas de Villa-Lobos promovem, então, o desrecalque de um fundo vital represado — o saldo e o caldo das sonoridades populares brasileiras —, constituído de células rítmicas e melódicas, de gestos instrumentais e de vozes sobrepostas num aglomerado fusional em que caberão revivescências de modas de viola e de serestas, de cirandas, toadas e maxixes, de glossolalias indígenas e pontos de macumba. Tudo isso, que já está a seu modo no *Noneto*, concentrar-se-á, durante os anos 1920, na série dos *Choros*, que começa com uma peça para violão solo dedicada a Ernesto Nazareth (e composta nos moldes deste), passando por diferentes formações camerísticas até chegar a grandes massas sonoras mobilizando orquestra, coro e banda.

A convivência com os chorões, seresteiros e sambistas do Rio de Janeiro no começo do século xx, incluindo Donga, Pixinguinha, Anacleto de Medeiros, João Pernambuco e Sátiro Bilhar, propiciou a motivação para que Villa-Lobos se lançasse a essa grande polifonização panorâmica que desborda largamente do gênero musical que lhe serviu de ponto de partida. As músicas populares brasileiras são concebidas como um tumultuado reservatório de energia abundante e caótica, a ser liberado, domado e sublimado pelo compositor de concerto. Não se trata, pois, de uma simples estilização erudita do choro carioca, mas de uma abertura convulsiva para uma espécie de sinfonização totalizante da paisagem sonora do país, disparada por ele. Usando uma metáfora visual, o gênero popular urbano funcionou para Villa-Lobos, nesse momento de arranque, como o *olho mágico* a partir do qual o compositor vislumbrou e deu a ouvir o sistema caleidoscópico da psique musical brasileira — urbana, suburbana, rural e selvagem (carregando mais no toque indígena do que no africano). O mito aí implícito é o de uma nova descoberta da nação, extraído de ambientações ecológicas sertanejas e florestais, pontuadas por cantos de pássaros, e espraiado na profusão espasmódica e vibrante de vozes rituais, batucadas, ranchos, valsinhas, cantigas de roda, dobrados, tudo mixado musicalmente, nos anos 1920, como energia "não ligada", não linear, à maneira, pode-se dizer, do sistema inconsciente tal como descrito por Freud e, por extensão, aparentado com a escrita automática surrealista.

A técnica usada por Villa-Lobos é heteróclita, combinando elementos tonais, modais e politonais ao sabor dos impulsos e das fricções entre os materiais heterogêneos. Do que resulta, desde a primeira impressão, um efeito de simultaneidade, liberando um caudal de energia em que tudo o que há de fragmentário parece arrastado pela força do fluxo: o país-inconsciente é o conjunto quase inapreensível de materiais em colisão que a música engolfa em seu movimento sonoro. As colisões sonoras não remetem, no entanto, em Villa-Lobos, a tensões, conflitos ou embates sociais reconhecíveis no âmbito da linguagem. Longe do drama ou do mal-estar na cultura, elas sugerem um potencial vitalista que não cabe em si, querendo vir à tona. Se os elementos se chocam é porque estão *sobrando*, porque são excesso à procura da forma que os contenha. Seus atritos harmônicos, suas dissonâncias não nos remetem à problematização do sistema tonal em crise e aos impasses da linguagem musical no começo do século xx (como aqueles que cercam a angústia atonal no expressionismo de Schoenberg), mas são atrições, faíscas elétricas capazes de gerar energia, procurando caminho, inventando blocos tímbricos.

Mas há uma ambivalência importante a ser percebida no vitalismo modernista de Villa-Lobos. Em primeiro lugar, trata-se de liberar a força desordenada das manifestações populares, exibindo seus múltiplos índices em estado de simultaneidade, de modo a irradiar a potência de sua manifestação cósmico-caótica. Ao mesmo tempo, trata-se de descobrir e impor-lhe ordem, fazendo-a convergir para um destino conciliado e grandioso. É esse mito utópico-ideológico que o *Choros n. 10* realiza no plano estético, talvez mais que em nenhum outro lugar, e é isso também que situa o engajamento do compositor, mais tarde, no programa cívico-pedagógico e político do canto orfeônico, durante os anos Vargas. No concerto e na escola, na arte e no civismo disciplinador, a música será um meio de vislumbre estético e de promoção política do povo-nação, despertado em sua potência e pacificado ou domesticado em seu "feroz instinto".[35]

O *Choros n. 10* apresenta uma longa seção orquestral (formada de uma introdução *animada* e de um episódio *lento*) seguida de uma parte coral-sinfônica de caráter progressivamente apoteótico.[36] O contraste entre as duas partes é nítido. Na primeira, dominam pulsões agregadas por justaposição contínua — um campo de forças à solta, como se erráticas, rebatidas num formigamento caótico entre o animismo selvagem e a inscrição no projeto "civilizador" da história da acumulação. Já a parte final insere um princípio aliciante de periodicidade, um motivo rítmico-melódico insistentemente repetido, de inspiração indígena, que se alastra pelo coro de vozes masculinas, pontuado por percussões brasileiras (reco-reco, puíta e caxambu), adensado por clusters, glissandos e comentários sonoros meteóricos, até atingir um clímax massivo sobre (ou sob) o qual se entreouve, vocalizada pelo naipe mais agudo das vozes femininas e suspensa sobre a trama do cerrado contraponto, a melodia lírica e sentimental, à maneira de uma modinha suburbana, denominada "Rasga o coração" — letra do poeta seresteiro Catulo da Paixão Cearense para o *scottish* "Iara", do chorão carioca e companheiro de noitadas de Villa-Lobos, Anacleto de Medeiros. Trata-se da verdadeira aparição mirífica da "alma brasileira" (subtítulo, aliás, do *Choros n. 5*) pairando sobre o tumulto das forças fundidas e atritantes. Como se esse *Choros* apontasse uma fórmula mítica, rítmica e utópica para a coisa-Brasil: *mistura e sacode*, que se desprende disso uma aura — miragem encantatória que harmoniza a sociedade pairando acima dela. Essa alquimia se compõe de camadas de música e seus correspondentes estratos sociais: o *scottish* instrumental "Iara" é banhado nas plangentes "rutilâncias da dor" do poeta modinheiro e rasga um espaço mítico no contexto sonoro transfigurado da obra coral-sinfônica.[37]

Podemos reconhecer no *Choros n. 10*, sem que haja essa intenção, é claro, uma espécie de contrapartida vitoriosa, no fim dos anos 1920, aos choques dramáticos do poema musical e coral-sinfônico de Mário de Andrade no final da *Pauliceia desvairada*. Era a promessa modernista que triunfava, pode-se dizer, ou pelo menos a *promessa da promessa*: a passagem do caos ruidoso do país a um cosmos coral. Sediada não na fratura urbano-industrial de São Paulo, mas em círculos espirais que vão crescendo a partir dos nichos da música popular do Rio de Janeiro e abrangendo um campo bruto e simultaneísta de sonoridades brasileiras até desembocar na sinfonia coral com "borés e maracás". A rica desordem do "país novo", contida nos ruídos do social recalcado até então pela cultura oficial, que Villa-Lobos devassa e superpõe em aglomerações fragmentárias, exibindo-os e exacerbando-os em sua tumultuada diferença, resulta numa espécie de pacificação grandiosa, estabilizada depois, a partir de 1930, no neoclassicismo das *Bachianas brasilei-*

ras, como que a augurar o desejado equilíbrio da nação "madura", que tivesse aprendido a disciplinar a sua rica "seiva".

É aqui que a trajetória de Villa-Lobos habita a fronteira nebulosa entre a utopia mitopoética e o registro ideológico contido no programa do canto orfeônico, que combina o objetivo pedagógico com o cívico-autoritário, seguindo o antigo preceito da música como instrumento de introjeção da disciplina coletiva (que remonta, aliás, a *A república* de Platão). Do ponto de vista do DIP — o Departamento de Imprensa e Propaganda do Estado Novo —, tratava-se de coibir o caráter nefasto da música popular urbana, sobretudo seu elogio da malandragem, visando reverter em ordem produtiva a perigosa desordem potencial enxergada na existência ameaçadora do povo, calando a múltipla expressão das diferenças culturais numa cruzada monocórdica. Do ponto de vista artístico e educativo, significou um programa artístico-educacional, como nunca se viu no país, de difusão cultural em alto nível, conduzido pelo maior compositor brasileiro da música de concerto em todos os tempos, e que durou algumas gerações escolares para além da circunstância histórica imediata (programa do qual se beneficiou, devo dizer com gratidão, minha geração).

Villa-Lobos foi a maior paixão musical de Tom Jobim, que nele se espelhou em alguns momentos, da malograda (porque excessivamente colada em seu modelo erudito) *Sinfonia de Brasília*, em parceria com Vinicius de Moraes, aos veios sinfônicos de álbuns como *Matita perê* e *Urubu*, com destaque para a faixa "Saudades do Brasil", bachiana e brasileira. O cinema de Glauber Rocha (em especial *Deus e o diabo na terra do sol* e *Terra em transe*) é movido a Villa-Lobos e é inconcebível sem ele, provando que o mito progresso do "país novo" desemboca com força no leito da estética política do subdesenvolvimento nos anos 1960. Assim também o teatro de Zé Celso Martinez Corrêa, que recorre constantemente à música de Villa-Lobos (do *Mandu sarará* à *Invocação em defesa da pátria*), faz do estraçalhamento (*sparagmós*) dionisíaco das *Bacantes* de Eurípedes um bumba meu boi ao som das vozes entranhadas do "Rasga o coração" de Anacleto, Catulo e Heitor, cantado por todo o elenco segundo a partitura do *Choros n. 10*.

PARTE II
DIVERTIMENTO

Dó-Mi-Sol do norte

Das mais variadas maneiras, a música penetra a obra do escritor Mário de Andrade como manifestação de um poder. A tomada desse poder pela linguagem é uma obsessão de sua literatura, que salta à vista na imitação de formas musicais como modo de composição poética, na formulação de uma teoria da poesia baseada em conceitos musicais, nos projetos de engajamento calcados na conversão do poder coletivizador do ritmo e do poder dinamizador da "palavra musical" em poder político. Mais que isso, a emergência de uma ordem musical na ordem da linguagem é desejo, e desejo de forçar o próprio limite desta, de potencializar aquilo que nela comumente se atrofia — pulsões (ritmos, intensidades, movimentos dos significantes), simultaneidades (ressonâncias semânticas que projetam um campo de forças livres de contradição) — para espicaçar a sua capacidade coletivizadora, que anima, nos momentos cruciais, a vontade de tentar a quadratura do círculo, e converter a embriaguez dionisíaca da poesia/música em força política. O destino desse desejo errante através da obra de Mário de Andrade, em suas contradições, é o que persigo aqui.

No entanto, apesar da vizinhança efetiva de um poder, a impossibilidade de que a linguagem seja música é incorporada (sintomaticamente) como cisão, aguçando aquilo que, no interior da obra, pode ser sentido como o tema/drama da identidade dividida, o descentramento que repercute na poesia pessoal e na poesia social, seja esta informada pelo nacionalismo (Macunaíma e a "falta de caráter") ou pela luta de classes (*O banquete* e a tensão entre forças produtivas e condições de produção na arte). A muiraquitã, o objeto de poder que promete conciliar o desejo e a realidade mas que escapa (para) sempre das mãos do herói, constitui-se no centro (descentrado) da rapsódia macunaímica, longa fala de um sujeito (individual/coletivo) desgarrado, soprada pela onda musical da voz de um cantador.

Mais do que um motivo de pura psicologia individual, a divisão da identidade corresponde à divisão da linguagem: o poeta está no limite entre a escultura (vista na nitidez de seus contornos e na sua capacidade mimética) e a música (vista na sua "indestinação intelectual", como a arte capaz de tocar o "fundo obscuro do inconsciente").[1] Na verdade, a tensão advinda da sua dupla vinculação com a escultura e a música, paralela à oposição entre referencialidade (consciente) e pulsão (inconsciente), encampa aquela dualidade que um intérprete de Freud viu na própria linguagem: "conciliação neurótica" entre operação e prazer.[2]

Se a linguagem "normal", enquanto processo secundário em que se constitui, parece subordinar-se permanentemente ao recorte operacional dos signos como união convencional e estável de significante e significação, e à representação, ela é de fato assediada a todo momento de sua prática pela mobilidade primária das pulsões que a alteram nos lapsos, nos trocadilhos, nas puras eclosões fonéticas, nas projeções imagéticas, as quais deslocam a economia do signo linguístico em arranjos imprevistos e marcam a frase com as ondulações dançantes do ritmo corporal, pontuado por recorrências, reentrâncias, cortes. A poesia localiza-se nesse limite onde a poética mário-andradina abre às vezes um fosso imaginário que sublinha o corte entre a pura expressão do desejo e as formas estabelecidas da linguagem, como vemos marcado fortemente na oposição, feita no "Prefácio interessantíssimo", entre lirismo e arte.[3] Mas se as pulsões falassem por si mesmas, o que diriam? Que outra coisa viria à tona, que não pode ser dita agora? Essa questão, que a linguagem interdita, só pode ser respondida de uma forma figurada, e a figura que transparece, entre o dito, é a música. Melhor que isso é ler a passagem, alegórica, d'*O turista aprendiz* em que Mário imagina a tribo dos Índios Pacaás Novos/Dó-Mi-Sol: através de um complicado vestuário, eles escondem a cara e exibem as partes pudendas, cultuam o ócio e desautorizam toda finalidade e todo progresso, dão uma função meramente estética à linguagem e falam por música.[4]

Em 1927, com uma primeira versão de *Macunaíma* já pronta, Mário de Andrade entra pelo rio Amazonas adentro até o Peru, "resolvido a escrever um livro modernista, provavelmente mais resolvido a escrever que a viajar". O diário dessa viagem e o daquela que, um ano depois, Mário faria ao Nordeste compõem o texto d'*O turista aprendiz*. No prefácio de 1943, já repassado pela sua crítica ideológica ao movimento de 22, vazada n'"O movimento modernista", o autor observa que o livro "cheira a modernismo e envelheceu bem". De fato, o cheiro é característico, mas, assim como o movimento modernista, o livro guarda surpresas que de repente se desdobram em ângulos insuspeitados. A viagem tem algo de um *Macunaíma* ao inverso. Na rapsódia, o "herói de nossa gente" nasce para a ficção "no fundo do mato virgem", nos confins da Venezuela amazônica, e vem a São Paulo, cruzando em zigue-zague o espaço imaginário do país, procurar o seu talismã perdido nas mãos de um gigante estrangeiro. Aqui, é o professor de piano em férias que sobe na realidade pela contracorrente do Amazonas, à procura dos redutos selvagens do mito tropical e do texto que lhes corresponde. Tanto o personagem como o seu autor estão em busca de uma identidade perdida, através da qual o "cosmopolitismo" (de um Brasil urbano, industrializado, "europeu") e o "primitivismo" (do Brasil rural, agrário, "folclórico") resgatariam simbólica e vertiginosamente sua disparidade.

Lá pelas tantas de um texto-viagem alimentado à base de detalhes curiosos, anotações descritivas, passagens de puro pitoresco, o escritor envereda por uma ficção de cunho surrealista, cujo desenrolar põe em evidência, entre outras coisas, uma visão da aproximação entre música e linguagem que nem sempre apareceu com clareza nos seus escritos teóricos.

No segmento correspondente ao dia 8 de junho do diário, o turista começa a narrar de repente a sua visita à aldeia dos Pacaás Novos, "bastante curiosa pelos seus usos e costumes":

> O traje deles, se é que pode-se chamar aquilo de traje, era assim: estavam inteiramente nus e com o abdômen volumosíssimo pintado com duas rodelas de urucum, uma de cada lado, tudo aveludando por causa duma farinha finíssima, bem parecida com pó de arroz, esparzida por cima, e que os Pacaás Novos extraíam do milho, ad hoc envelhecido. No pescoço porém, uma corda forte de tucum sarapintado amarrava um tecido de curauá muito fino, ricamente enfeitado de fitinhas de canarana e umas rendas delicadíssimas feitas com filamento de munguba. Com isso formavam uma espécie de saia, que em vez de cair sobre os ombros e cobrir o corpo, se erguia suspendida por barbatanas oscilantes tiradas dos peixes. Assim esse saiote erguido pro céu tapava por completo a cabeça dos índios, tendo apenas na frente, no lugar mais ou menos correspondente aos olhos, um orifício minúsculo dando saída à visão. Por esse orifício percebi que os índios ainda traziam a cabeça completamente envol-

ta num pano, de que não pude descobrir o material de fatura, também convenientemente furado no lugar dos olhos.⁵

Entre eles a fala e o ato de comer, designações da *cara* recoberta, são "imoralíssimos e da mais formidável sensualidade". O sexo e a defecação, originários *del culo* à mostra, ocorrem sem maiores camuflagens e cerimônias. A boca, e não a genitália, é o lugar tabu, daí que a linguagem falável se desloque para as pernas:

> Aliás, os gestos que faziam, principalmente com as pernas e os movimentadíssimos dedos dos pés eram tão expressivos em pontapés e contorções, repito, de uma variedade inexaurível, que eu, bastante versado em línguas, [...] logo me familiarizei com o idioma dos Pacaás e entendi muito do que estavam pensando e se comunicando.⁶

Isso, moviam os dedinhos desses mesmos pés com habilidade prodigiosa de desenvoltura. Por causa da minha profissão de professor de piano, me pus observando principalmente o movimento do quarto dedo, era assombroso! creio que nem um por cento dos pianistas de São Paulo (e sabemos que são milhões) possui semelhante independência de dedilhação.⁷

Compete-me perseguir as significações desses fragmentos em que o escritor burilou os tédios de uma viagem tão remota. Olhemos o traje desses índios. Aí se vê que os deslocamentos da imagem, os quais vão parodiando as peças do vestuário, que fica de pernas para o ar nesse figurino altivo (no modo como enfrenta, com minuciosa elaboração, a lei da gravidade) e inútil (aos olhos capciosos da cultura que esconde o sexo), promovem uma subversão da ordem que faz emergir o reprimido e exibir como monumentos em ruínas os torneios imponentes da repressão. A técnica, alegórica e onírica, expõe a tristonha dicotomia da natureza cortada pela cultura, que faz do homem um ser de duas faces, uma das quais se esconde da outra: a *cara*, espaço privilegiado dos signos da linguagem, das sublimações, do não corpo, e *el culo* (na curiosa metáfora de Octavio Paz,[8] a outra cara, que não diz uma palavra e não concede um sorriso: a cara (recalcada) do corpo. Na "monografia humorística" de Mário de Andrade em férias, esse conto *philosophique* em pleno transe amazônico, a dualidade natureza/ cultura é exibida ao avesso, mas sem que se permita a conjunção idílica das duas faces. Em vez disso, assinala-se o espaço irredutível de um *outro*, como se o véu que desnudasse uma das caras tivesse sempre que dobrar-se sobre a outra, de maneira que a totalidade do sujeito jamais pudesse ser vista, mas apenas entrevista.

Em suma, a fantasiosa crônica dos Pacaás Novos põe em cena o que pode ser chamado um processo *figural*, isto é, a emergência de traços do *processo primário* (caracterizado pela mobilidade contínua de investimentos pulsionais, própria da ordem do inconsciente, indicada aqui pela "desordem" do sexo e das fezes) no *processo secundário* (caracterizado pela estabilidade articulada e linear do discurso, e pela representação realista, sustentada pela fala).[9] O texto apresenta o recalcado no lugar do não recalcado, e explora justamente o escândalo proveniente dessa ocupação indevida nos planos da linguagem do corpo:

1. A dupla articulação da linguagem, com suas distinções fonêmicas e suas unidades de significado, transfere-se para o movimento silencioso e pululante dos dedos dos pés; assim, a articulação detalhadíssima da linguagem se expõe mais como mecanismo pulsional à solta do que como exercício de uma função. Do mesmo modo que numa gravação magnetofônica invertida, onde a linguagem mais familiar deixa-se surpreender como uma rapidíssima "metralhadora de timbres" que nos parecem inteiramente desconhecidos, a fala dos pés deixa-se perceber aqui como processo pri-

mário, para além de sua forma de superfície e de seu caráter representativo.

2. O processo primário mesmo é assinalado de modo duplamente irônico: desnudado nos lugares onde é normalmente reprimido por inarticulado (sexo = fezes), faz-se acintosamente recoberto ali onde é tido por inexistente — as zonas regradas pela articulação (fala e alimentação), o que só contribui para marcar a sua presença "instintiva" na própria intensidade da sua negação. Presença esta que se faz mais reforçada, ainda, quando a boca aparece como portadora de uma libido erótica (as primícias sexuais, entre os Pacaás, são delicados gorjeios) e agressiva (pratica-se, volta e meia, a antropofagia).[10]

Figuradamente, o sujeito cruza, no texto, o limiar do recalque que separa a ordem do consciente e a ordem do inconsciente. Mas elas persistem, ainda assim, e mais uma vez, separadas pela oposição entre uma linguagem do etnógrafo-turista, assentado no bom senso, e seu reverso imaginário, a linguagem musical-sexual figurada na fantasia antropológica (com todas as rebarbas "humorísticas" que sobram desse diálogo disparatado). Vem daí a modulação ambígua, bem mário-andradina: linguagem e música projetam a cena de uma delicada situação de *vis-à-vis* entre ego e id, em que o ego fingido se reconhece e se desmente no seu outro. Ironicamente encastelado no seu papel de homem de saber, o sujeito simula não ter nada a ver com o desejo que sua fantasia projeta, com essa analidade e essa sexualidade "musicais" que a ficção vai lançando à tela. Esse narrador-turista assemelha-se, nisto, àquele poeta que caminha, atraído e retraído, pelo meio da orgia carnavalesca, e com o conferencista da "Terapêutica musical" e da "Medicina dos excretos", que faz desfilar uma multidão de casos curiosos envolvendo analidade e corporalidade, a pretexto entre anedótico e científico, que mal esconde a carga de obsessões psicanalítico-estéticas que estão investidas neles. Assim, o texto é avesso e direito: revela o reprimido, sondando-o com singular agudeza, e ao mesmo tempo reveste a sua contundência com a máscara que brinca, paternal, com os instintos.

Mais adiante, no dia 28 de junho, Mário anota em seu diário de viagem, sob o título de "Os índios Dó-Mi-Sol":

> Será talvez mais rico de invenções humorísticas, dizer que eles, em vez de falarem com os pés e as pernas, como os que vi, no período pré-histórico da separação do som, em som verbal com palavras compreensíveis e som musical inarticulado e sem sentido intelectual, fizeram o contrário: deram sentido intelectual aos sons musicais e valor meramente estético aos sons articulados e palavras. O nome da tribo, por exemplo, eram os dois intervalos ascendentes, que em nosso sistema musical, chamamos dó-mi-sol.[11]

Na passagem da figura dos Pacaás Novos para a figura Dó-Mi-Sol, a linguagem, que se localizava num terceiro polo distanciado (os pés), vem para dentro da oposição cara/sexo, duplicada proporcionalmente na oposição entre palavra e música (a palavra falada está para a cara recoberta assim como a linguagem musical está para o sexo eloquente). O sistema ganha assim uma coerência mais cerrada, que só vem a ativar a estranheza da "incongruência" que ele propõe aos nossos olhos acostumados: a linguagem, articulada e loquaz, se "cala", e as pulsões, radicalmente silenciosas, tornam-se de uma tagarelice a toda prova. Os Dó-Mi-Sol não falam pelos pés, mas pelos cotovelos dos sons musicais: emitem "chuvas de sons" quando furiosos, chilros e sextos-de-tom no sutilíssimo idioleto do filósofo da tribo, intervalos ascendentes e descendentes, grupetos, ataques e intensidades as mais variadas que compõem um "vocabulário" onde os significados são sempre cambiantes. Talvez o traço mais interessante dessa língua imaginária seja que, conforme a intensidade da voz, um mesmo grupo de sons pode ter um significado, o seu contrário, e espraiar-se ainda nas múltiplas "refrações prismáticas" das significações contíguas. Em suma, na linguagem musical dos Dó-Mi-Sol os conceitos não se fixam, mas deslizam continuamente através de um fluxo pulsional onde as articulações, extremamente móveis, deixam as virtualidades paradigmáticas de cada palavra como que à flor da pele.

Não precisamos adiar aqui a evidência do parentesco de uma língua desse tipo com a linguagem poética. O terceiro termo afim que nos permitirá desenvolver aqui essa relação é o sonho. Num pequeno texto que calha muito bem ao comentário dessa teorização alucinada de Mário de Andrade, "O duplo sentido antitético das palavras primitivas", Freud comparou certas características que ele observava na elaboração dos sonhos com aquelas que alguns filólogos descobriram em certas línguas antigas. Basicamente, a semelhança consistia numa "conduta altamente singular" em relação à contradição: suspendendo-a, um elemento do sonho pode ter um conteúdo e simultaneamente o seu contrário. Assim também, "na língua egípcia, relíquia única do mundo primitivo", nos diz o filólogo K. Abel, pela voz de Freud,

> achamos certo número de palavras com dois significados, um dos quais é precisamente a antítese do outro. Imagine-se [...] que a palavra "forte" significasse na nossa língua [...] tanto "forte" como "fraco"; e que a palavra "luz" fosse empregada [...] para designar tanto a "luz" como a "escuridão", e que um habitante de Munique chamasse a cerveja de "cerveja", enquanto outro utilizasse a mesma palavra para designar a "água".[12]

Ao apontar para essa polissemia radicada no código, que a mensagem suplementaria, no caso do egípcio antigo, pelo gesto e pelo traço hieroglífico, Freud estaria tentando dar mais uma demonstração, de cunho quase arqueológico, sobre a natureza do processo inconsciente, rastreada aqui numa língua "primitiva". O texto constitui-se, na verdade, num breve adendo à teoria dos sonhos, como uma incursão linguística ali não desenvolvida, mas o seu comentário dessa língua remota, a qual guarda traços do mundo onírico, ilumina a situação figural que o texto de Mário de Andrade nos apresenta. Pois, nele, duas coisas saltam à vista: o signo linguístico é posto a nu como realidade puramente diferencial definida por relações de oposição e de negação ("tal palavra não designava na realidade nem o 'forte' nem o 'fraco', mas a relação entre ambos e a diferença entre ambos, as quais criaram igualmente um e outro"); a mobilidade das articulações dessa "semântica ativa" que põe em suspenso o princípio da contradição, deixa campo livre aos investimentos gestuais — como no inconsciente, a intensidade da energia é que é decisiva, e não a sua viabilidade lógica.

A língua/música dos índios fica sendo, então, o lugar de uma semântica de intensidades, e isso só é possível como figuração de um campo de forças aberto à permanente diferença: "É que na língua dos dó-mi-sol a intensidade da emissão, os fortes, os pianos, os crescendos e decrescendos não só davam variantes de significado às expressões, como as podiam modificar profundamente".[13]

Compreendemos por que a música aparece aqui como a linguagem de um sonho de emergência do desejo, como a poética da tribo. Ela não tem a palavra "não". Nela, os signos não se comportam segundo uma estável relação de significante e significado, parecendo manter um liame fixo entre coisa e representação, mas deslizam para as operações em que se condensam e deslocam no fluxo de significações gestualizadas. Nela, o referente, o termo objetivo, perde a opacidade e a fixidez com que codificamos a sua representação, e navega de vez na mutação das percepções simbólicas, onde mergulha e apaga seus contornos para que apareçam continuamente desdobrados. E nela, que também não tem a palavra "eu", o ego não tem como representar-se na forma de uma entidade autônoma, mas desfaz-se num vazio que se tece em signos, e que é a melhor figura de um sujeito em que, desfalecendo a possibilidade de um discurso, já que não há um *eu* para apropriar-se de uma língua, a enunciação é uma impossibilidade que luminosamente toma conta da rede do enunciado, e que está presente/ausente em seus nós, em seus furos, e no silêncio que a rodeia.[14]

O que o texto de Mário flagra é justamente um mundo que nos aparecesse na manhã seguinte a uma castração já recalcada e esquecida, um mundo tingido pelo sangue da noite de uma separação dolorosa, onde, não obstante, tudo é fresco e auroral. Nesse mundo que soa tão arcaico-inaugural e ao mesmo tempo tão precocemente decadente, o sol bate pela primeira vez nos edifícios pomposos erguidos pela cultura para esconder e revestir a face da morte que se apresenta para insinuar-se nos interstícios da vida. Mas o canto do desejo destapado soa em toda parte.

O estranhamento vem da inversão: é como se o filme da história do recalcamento na espécie humana fosse passado rapidamente de trás pra diante. O efeito hilariante vem da súbita suspensão da necessidade de todo o imenso investimento de energia empenhado para instituir o princípio de realidade e nos pôr de pé (que tal se vemos um homem descer em alta velocidade uma escada, andando de costas com todos os gestos perfeitamente sincronizados de quem anda para a frente?). Não há nisso apenas uma antítese conceitual, mas um efeito de verdadeira incongruência no dispêndio de energias. Na inversão alegórica há o violento lapso de uma história "desrealizada", mas o que emerge como estranho é justamente o tamanho dessa falta, *que ganha então uma espantosa evidência na sua ausência.* Exposição simultânea de dois tempos que a rigor *parecem* nunca se encontrar: a história e a pré-história da repressão. Daí essa irrupção do conhecido no desconhecido, ou vice-versa, que desloca a economia da repressão e da linguagem para projetar uma cena antropológica onde o espaço primitivo e o civilizado, um coado à luz do outro, revelam o cotidiano sob uma nova ótica, descobrindo nos seus traços o reprimido como potencial, e, de certo modo, mostrando *o cotidiano como impenetrável e o impenetrável como cotidiano*, na expressão de Walter Benjamin.[15]

No texto de Mário, a exposição simultânea de dois tempos incongruentes: o sexo livre, "animal", não reprimido, convive num mesmo corpo com as errâncias típicas do desejo reprimido que legislam sobre o rosto e a linguagem. Assim, a libido, dissimulada/ estetizada na superestrutura do rosto pelo pomposo vestuário, não tem o seu correlato causal, que seria o recalque no plano da infraestrutura anal-genital. Então, o estranhamento pode ser formulado assim: como tanta sublimação e tanta elevação ao "belo" (na parte superior do corpo) frente a tal ausência de repressão no hemisfério sul; como tamanha "cultura" pode ser elevada à memória de nenhuma negação da "natureza"? Tal absurdo quer, de fato, deixar entrever, promover, uma nova economia nas relações entre cultura e natureza: o absurdo que se mostra numa história invertida é sinal de uma outra "realidade", a da simultaneidade dos processos que o recalque camufla, e que o simbolismo desvela.

Um passo a mais. A poesia é o lugar que vive disso que só pode soar à razão como um paradoxo, e que consiste (ou insiste) em viver o tempo de antes ao mesmo tempo que o de depois, e que parece indicar pela astúcia de suas operações que, embora conheça todas as especializações da cultura e se beneficie delas, conhece ainda agora mesmo a natureza espantosamente inteiriça. A música que o diga.

É curioso que só tinham concepção de deuses do mal. Um deus bom, não possuíam. A mitologia deles era francamente perversa como o diabo. Aliás, nesse povo tão cheio de bom senso, o conceito do Bem era tão diluído ou indiferente que a bem dizer não existia. Tinham várias frases, com modificações musicais sutis para designar qualquer noção maléfica, mas pra designar a noção benéfica contrária, quando possuíam, apenas uma frase única, genérica e geral. Assim, por exemplo, contei até quarenta maneiras diferentes de dizer "tenho fome", porém não tinham nenhuma expressão para indicar o "estou satisfeito" ou "já não tenho fome". Ora esta era justamente uma das causas da grandeza dos índios Dó-Mi-Sol, pois tinham feito da vida um mal a conquistar, um demônio a abrandar.[16]

O primeiro significante da língua dos Dó-Mi-Sol é a falta, a carência, a ausência. Assim, os movimentos da significação duplicam sempre o vazio, tematizando-o em tudo: o significado exemplar que o narrador toma como referência explicativa é também o da frustração da necessidade, o da fome. A fome como experiência básica do nascido: aquilo que vive, e que foi separado do universo sem desníveis entre necessidade e satisfação, que é o universo da mãe, para transformar-se naquele que necessita e que deseja. O primeiro significante da língua Dó-Mi-Sol é o umbigo: marca mal apagada de uma separação de uma falta, em relação à qual todas as conquistas e as satisfações aparecem como variações — modulações, contrapontos, inversões.

Mais adiante, a carência básica é lançada sobre o eixo da intersubjetividade, e a outra palavra que o narrador toma como exemplar e onipresente é *inimigo*:

> Os Dó-Mi-Sol não tinham nenhuma palavra pra indicar o amigo, o companheiro, o chefe, o proprietário, o escravo, nada disso. Só tinham mesmo uma palavra pra designar a inter-relação entre os seres humanos do mesmo sexo e não da mesma família, e essa palavra era aquela, "inimigo". Mas se pronunciada em fortíssimo, por exemplo, sem deixar de significar fundamentalmente inimigo, a palavra tomava as nuanças de conceituação do "chefe", ao passo que, em pianíssimo, significava "amigo", sem por isso perder a noção preliminar

de "inimigo". A mim, logo de início, desque botei atenção naquela semântica ativa, notei que todos me tratavam num mezzoforte que ia em decrescendo, o que significava, mais ou menos, "inimigo curioso, desprezível por ser de raça inferior". Mas no fim das nossas relações já quase todos, com exceção de uns quatro ou cinco, me tratavam em pianíssimo com tendência crescente, o que não deixou de me sensibilizar.[17]

Nessa passagem d'*O turista*, a palavra "inimigo" (na verdade um "determinado som mais grave", que "por meio do embalanço de um grupeto atingia a quinta superior") é explicada em meio a uma discussão envolvendo o narrador, o intérprete e o filósofo da tribo. Numa língua como essa, em que os significados estão dependentes dos menores matizes do jogo de intensidades, a tradução constitui-se, de fato, numa tarefa difícil: se o significado é o próprio corpo do significante, então não existem sinônimos, e os signos não se traduzem nem no interior da própria "língua", quanto mais na outra. Sendo assim, o contexto narrativo faz das querelas sobre a tradução da palavra uma piada a mais.

[...] pus minhas dúvidas ao intérprete. Este, coitado, não era muito sabido e principiou insistindo forte que o tal fraseio significava "inimigo" sim. Mas o filósofo, que estava ao lado, escutando com paciência, principiou chilreando mansinho e o intérprete escutou, escutou e me esclareceu o caso. É que na língua Dó-Mi-Sol a intensidade da emissão, os fortes, os pianos, os crescendos não só davam variantes de significados às expressões, como as podiam modificar profundamente [...].

Como o "brasileiro" da entonação macia do malandro, de que fala Noel Rosa, a língua Dó-Mi-Sol *não tem tradução*, e como o sonho, só tem interpretação. Traduzi-la é tentar interpretar a rede significante que a fundamenta. A voz do intérprete, então, que sussurra no ouvido de Mário, não passa de mais uma interpretação da interpretação: o turista ouve o tradutor que ouve o filósofo da tribo que ouve o recado, inaudível aos outros, da rede de significantes de sua cultura. "Ora, um corpo verbal não se deixa traduzir ou transportar para uma outra língua. É aquilo mesmo que a tradução deixa de lado. Deixar de lado o corpo é mesmo a energia essencial da tradução. Quando ela re-institui um corpo, é poesia."[18] Baseados nessa observação de Derrida, seria fácil ver a cena Dó-Mi-Sol como a cena da escritura em que o sonho se apresenta através de uma linguagem-corpo-música que só se traduz (reinstituindo-se) em poesia.

> Não há tradução, nem sistema de tradução, a não ser que um código permanente permita substituir ou transformar os significantes conservando o mesmo significado, sempre *presente* apesar da ausência deste ou daquele significante determinado. A possibilidade radical da substituição estaria assim implicada pelo par de conceitos significado/significante, portanto pelo próprio conceito de signo.[19]

Aqui, é a "língua" Dó-Mi-Sol que é desnudada, e através dela, todas. O que se entrevê, então, é que o significado não *permanece* na imagem de um signo estável, mas o que *permanece* é o significante da falta. O percurso da interpretação deixa entrever que a língua fala, o tempo todo, de uma separação, e que é a separação que nos introduz ao *outro* como estranho e "inimigo". Toda a linguagem fala todo o tempo da alteridade. Mas é sob essa alteridade que o desejo canta algo como o impulso de um encontro amoroso. Em surdina.

Não deixa de ser interessante nesse texto o fato de que ele registra o seu processo de composição em fragmentos progressivos, ao sabor das ondulações de uma viagem. Assim, a passagem do episódio dos Pacaás Novos para o da tribo dos índios Dó-Mi-Sol é esclarecedora: assistimos aí ao nascimento de uma imagem dentro da outra. A música, ausente na configuração inicial, no caso dos Pacaás que falam pelos pés, aparece na segunda versão, a dos Dó-Mi-Sol, como o termo capaz de condensar o simbolismo que se esboça, unindo a imagem do corpo dividido à imagem dos signos que ele produz. Num primeiro momento, o sexo tratado como cara e a cara tratada como sexo deixam entrever um *corpo* que é uma *totalidade* erógena, uma zona multiplamente percorrida pelas pulsões, mas cindida, diríamos psicanaliticamente, pela *castração*. A separação das duas caras (separação que pode ter muitos nomes: realidade/prazer, cultura/natureza, vida/morte), marcada pela barra divisória do recalque, funda uma dualidade irrecuperável, que guarda, no entanto, ao fundo (in)visível, a onipresença da libido. Num segundo momento, quando aparecem os Dó-Mi-Sol, os mesmos motivos se estendem à linguagem, e a separação/identidade que se marcava sobre o corpo projeta-se também sobre a *voz*: a música enquanto linguagem do corpo e a linguagem enquanto música da cara deixam entrever uma zona (de linguagem) que é uma totalidade erógena, uma zona percorrida (como o corpo) pelas pulsões, mas cindida igualmente pela castração.[20]

Por isso não há, nessa fantasia de poeta, um dualismo estanque em que uma romântica visão da música como a linguagem sem articulações, sem pai, sem castração, opor-se-ia a uma linguagem verbal articulada, cortante, referencial e dominada pela lei da arbitrariedade do signo. O poeta sabe que a música, musa do movimento contínuo e do silêncio, no limite indivisível, também se articula, regula seu fluxo em fonemas; e que a linguagem, máquina de diferenças/referências reguladas, cede aos movimentos do desejo em seus lapsos, no canto da entoação e nos impulsos (pausas, durações, golpes, pulsações) do ritmo. Talvez o que se afirme aí seja a dualidade mesma que faz a matéria da poesia de Mário: como o corpo que se vela e desvela, a zona em que se encontram linguagem e música figura a dialética do sujeito desejoso de uma reconciliação entre os princípios da realidade e do prazer, reconciliação onde o *fantasma* (fixação de uma satisfação originária, alucinada no inconsciente) fosse finalmente percebido como *real*, "tornando-se imanentes um ao outro".[21] Acontece que, como bem ilustra a alegoria Dó-Mi-Sol, essa imanência não se dá, e nem a música em particular nem a arte em geral podem promover uma fusão dessas "realidades". Mais que isso, a ironia acentua o "ato de dissociação" pelo qual o prazer só intervém na realidade através da falta, do espaço cavado pelas deslocações que promove. A realidade não é revestida de desejo, ao contrário, abre-se num espaço de nudez/mudez através do qual a ordem do desejo pode se insinuar: é desse modo que o artista possibilita uma "interpretação dos dois processos".[22] A alegoria dos Dó-Mi-Sol não nos oferece "um simulacro real da consecução do desejo", mas mostra "pelo jogo de suas figuras a que desconstruções é preciso se entregar, na ordem da percepção e da linguagem (isto é, na ordem do pré-consciente), para que uma figura da ordem inconsciente [...] se deixe adivinhar através do seu furtivo ocultamento".[23] E aqui, efetivamente, através de um movimento de ocultar e despir, aflora-se o limite em que falar/calar e cantar se tocam na corda de um violino, que atravessa um cavalete de silêncio e se amarra ao polo da morte, através da qual a realidade, que se compõe como um manto mal costurado, não para de se abrir ao desejo de uma *outra* coisa.

Outra coisa. A sequência de fragmentos através dos quais Mário vai fazendo a viagem dessa fantasia textual guarda mais um passo além, e nesse passo o cruzamento de prazer e realidade é diretamente projetado numa alegoria social.

No segmento de 18 de julho Mário "registra" a Lenda do Aparecimento do Homem segundo os Dó-Mi-Sol. A tribo se diz descendente dos preguiças, animais sagrados que derrotaram, em batalha mítica do início dos tempos, os guaribas, dos quais descenderiam todas as outras tribos. O que diferencia, pois, os preguiças (e os Dó-Mi-Sol) dos outros é seu "conhecimento muito mais íntimo da vida e da relatividade da afobação. Por isso eles são tão vagarentos".[24] A preguiça dos preguiças recebe, da parte dos Dó-Mi--Sol, dois tipos de "interpretação": os "animalistas" creem que esses bichos sagrados têm suas ações voltadas para o futuro, "cuidando, menos de si, que dos filhos e da raça", por isso mesmo não se deixariam levar pela necessária rapidez de um movimento presente; já os "totêmicos", entre os quais alinha-se decididamente o narrador, afirmam que, justamente ao contrário, os preguiças desconhecem o futuro, e buscam a felicidade na "consciência plena e integral do movimento", onde cada gesto "é feito com uma intensidade profunda, um ato em verticalidade" [...]. "É enfim o que, no sermo vulgaris, diríamos um gesto 'gozado'"[25] (onde vemos curiosamente unidos o gozo e sua destruição, a ironia).

Não é à toa que, depois disso, Mário não tenha mais tocado no assunto nas páginas d'*O turista aprendiz*. É que, de certo modo, os elementos da rede simbólica fechavam, nesse ponto, um círculo. A julgar por esse trecho d'*O turista*, se os homens falassem por música pertenceriam ao clã do bicho-preguiça, deixando o desempenho com vistas ao futuro em troca de uma fruição do puro movimento, passando do primado do princípio de realidade ao primado do princípio de prazer. Essa utopia é formulada e ela mesma ironizada através da incongruência sublinhada que opõe o mundo do turista ao da tribo (e a ironia é o troco, no plano da linguagem, que o princípio da realidade novamente triunfante devolve às investidas do prazer).

A equação irônica, quando se completa, fecha as equivalências entre:

música, sexualidade liberada e ócio,

de um lado, e

linguagem, sexualidade reprimida e trabalho,

de outro. O trabalho subjugado ao *princípio de desempenho*,[26] lugar da chamada *mais-repressão* na sociedade que acumula cada vez mais seus bens sem reparti-los, acorrentado à premência da produtividade que se escoa para um futuro nunca alcançado, ou, diríamos, o *adiamento do prazer*, que funda o princípio da realidade, *tornado ideologia* (instrumento de dominação), faz parte, na fantasia antropológica d'*O turista*, como na psicanálise revisitada por Marcuse e Norman O. Brown, do paradigma da sexualidade reprimida e da linguagem enquanto aprisionamento do fluxo pulsional. Do mesmo modo, o ócio propício ao gozo, a fruição da intensidade do movimento, ou, de qualquer modo, o ato não acorrentado aos fins, timbre do prazer não adiado, vem equiparado à sexualidade liberada e à linguagem entregue às expansões da matéria musical.

O demônio da ironia e da alteridade é que preside, no entanto, a dinâmica desse esquema, e deixa a interpretação marcusiana a uma certa distância. No mundo dos Dó-Mi-Sol, que nos aparece, como seu traje, na forma de uma grandiosa e irrisória abóbada invertida, o corpo é que fala, e, para falar, tem que calar a cara enquanto não corpo; índice da sublimação, da repressão da sexualidade e da sua conversão em trabalho. Os Pacaás Novos/Dó-Mi-Sol trabalham, bem entendido, mas não fazem disso o seu *totem*: daí que invertam todo o mapa do corpo, e a direção dos seus signos.

Na redução ao absurdo da *nossa* em que consiste a *sua* civilização, a alimentação e a linguagem são recalcadas porque são contínuas à repressão da sexualidade e ao trabalho, enquanto a música é assumida como linguagem por ligar-se ao mundo positivo do sexo e do ócio totêmico. Mas nessa liberação permanece uma imbatível zona de ambiguidade: uma voz eleita em nome do princípio do prazer, a música torna-se referencial, e adere ao princípio da realidade; uma vez selada pelo recalque por sua pertinência ao princípio da realidade, a linguagem emerge, como puro prazer, em seu valor "meramente estético". Em suma, permanece valendo a castração como *modelo de articulação* entre duas ordens: o *inconsciente* e o *sistema consciente-pré-consciente*.[27] Mas no caso dos Dó-Mi-Sol o recalque é visto segundo uma ótica invertida: não tendo nada a esconder, não cai de cima para baixo como um golpe de alfanje ou uma túnica, mas se arreganha para o alto como uma cabeleira engomada num dia sem vento; não vem de um sistema secundário que expurgasse os elementos inconscientes para uma região invisível, mas de um processo primário que pudesse expulsar para o limite do recalque como quem sopra uma língua de sogra. É assim que, nessa brincadeira, se mostra a dialética da castração e do desejo. O sopro do desejo, que comanda a fantasia, já que não pode remover a realidade da repressão, procura inflá-la e fazê-la deslizar até que arrebente o riso, ou a figura inconsciente entrevista pela brecha das articulações. É assim que estala, visível, a barra do recalque como mediação irredutível entre os sistemas consciente e inconsciente: em vez de guardar o mapa de um tesouro secreto, ela, assim exposta, promove uma verdadeira queima de estoque, que sugere a emergência de um potencial reprimido. A coisa muda de figura: o chiste algo despretensioso mostra, no espelho tribal, a mesma cultura (a nossa) com outra cara, outra cara estranha, à qual falta a marca registrada do ego de cada indivíduo, o rosto, e na qual sobra o que é igual em todos, o sexo, a nádega indefectível, o comunismo de tipo elementar.

Aí, ao invés de dizer *amigo* positivamente, como falsidade ideológica num mundo da competição generalizada, a possibilidade de, no limite, chegar a calar a voz da inimizade onipresente (que preside a dialética de senhor e escravo) num silêncio musical. Mas o silêncio psicanalítico, mesmo que musical, não pode ser a última palavra da arte. Talvez a primeira. Se o rosto recoberto pela máscara/vestimenta projeta aqui o mundo apolíneo, e a nudez sexual a esfera dionisíaca, a arte é o lugar onde as divindades opostas, que dividem o nosso corpo, podem afinal se irmanar falando reciprocamente a linguagem do outro. "A relação complexa do espírito apolíneo com o instinto dionisíaco [...] deveria, pois, na realidade ser simbolizada por uma aliança fraterna dessas duas divindades. Diónisos fala a língua de Apolo, mas Apolo acaba por falar a língua de Diónisos [...]."[28]

Afinal, posso dizer que nesse quase fortuito episódio d'*O turista aprendiz* está comprometida uma poética, que coincide em vários aspectos com alguns pontos da poética explícita do Mário modernista, mas não em todos, certamente.

Apresenta-se como figura um espaço de eclosão da música na linguagem. Dessa figura faz parte a emergência de traços do processo inconsciente na ordem pré-consciente, como do corpo escondido à luz do seu desrecalcamento. Esse espaço que se abre na linguagem para deixar emergir como figura a música, o inconsciente e a corporalidade é um espaço poético. Mário chamou-o *lirismo* na sua primeira poética, e deu um caráter francamente musical ao processo primário (energia livre, não ligada, não causal) sem contradição e sem linearidade temporal que se imprime ao discurso, e que ele viu como processos de simultaneidade no interior da linha discursiva: "harmonismo" e "polifonismo", "conquistas" da música desde a Idade Média.[29] A poesia de Mário trará, a todo momento, as marcas da presença desse complexo corpo/inconsciente/música.

A poesia é uma linguagem do limiar entre duas ordens: estabilidade do signo referencial (na concepção de "escultura" do "Prefácio interessantíssimo")/figura enigmática do simbolismo inconsciente, a rigor intraduzível. O interessante é que ela não fixa essa dualidade como algo irredutível, mas permite a instauração de um movimento que permeia essas duas ordens, como se ela encontrasse passagens pelas quais uma mesma energia circula entre dois sistemas que não se traduzem. Acontece que dessas duas ordens de articulação superpostas, que lembram o continuum articulado da canção, uma delas, a da linguagem, é a ordem do que é dito (e que interdita, ao nomeá-lo, o puro gozo), a outra, a da música, é a daquilo que permanece como não dito. Entre as lacunas deixadas pela superposição dessas duas ordens transparece a figura de um outro reprimido: entrevemos o conhecido no desconhecido.

Quando se preocupa com a questão da força política da poesia, e de seu compromisso com o popular, Mário considera que essa força é antes de tudo manifestação do desejo na linguagem, através de um sentido que se deixa modelar e mobilizar pelas pulsões, preferindo assim a fluidez da "palavra musical" (que vê em Fagundes Varela) à estaticidade da "palavra escultórica" (que vê em Castro Alves).

Na arte estão comprometidos, como dois hemisférios de um corpo dividido e uno, o "feio" do caos dionisíaco e o "belo" da ordenada sublimação apolínea. Como Orfeu que desce aos infernos para ver em Eurídice a imagem do desejo perdida nas trevas, empreendendo uma fracassada subida no sentido de trazê-la à luz do dia, o poeta devassa o limite que separa esses dois mundos. Aqui também, na alegoria contida n'*O turista aprendiz*, o hemisfério sul ("não existe pecado ao sul do equador") do corpo é o hemisfério da "desordem" pulsional, enquanto o hemisfério norte é o da ordem regulada pela repressão, da sublimação da sexualidade em sua estetização, que traduz o apelo da excitação genital num vestuário ornamental, que esconde e mostra a libido ao mesmo tempo, em sua conversão estetizada. Exibem-se dois tempos da produção artística, simultaneamente: da base do "feio" (isto é, da "desordem" nua dionisíaca) projeta-se para o alto o "belo" (representado pelo vestuário dos Pacaás Novos). Mas como se trata de uma figura dionisíaca, não há feio nem belo; apenas ecos paródicos dessa distinção.

Tal constelação de figuras, que se cristaliza no par mitológico Apolo/Dioniso, constitui já um modelo cultural de visão da música pela literatura, e é ele mesmo que engendra o romance fáustico de Thomas Mann, e lhe dá a dimensão trágica: ali, o destino do músico alemão, Adrian Leverkühn, é traçado simbolicamente pelo vírus venéreo que penetra pela *genitália* e faz um terrível percurso até o cérebro. O dionisíaco toma de assalto a consciência sob a forma de uma regressão degradada que simboliza a Alemanha se desintegrando sob o pesadelo nazista. O percurso da obra de Mário de Andrade, procurando o mensageiro que ponha em conexão o apolíneo e o dionisíaco, a música e a literatura, os dramas do sujeito refletidos na cultura popular e no destino do país, pode, de certo ângulo, ser lido também como um "romance" fáustico, que tem seus momentos cardeais nas "Enfibraturas do Ipiranga", no *Macunaíma*, no *Café*, e n'*O banquete*, todas elas obras onde se estabelece um compromisso entre a forma literária e a música.

Para isso, teríamos que ver a recorrência da música na literatura de Mário de Andrade como a recorrência de um mito que se origina ali mesmo, no vão entre as duas artes. Esse mito move a tensão entre Apolo e Dioniso (como lemos no poema "Carnaval carioca") e promove a dança dramática em que a sociedade se vê através da morte e renascimento da força vital (como vemos nas "Enfibraturas do Ipiranga", no *Café* e no *Macunaíma*).

O que é que a Bahia tem?

*Mas foi do seio da Bahia
meu primeiro eterno bem
na Bahia eu conheci
na Bahia eu disse amém
sou baiano também*[1]

É sabido que, desde longa data, a Bahia povoa canções brasileiras com "suas tradições, suas lendas e crenças, seus dengues, suas comidas", sendo motivo de encantamento "de poetas e escritores, de artistas e seresteiros", como já dizia Jota Efegê falando de Sinhô.[2] O livro de Luiz Americo Lisboa Junior, *A presença da Bahia na música popular brasileira*, comprova esse fato à saciedade, fazendo o exaustivo inventário temático dos registros fonomecânicos e elétricos gravados de 1902 a 1964.[3] Impressiona ali como a profusão de ioiôs e iaiás, de bonfins, dendês, canjerês, mungunzás, balangandãs e dengos, sem falar na morena baiana em torno da qual tudo gira, vem de longe, e certamente de muito mais longe do que essas próprias gravações. Trata-se de um tópos recorrente, um lugar comum feito do retorno incansável dos mesmos elementos, parecendo dizer por meio deles algo que eles nunca são suficientes para dizer.

O maxixe "Cristo nasceu na Bahia", de Sebastião Cirino e Duque, gravado em 1926 por Artur Castro, destaca-se da multidão dos exemplos pelo sucesso que fez, por ter se tornado conhecido pela graça de sua frase-título, mas também, e mais que isso, por decantar alguns dos aspectos principais que dão forma ao mito. "Dizem que Cristo nasceu em Belém/ A história se enganou/ Cristo nasceu na Bahia, meu bem/ E o baiano criou": a estrofe é uma pérola do jogo de palavras aplicado à fabricação poética desse mito de origem fundado na pura molecagem. Com um engenhoso salto implícito, desloca a Belém da Judeia para a Belém do Pará, e daí para uma Bahia onde Cristo se criou e foi criado. É no refrão, no entanto, que se encontra a fórmula verbal que será tantas vezes retomada quando a Bahia virar, mais tarde, uma das modas mais insistentes na música de rádio dos anos 1930 e 1940: "A Bahia tem vatapá/ A Bahia tem caruru/ Moqueca e arroz de hauçá/ Manga, laranja e caju". Com suas enumerações inumeráveis apoiadas no verbo "ter", essas canções parecerão estar sempre respondendo, ainda que por meio de uma espécie de permutação incansável dos mesmos termos, à pergunta sobre certo *não sei quê* irrespondível: o que é que a Bahia *tem*?

Mas o grande surto de exaltação à Bahia na radiofonia brasileira, que participa do processo de construção do imaginário nacional no período Vargas, com ampla extensão internacional por intermédio de Carmen Miranda, tem em "No tabuleiro da baiana", de Ary Barroso, em 1936, um ponto de inflexão. Composto por encomenda de uma revista musical, meio por acaso e por obrigação, segundo o compositor, o samba fez pronto sucesso nas vozes de Carmen e Luís Barbosa. Foi o bastante para que Ary Barroso, esse "oportunista genial", dotado de "extraordinária capacidade proteica", no dizer de Antonio Risério,[4] não desperdiçasse o flanco que se abria com o notório interesse demonstrado pelo grande público por esse filão temático. Em "No tabuleiro da baiana", Ary desenvolvia e ampliava a seu modo, aliás, aquela fórmula presente em "Cristo nasceu na Bahia" ("A Bahia *tem*"), dizendo: "No tabuleiro da baiana *tem*/ vatapá, oi/ caruru/ mungunzá, oi/ tem umbu/ pra ioiô".

Em tantas outras canções esse mesmo expediente voltará, arrolando aqueles bens que a Bahia dispõe com prodigiosa prodigalidade, parecendo não parar de *ter* alguma coisa que secreta em todas as suas prendas, sem que se deixe capturar inteiramente em nenhuma (comidas, frutas, corpo, requebrado, música aliciante, tudo com sabor afro, lubrificando a história da escravidão com sua abundante erótica vestual e gastronômica). Talvez por causa da própria repetição dos seus objetos diretos, o verbo "*ter*" ganhe aí um aspecto intransitivo e tautológico: mais do que ter as coisas, a Bahia das canções sobre ela mesma é o lugar onde, simplesmente, *tem*. Repito: o lugar da prodigalidade e do prodígio, onde o ser da vida se oferece em estado de franco oferecimento ao desfrute.

Francisco Bosco faz uma observação sobre Dorival Caymmi que vem ao encontro disso: com sua "adesão incondicional ao mundo da imanência", Dorival "está interessado apenas no que o mundo tem, no que tem no mundo". Homólogo à Bahia, como se tirasse todas as consequências da lição do lugar, "Caymmi é o cancionista do que *tem*", insiste Bosco (e a reiteração é, aqui, uma das chaves da questão).[5] Pode-se dizer, assim, que ele depurou e quintessenciou o traço geral que se manifesta nas canções de louvação à Bahia ("A Bahia tem"), levando-o ao cerne sintético de sua poética pessoal e de sua própria relação com o mundo.

Voltando a "No tabuleiro da baiana". Nela, Ary Barroso dobrava a aposta contida naquele traço geral dizendo o que *tem*, não só no tabuleiro, mas no *coração* da baiana: uma mistura de "sedução, oi/ canjerê/ ilusão, oi/ candomblé". Assim fazendo, equacionava poeticamente os bens físicos e afetivos, materiais e imateriais, que compõem o acervo dessa personagem-entidade, e projetava na "baianinha" a figura de um amor sedutor e esquivo, "fugaz e enganador", objeto do desejo que se apresenta ao mesmo tempo que escapa. Diferentemente da Bahia de Dorival Caymmi, a Bahia do mineiro de Ubá é banhada na nostalgia do impossível, do desejo do irrealizável, do que "nasceu, cresceu, viveu e *lá ficou*" ("Quando eu penso na Bahia", 1937) — *lá*, nessa "terra da felicidade" que deixa o sujeito "morrendo de saudade", pedindo ainda ao senhor do Bonfim que arranje "uma morena igualzinha" que substitua a morena perdida ("Na Baixa do Sapateiro", 1938).

Já Dorival Caymmi, quando colocado diante da saudade irremediável, negocia com o vento, esse parceiro e compositor de cantigas ("ó vento que faz cantigas nas folhas, no alto do coqueiral"), induzindo-o a jogar "uma flor no colo/ de uma morena em Itapoã", enquanto traz o bem perdido (condensado no ideograma formado por *coqueiro, areia* e *morena*) para o colo da própria canção ("Saudades de Itapoã", 1948). Extraordinária estratégia de consolo da melancolia, em que não há lugar para a queixa.

Antonio Risério observa que Ary Barroso está, em relação à Bahia, na posição do visitante, isto é, do fascinado desejante de fora, enquanto Caymmi é o próprio nativo dessa "utopia de lugar", fato que se manifesta nas mais íntimas refrações de suas canções.[6] Também na posição do visitante fascinado está o sujeito de "Bahia com H" (1948), samba do paulista Denis Brean, que pede licença à entidade, com máxima vênia, para *fazer-se baiano*. Fundindo a tópica da cidade na sua topografia (Baixa do Sapateiro, Charriô, Barroquinha, Calçada, Taboão, sobrados, igrejas, santos, ladeiras e montes), candidata-se a penetrar, ainda que "um pouquinho só", no "segredo" quase iniciático do lugar prodigioso. Talvez se possa dizer que "Faixa de cetim" (1942) é, a seu modo, a "Bahia com H" de Ary Barroso, sua senha de adoção poética, em que o eu lírico diz: "Quando eu nasci/ Na Cidade Baixa/ Me enrolaram numa faixa/ Cor-de-rosa de cetim".

Mas o fato é que Ary Barroso desovou, em três anos, de 1936 a 1938, três canções emblemáticas como decantação do mito da Bahia no imaginário brasileiro — "No tabuleiro da baiana", "Quando eu penso na Bahia" e "Na Baixa do Sapateiro" —, dando nova espessura a esse tópos antigo, prolífico mas até então incidental, e abrindo passagem a uma leva de canções do mesmo teor, compostas às vezes por oportunistas não necessariamente geniais.

É um acontecimento de grande importância simbólica, em meio a esse processo, a passagem de bastão de Ary a Dorival, ocorrida em 1939 por um desses acasos objetivos em que o fortuito acaba precipitando uma verdadeira revelação. A participação da canção "Na Baixa do Sapateiro" na película *Banana da terra*, cantada por Carmen Miranda, fora inviabilizada por um impasse financeiro envolvendo Ary Barroso e a produção do filme. Procurando um substituto de urgência, topou-se com nada menos que o compositor e cantor chegado havia pouco tempo ao Rio, isto é, Dorival Caymmi — a própria Bahia em *sua mais perfeita tradução*, trazendo na bagagem a música pronta para cair como uma luva, não só no cenário já pronto do filme mas no cenário da música nacional e depois internacional: "O que é que a baiana tem".

Iniciado pela frase entoativa da pergunta que lhe dá nome, o samba cai logo no requebrado da decantação dessa verdadeira baiana da qual emanam, da cabeça aos pés, sortilégios, feitiços, propriedades anímicas, sensuais e religiosas.

Apesar de arquiconhecida, vale refrescar a memória e relembrar a letra, para efeito dos nossos comentários:

O que é que a baiana tem?
O que é que a baiana tem?
Tem torço de seda, tem (tem)

Tem brinco de ouro, tem (tem)
Corrente de ouro, tem (tem)
Tem pano da costa, tem (tem)
Tem bata rendada, tem (tem)
Pulseira de ouro, tem (tem)
Tem saia engomada, tem (tem)
E tem sandália enfeitada, tem (tem)
Tem graça como ninguém
O que é que a baiana tem?
Como ela requebra bem

Quando você se requebrar
Caia por cima de mim
Caia por cima de mim
Caia por cima de mim
[...]
Um rosário de ouro
Uma bolota assim
Quem não tem balangandãs
Não vai no Bonfim

Não é preciso dizer que o sintagma paradigmático "a Bahia tem" é elevado aqui ao seu grau máximo e convertido no bate-rebate de sílabas percussivas que molda cada verso: *tem... tem (tem)*. Ele se torna não apenas temático, mas fortemente icônico. O verbo "ter", monossilábico, converte-se na célula rítmica pulsante com a qual se funde. A fórmula recorrente em tantas outras músicas é decantada e condensada. Com isso, o ouro dos brincos, da corrente, da pulseira, do rosário, o requinte variado dos tecidos — seda, bata rendada, pano da costa, saia engomada —, o foco visual que desce dos brincos aos pés, aos quais se encaixa a sandália enfeitada, mais os ornatos pendentes, a bolota e os balangandãs (amuleto que dá misterioso acesso ao lugar sagrado do Bonfim), tudo configura, mais que a descrição pitoresca de um tipo, a consagração de um objeto cultual que guarda atributos de fetiche.

Uso de propósito essa palavra que tem tantas implicações no campo da antropologia, da teoria psicanalítica e da teoria econômica. "Fetiche" vem da palavra portuguesa "feitiço", e faz-se presente nas mais variadas línguas do mundo a partir de uma origem que remonta às relações transculturais entre navegadores portugueses, comerciantes holandeses e populações nativas na costa da Guiné, nas então chamadas Costa do Ouro e Costa dos Escravos. "Populações mestiças teriam como código importante os fetiches e suas funções protetoras", envolvidas tanto "em encantamentos domésticos derivados de costumes pagãos medievais quanto [em] práticas mágico-religiosas comuns na África ocidental".[7] Se nos ativermos a uma definição genérica, trata-se de um objeto enfeitiçado e enfeitiçador que dispõe de qualidades mágicas ou eróticas. A baiana dispõe das duas, ocupando esse entrelugar sensual e religioso em que tudo parece dispor de um valor anímico — com destaque para os *balangandãs* —, incluindo algo que está fora do descritível e que emana diretamente da música e do poder arrebatador de seu requebrado ("quando você se requebrar/ caia por cima de mim/ caia por cima de mim/ caia por cima de mim"). É significativo que uma descrição muito parecida do vestuário, dos ornamentos e do apelo carismático das baianas ritualmente vestidas apareça num romance como *Memórias de um sargento de milícias*, de Manuel Antonio de Almeida, escrito em 1852-53. A passagem é reveladora do quanto o poder atrativo da figura emblemática da baiana não é meramente circunstancial e epidérmico, não se resume a uma construção ideológica da época do Estado Novo (sem descartarmos, evidentemente, esse viés) e guarda camadas e camadas de sentido sobrepostas que remetem ao seu substrato colonial.[8]

A cena do romance, passada "no tempo do Rei", nos inícios do século XIX, diz respeito ao *rancho das Baianas* que desfilava à frente da "procissão dos ourives", "atraindo mais ou tanto como os santos, os andores, os emblemas sagrados, os olhares dos devotos", e compunha-se de "um grande número de negras vestidas à moda da província da Bahia [...], e que dançavam nos intervalos dos *Deo gratias* uma dança lá a seu capricho".[9] A narração é enfática quanto ao fascínio que essa presença despertava, sendo as baianas a possível "causa principal" do fato de que "ninguém ficava em casa no dia em que ela saía", "achavam todos meio de vê-la", havendo alguns "tão devotos, que não se contentavam vendo-a uma só vez; andavam de casa deste para a casa daquele, desta rua para aquela, até conseguir vê-la desfilar de princípio a fim duas, quatro e seis vezes, sem o que não se davam por satisfeitos".

A descrição a seguir lembra a de Caymmi — ou a de Caymmi lembra a de Manuel Antônio de Almeida — pela luxuosa exposição dos detalhes, pela exibição minuciosa dos ornatos e pelo seu caráter exaustivo, que abrange uma visão da cabeça aos pés:

> As chamadas Bahianas não usavam de vestidos; traziam somente umas poucas de saias presas à cintura, e que chegavam pouco abaixo do meio da perna, todas elas ornadas de magníficas rendas; da cintura para cima apenas traziam uma finíssima camisa, cuja gola e mangas eram também ornadas de renda; ao pescoço punham um cordão de ouro e um colar de corais, os mais pobres eram de missangas; ornavam a cabeça com uma espécie de turbante a que davam o nome de *trunfas*, formado por um grande lenço branco muito teso e engomado; calçavam umas chinelinhas de salto alto e tão pequenas, que apenas continham os dedos dos pés, ficando de fora todo o calcanhar; e além de tudo isto envolviam-se graciosamente em uma capa de pano preto, deixando de fora os braços ornados de argolas de metal simulando pulseiras.

Não é preciso dizer que o rancho das Baianas, essa espécie de bloco de Carnaval incrustado numa procissão, prefigura a ala que se tornaria obrigatória nas escolas de samba do Rio, nem que nelas se cruzam o sagrado e o profano, o religioso e o erótico, e que o romance documenta uma atração de longa data, na vida brasileira, pelo feitiço emanado por essa figura feminina (sexual e também maternal, em certas condições), que converte a subalternidade da condição social e racial em esplendoroso "luxo só", como dirá, da sua parte, o samba de Ary Barroso ("É luxo só", 1957). Foi a estilização ostensiva desse imaginário encarnado que entrou em jogo na *montagem* da figura de Carmen Miranda como baiana, saltando da Urca para a Broadway e tomando, no cinema americano, a dimensão exorbitante da diva *camp*. Até então Carmen já cantava e decantava a Bahia, mas não tinha incorporado ainda a baiana nas roupas e nos trejeitos, o que fez, nesse primeiro momento de virada, sob a direção (cênica e de figurino, digamos) de Caymmi a partir de "O que é que a baiana tem".

Com ele, a baiana ganhava um corpo ritual, mais que o elogio de suas graças individuais, e isso graças às qualidades antropológicas que emanam do modo como seu traje é esmiuçado.[10] No afã de "qualificar" a baiana, como ele mesmo diz, traduzindo-a para o mundo do Sudeste, o compositor evocava peça por peça a intrincada urdidura do vestuário da "crioula com a roupa de dia de festa", em que entram o "torço" que no Sudeste chamam turbante (e em Manuel Antônio de Almeida *trunfa*"), o pano da costa que no Rio "chamariam de xale", as correntes de ouro "que Mãe Menininha usava", chegando ao requinte de um detalhe intrigante por ser mínimo e ao mesmo tempo altamente chamativo: "aquela sandaliazinha que fica com o calcanhar meio de fora, com aquele salto fino", diz Caymmi,[11] coincidindo em cheio com as "chinelinhas de salto alto e tão pequenas, que apenas continham os dedos dos pés, ficando de fora todo o calcanhar", segundo as palavras do romance. Detalhe em zoom que parece reforçar ali o pendor para o fetiche (o *fetichismo* não enquanto perversão, mas, mais difusamente, como parte do corpo emanadora de atributos indizíveis, gozando caber e não caber no calçado diminuto e ornamentado que a contém).

Tudo isso é inseparável da música, com a qual também faz corpo. Caymmi não fala apenas *sobre* a Bahia em samba, mas corporifica na forma do samba a Bahia. Como ele mesmo diz, o samba na Bahia segue "um estilo [...] de mote e glosa, é você abrir um estribilho e o outro responder. É o samba de umbigada, samba de rua [...]".[12] No caso que estamos tratando, o mote é literalmente uma pergunta — "O que é que a baiana tem?" —, enquanto a glosa é toda a enumeração descritiva circular, recorrente, reiterativa, que responde ao mote. O samba requebrado de Caymmi é, assim, mais concentrado que os de Ary Barroso e os de todos os outros apologetas da Bahia, isto é, minimalista, construído com motivos curtos e recorrentes, bebendo mais de perto nos atributos repetitivos tão próprios das músicas africanas.

Mas há, quanto a isso mesmo, outro aspecto fundamental a ressaltar. Alguns músicos e estudiosos vêm mostrando o quanto as bases rítmicas da música popular brasileira estão assentadas no código dos toques de candomblé, que conteriam as chaves, ou *claves*, de uma complexa lógica estrutural interna. O saudoso percussionista argentino Ramiro Musotto, que se tornou baiano também, foi um dos que começou a levantar na prática o véu que cobre essa realidade, numa operação de grandes consequências para o entendimento da música brasileira como trama articulada de células rítmicas afro-brasileiras. O trabalho musical de Letieres Leite, por sua vez, é fundado em grande parte sobre o conhecimento desses toques que se comportam como células geradoras de possibilidades rítmicas e conformadoras de gêneros musicais. No candomblé, a estrutura básica da clave é ditada pelo som metálico do *gam*, essa espécie de grande agogô, e completada pelos três atabaques — *rum*, *rumpi* e *lé* —, os quais se entretecem na trama de repetições e diferenças que forma cada toque, seja ela o *aguerê*, o *alujá*, o *daró*, o *opanijé*, o *wassi*. O *congo*, por exemplo, está na base de certas modalidades de samba e, associado a outro toque conhecido como *ramunha*, fez-se a base franca do funk carioca.

Mas a clave de candomblé que sustenta, mais que todas, a corrente principal do samba, *é uma só*: o *cabila*. Foi aproximadamente ela que Radamés Gnattali monumentalizou no arranjo de "Aquarela do Brasil", trazendo à tona, e sinfonizando-a, a célula rítmica que normalmente é conduzida pelo tamborim (sinfonização que dá a Ary Barroso certo aspecto de "Villa-Lobos mirim", tal como o chamou Vasco Mariz).[13] Esse procedimento é o exato oposto, podemos dizer, daquele que preside a introdução de João Gilberto para o "Samba da minha terra" de Dorival Caymmi, na qual é como se João radiografasse o toque do *cabila* que subjaz ao samba, dando desse vínculo matricial uma demonstração cabal, mesmo que implícita. Trata-se de uma exposição da célula rítmica que não se dá no nível da *mensagem*, como no caso de "Aquarela do Brasil", mas no nível do *código*.[14]

(O produtor musical Alê Siqueira, que viveu anos trabalhando na Bahia, conhecendo de perto e analisando a maquinaria rítmica das *claves*, prepara uma cartilha sonora cujos exemplos de inter-relação estrutural entre música de candomblé e diferentes gêneros da música brasileira são eloquentes. Para isso, conta com a colaboração do percussionista Gabi Guedes, alabê do Gantois, com o qual gravou um extenso repertório de toques cujo manejo digital permite cotejá-los analiticamente com diferentes amostras de gêneros musicais. Foi num de seus exemplos que me deparei com a demonstração prática da interação entre *cabila* e "Samba da minha terra", na interpretação desveladora de João Gilberto. E com quanto esse código de claves/toques se irradia por toda a música popular brasileira a partir da Bahia.)

Em suma, certa proximidade e intimidade quase secreta do samba com o candomblé — que aliás *já é* assim, na origem e na estrutura do gênero — dá aos sambas requebrados de Caymmi uma propriedade singular que se alia aos motivos baianos da letra, fazendo de tudo *uma coisa só*, consubstanciada num ícone poético-musical que é também um amuleto e um feitiço.

Algumas rápidas considerações finais de ordem mais interpretativa. O lugar da Bahia na vida brasileira inclui uma sobreposição muito única de *inclusão* com *exclusão* cruzadas, se tomarmos como referência os marcos da teoria da cultura baiana tal como formulada por Antonio Risério. Desde o "eclipse do açúcar" e dos "primeiros brilhos do ouro mineiro", mais a mudança da capital colonial para o Rio, Salvador perde a centralidade, o protagonismo político-econômico e, mais que isso, passa a ocupar uma posição à margem da engrenagem produtiva brasileira, na qual só vem a se engatar na segunda metade do século XX, quando passa a girar velozmente na "roda-viva do capitalismo industrial". No entretempo, converter-se-ia "em remansoso reduto da economia urbana pré-industrial", "vagarosa estância" onde o tempo passa mais lento e circula sobre si mesmo como uma espécie de reserva de passado.[15] Caymmi seria o extraordinário estilizador dessa condição histórica.

Pois, segundo ainda Risério, o que há de "crepuscular" nessa exclusão relativa do primado econômico se faz acompanhar de uma inclusão singular na constituição de um "corpus de cultura" distinto de outras regiões do país: a chegada de "ondas sucessivas" de iorubanos que, mesmo escravizados, são decisivos para a configuração de uma cultura "fundamentalmente luso-banto-jeje-nagô". É dessa conjugação diferencial que vem o repertório de comidas, vestuário, sensibilidade, sensualidade, religiosidade (Bonfim mais candomblé) que as canções não cansam de exaltar desde muito tempo como aquilo que só a Bahia *tem*. Costurando tudo, uma rítmica em que está urdido um complexo código de células matriciais que alimenta a música brasileira e que se constitui numa espécie de *lugar fora das ideias* que ainda está para ser devidamente analisado.

Assim, o isolamento histórico da Bahia terá feito dela, aos olhos do Brasil, uma espécie de prodigioso reservatório à parte, funcionando em outro tempo — tempo de feição *utópica* pela sua disponibilidade congenial para a existência "improdutiva" —, e contendo dons especiais em que se incluem tesouros de um passado colonial perdido e signos da escravização azeitados pela música e culinária exuberantes, tal como comparecem nas canções. Um escravismo lubrificado pelo paternalismo, do qual são índices dolentes os sempre presentes ioiôs e iaiás. Nessa figuração imaginária, mas ancorada numa diferença efetiva, a Bahia é vista como detentora de dons atemporais mas pulsantes que, soando a contrapelo das imposições mais impositivas da produção, se investem de uma espécie de *fetichismo da não mercadoria.*

É essa mesma Bahia, indissociável do mito de uma cultura engendrada em condições pré-modernas e mais livre das lógicas de mercado, que porá esses mesmos elementos pra rodar no mercado das diferenças culturais, da indústria do turismo e da comercialização da cultura, à medida que se impõe à cidade de Salvador, a partir dos anos 1970, a industrialização e a predação aceleradas.

Dorival Caymmi, operando entre uma Bahia que em muito já acabara, a qual ele rememora e estiliza, e outra que ainda não tinha vindo, é a mais moderna tradução dos nichos socioculturais arcaicos que saltam fora de si através dele, como se, brilhando nele, pudessem enfim desaparecer.[16] O "Buda nagô" da canção de Gilberto Gil está para a canção popular brasileira como Alberto Caeiro está para os heterônimos de Fernando Pessoa: como Caeiro, o baiano *adepto incondicional da imanência* é o mestre que ensina a lição mais simples e difícil, a de que *isto é isto* — de que *coqueiro é coqueiro, areia é areia* e *morena é morena*, e que o mar, que é bonito quando quebra na praia, *é bonito.*

As canções praieiras são uma espécie de dimensão mais recôndita e dilatada do significado de Salvador em Caymmi. Distante do centro urbano e quase inacessível, a comunidade pesqueira de Itapoã era então a Bahia da Bahia: se esta já estava, durante o longo período de ostracismo a que nos referimos, escanteada na periferia do desenvolvimento brasileiro, Itapoã é o escanteio do escanteio, o círculo ao quadrado, o nicho mais profundo desse isolamento radioso. O que deixa um rastro luminoso de canções que não abrem mão de sua potência mitopoética.

"Tarde em Itapoã", de Toquinho e Vinicius de Moraes, se despida dos clichês com os quais é comumente vestida, revela-se uma excepcional meditação madura sobre o tempo ao longo do gozo pleno de um dia. Assim também a maravilhosa "Itapuana", de Cezinha Mendes e Arnaldo Antunes, cujo frescor sabe brotar da saturada consciência das canções acumuladas, que até "os coqueiros já conhecem". "Itapuã" de Caetano Veloso faz dela o lugar em que "tudo esteve" e que "ninguém nos arranca", mesmo com o sabor amargo da corrosão. Para Caetano, a Bahia é o *recôncavo* e o *reconvexo* ("Reconvexo"), o verso e o reverso, voltada para si e aberta ao mundo, verdadeira porque "sabe ser falsa" e, assim sendo, ser "a falsa falsa" — "pós-americana", "transafricana", "neoasiática" e "supralusitana" ("A verdadeira baiana").

Tudo isso resiste no mito, na utopia e na verdade de uma experiência poética e musicalmente decantada. Afinal, o que é que a Bahia tem? A pergunta não admite, na verdade, uma resposta cheia. Só aquelas respostas que resvalam no não dito, na "besteirinha de nada" que muda tudo, num certo *je-ne-sais-quoi*, no lacaniano *objeto pequeno a*, no *bim bom*, no *é só isso o meu baião*. O destino de uma palavra iorubá — *axé* — parece conter de maneira complexa o fetichismo da não mercadoria na sua expressão mais pura, e ao mesmo tempo o fetichismo da mercadoria em sua expansão mais voraz e vital, no destino da Bahia.

Mas foi no H da Bahia ("isso é velho, é do tempo/ em que já se escrevia Bahia com H"), no puro significante para além do som e do sentido, que o paulista compositor de "Bahia com H" entendeu o essencial do essencial: *dá licença de quê, meu senhor?* De gozar. A vida.

Viagem do recado

RESUMO DO RESUMO

A obra de Guimarães Rosa é um imenso recado do cerrado, cuja biodiversidade extraordinária se inscreve em cada linha. O ataque ao bioma, que vem se aprofundando desde os anos 1970 e que se agrava hoje, junto com a catástrofe ambiental global, leva a relê-la com outros olhos e ouvidos (sim, trata-se de ler também com os ouvidos). Na trilha dos recados despertados pelo conto "O recado do morro", a leitura nos reconduz ao núcleo e ao nó da maravilha e da devastação. O recado continua a mandar sinais inesperados. Vamos seguir, aqui, por uma viagem que não é curta — indo a pé e partindo do que há de mais chão.

Reduzida ao básico, "O recado do morro" (novela central em *Corpo de baile*, 1956)[1] é a narrativa de uma viagem de ida e volta entre Cordisburgo e os Gerais na qual um grupo leva um naturalista nórdico a conhecer o sertão. Em certo ponto do percurso a comitiva depara o caminhante Gorgulho, também nomeado Malaquias, "homenzinho […] todo arcáico" e morador de uma gruta no recesso "mais brenhoso e feio da serra grande". Em meio a seu falatório engrolado, cheio de si e de zanga, pontuado de estridências e silêncios, ele enuncia um aviso obscuro que diz estar ouvindo do Morro da Garça. "— Que que disse? Del-rei, ô, demo! Má-hora, esse Morro, ásparo, só se é de satanaz, ho! [...] E que toque de caixa? É festa? Só se for morte de alguém... Morte à traição, foi que ele Morro disse. Com a caveira, de noite, feito História Sagrada, del--rei, del-rei!..." No decorrer da viagem o estranho anúncio é retomado por seis outros recadeiros que o vão alterando conforme o repassam, até que, convertido em canção, incide sobre a vida do protagonista — o guia estradeiro Pedro Orósio — fazendo-o decidir o seu destino.

Entre delirante e visionária, a imprecação confusa de Gorgulho é desacreditada e esquecida pelos viajantes, mas vai seguindo seu rumo à medida que é ouvida e passada adiante, ao sabor dos encontros e dos acasos, por um inventor de invencionices que pensa casar-se com uma Vênus platinada de folhinha; por um menino esperto e curioso empenhado em deslindar o sentido das palavras que o intrigam; por um prestimoso "bobo da Fazenda" que leva recados e doces de propriedade em propriedade, ligando todos os caminhos e perdendo-se entre eles; por um profeta sertanejo tomado pelo sentimento do fim do mundo iminente, clamando pela conversão de quem o escute; por um outro que se acha dono de tudo quanto existe e que se ocupa em calcular a soma infinita de seus bens rabiscando contas pelas paredes; por um violeiro cantador que toma o que ouviu como matéria da canção composta por ele (em parceria implícita com todos os outros).

A cada vez que são retransmitidas, as palavras sibilinas vão sofrendo alterações: equívocos, glosas, ajustes e desajustes. Tais ruídos de comunicação não levam, no entanto, como seria de esperar, à desordenação crescente e sem volta. Ao contrário, as exclamações da primeira aparição, cortada de impropérios, interrogações, suspensões e apelos, acrescida das manias de cada um e das tentativas de dar conta de uma mensagem elíptica e inconclusiva, vão acumulando elementos novos e reforçando outros, até ganharem coerência narrativa e a força encantatória da poesia/música. Vazada em sextilhas e redondilhas, a canção narra a luta de morte sanguinária e tremenda entre um rei e seus sete guerreiros traidores.

A comitiva tem à frente o guia e enxadeiro Pedro Orósio, também chamado Pedrão Chãbergo ou Pê-Boi, "catrumano dos Gerais" viajando a pé, seguido de três homens de poder e saber, perfilados lado a lado como "gente de pessoa" a cavalo — o fazendeiro seo Jujuca do Açude, o sacerdote frei Sinfrão e o naturalista seo Alquiste ou Olquiste —,[2] seguidos do tropeiro Ivo Crônico ("Ivo de Tal, Ivo da Tia Merência"), que vai atrás "tangendo os burros cargueiros". Podemos ver nos três homens montados uma espécie de cortejo emblemático da elite colonial brasileira, para retomar os termos de Alfredo Bosi ao analisar as modulações verbais da palavra "colonização": o *colonizador*, homem do domínio e do trato com a terra; o sacerdote, homem do *culto* religioso; e o intelectual pesquisador e escritor, homem da *cultura* letrada (as três palavras derivando do verbo latino *colo*).[3] Mais especificamente, o fazendeiro meio agrônomo e meio veterinário, agente do verbo no seu sentido primeiro, territorial e agrícola (*colo* significando o ato de "habitar", "cultivar", "tomar conta" e "mandar"); o frei franciscano, cuja fala "sotaqueava", emissário do sentido cultual e religioso do verbo *colo* no particípio passado *cultus*; e o representante da carga abertamente simbólica de que se investe a palavra no particípio futuro *culturus*, isto é, seo A/Olquiste, misto de botânico, zoólogo, mineralogista e filólogo, que se pode entender também como um alter ego do escritor em viagem, com seus óculos, máquina "codaque" e caderneta de campo, anotando tudo que vê e tudo que ouve, remedindo cada passo do caminho e dando a cada pequena coisa "um mesmo engraçado valor".

A composição do grupo, em forma de cruz, completa-se com os dois já citados trabalhadores não letrados que vão respectivamente à frente e atrás, o roceiro Pedro Orósio (guia estradeiro que também "trabucava forro, plantando à meia sua rocinha") e o tropeiro Ivo Crônico (o único da mesma condição — da mesma "igualha" de Pedro —, vivendo de seu "trabalho braçal"). Embora companheiros capazes de "entreter presença de conversa", e distintos das "pessoas instruídas, gente de mando", Pedro e Ivo são personagens do conflito subjacente que assombra a viagem em segredo. Pois disputas amorosas mal resolvidas fazem com que o último, aliado a seis capangas ocultos, esteja urdindo uma emboscada contra o primeiro, que desconhece até o momento final (assim como nós, leitores) o que se arma contra ele, enquanto hesita entre prosseguir na sua vida de "bandoleiro namorador" errante ou voltar a seus Gerais de origem, movido por uma suposta vontade de assentar vida e casar-se (vontade que, no entanto, lhe falta).

Variações de violência e vingança envolvendo sexo e mando, em que homens se entrematam por causa de mulher, já eram dominantes em *Sagarana* (1946). No mundo patriarcal sertanejo a posse da mulher é o imperativo no qual está jogado e decidido o poder do homem. Essa regra patriarcal não só se impõe pelo alto, entre proprietários e poderosos, ou por estes sobre seus inferiores, mas é também emulada por baixo, nas repetidas lutas por mulher entre vaqueiros, roceiros, capiaus. Por isso mesmo, quando Gorgulho ouve do Morro um aviso de "morte à traição", o que ele está escutando não é só o alerta de um virtual acontecimento futuro, mas a recorrência de uma síndrome "extraordinariamente comum" naquele ambiente físico e humano. Pois a presença muda das montanhas, entranhada da experiência imemorial do garimpo, da pecuária e das longas viagens terra a terra, regidas pelo mandonismo patriarcal, *co-responde* a essa vivência coletiva com sinais silenciosos trazidos à tona em momentos de vidência (como acontece também n'"A máquina do mundo" de Carlos Drummond de Andrade).[4] É só porque a geografia física é humana, e porque "Guimarães Rosa não fala *sobre* o Sertão Mineiro, mas *no* sertão e *com o* Sertão",[5] que o morro fala através do solo e do subsolo um recado surdo de festa e morte.

Ao retomar o motivo da disputa entre homens por mulher, no entanto, "O recado do morro" eleva *Sagarana* uma oitava acima: no cerne do conflito insinua-se o chamado do amor associado a uma metafísica da natureza. Esse é o caso, por menos evidente que possa parecer, do dilema de Pedro Orósio, posto na dúvida entre seduzir irresponsavelmente ou casar-se, isto é, entre continuar conquistando as mocinhas por onde passa, produzindo inveja, ódio e despeito dos rivais (já que "todas mais gostavam dele do que de qualquer outro", com o que "atravessava e tomava a que bem quisesse"), ou, por outro lado, imbuir-se de um sentimento mais fundo de pertinência e fixar-se nos Gerais de origem, renunciando ao "divertimento de indecisão" e assumindo compromisso amoroso. O tema da renúncia ao narcisismo sedutor como base da escolha amorosa está associado ao motivo da terra e da saudade — trata-se de ter saudade da felicidade, passada, futura ou atemporal, saudade esta que não se fixa, porém, na sua psique desatenta ao chamado:

> Pedro Orósio entrava repentino num imaginamento: uma vontade de, voltando em seus Gerais, pisando o de lá, ficar permanente, para os anos dos dias. [...] Se casava com uma moça boa, geralista pelo também, nunca mais vinha embora... Era uma vontade empurrada ligeiro, uma saudade a ser cumprida. Mas pouco durou seu dar de asas, porque a cabeça não sustentou demora, se distraiu, coração ficou batendo somente.

É essa inconstância que o mata sem saber: a cilada que se arma por fora dele medra também por dentro, a partir de sua indecisão interna. O narcisista que não faz limite (que "com frequência" tira "do bolso um espelhinho redondo" para se "mirar, vaidoso da constância de seu rosto") tem como sombra o limite dos limites, que se arma contra ele em emboscada. A luta de morte no contexto do mandonismo patriarcal ganha, assim, em "O recado do morro", uma improvável inflexão moral e anagógica de fundo neoplatônico: a alma só se salva na medida de uma genuína saudade da totalidade, em que os Gerais compareçam, num sentido plotiniano, como "um grau superior de unificação".[6] A canção será o toque decisivo para que se dê esse entendimento por dentro.

A LETRA A CAVALO

A viagem pelo sertão revisita a memória daquelas muitas expedições pelo Brasil a partir das quais viajantes estrangeiros (Spix e Martius, Saint-Hilaire, Langsdorff) fizeram a descrição da paisagem física e humana da terra ignota e a trouxeram para o mundo do livro, dando matéria para a posterior construção da paisagem do país pelos primeiros romances românticos.[7] De maneira particular, invoca a figura do naturalista dinamarquês Peter Lund, cujas pesquisas paleontológicas, durante o século xix, incluíram a região de Cordisburgo e a gruta de Maquiné ("tudo ali era uma Lundiana ou Lundlândia, desses nomes"). Lund, que era primo e correspondente de Søren Kierkegaard, acabou por radicar-se no Brasil e morreu em Lagoa Santa. Assim, além de ser a narrativa de um caso sertanejo "de vida e de morte [...] que se armou com o enxadeiro Pedro Orósio", a novela remete à memória ancestral da região e à história do reconhecimento do território brasileiro pelos viajantes letrados. A comitiva vai percorrendo lentamente a terra, ao mesmo tempo que o recado da terra avança pelas bordas da viagem-linguagem como enigma latente e despercebido até ganhar evidência inesperada no surgimento da canção.

No cruzamento dessas duas viagens entrelaçadas (da letra e da oralidade) está o cerne mais desafiador do projeto literário de Rosa: a improvável compatibilização da perspectiva do sertanejo *não letrado* com a do narrador *hiperletrado* de posse de uma imensa acumulação literária. *Sagarana* indicava em alguns momentos, às vezes até ostensivamente, o quanto a incongruência dessa mistura colocava problemas para a escrita rosiana.[8] Mas em *Corpo de baile* a questão parece ser resolvida pelo avesso: como mostrou Bento Prado Júnior, Guimarães Rosa tira partido do fato de que, no sertão-mundo, quem melhor lê é o iletrado, que, estando fora da superfície da letra, *não sabe ler senão em profundidade*. Ele participa em chave não alfabética "de uma dimensão esquecida e recalcada da própria linguagem", vinda de "um Outro mais radical [...] onde ainda não se dissociaram *logos* e *fisis*", onde a terra fala e o silêncio diz.[9]

Num primeiro nível, a letra e a oralidade, ambas viajantes, estão confrontadas de maneira que a distância entre elas seja vencida e redimida pelo artifício da fabulação engenhosa, que faz com que os caminhos se cruzem e enfim se encontrem. O cortejo letrado é cortado pelos recadeiros orais que disseminam as palavras aparentemente estrambóticas de uma insciente obra coletiva em progresso. A canção, apresentada afinal pelo cantador Laudelim Pulgapé numa noite de lua cheia no arraial de Cordisburgo, é festejada por seo A/Olquiste como um clássico popular em estado nascente ("uma dessas cantigas migradoras, que pousam no coração do povo: que as violas semeiam e que os cegos vendem pelas estradas"). Nela, reconhece semelhanças com momentos da *Gesta danorum* de Saxo Grammaticus (obra do século XIII na qual desponta a figura de certo príncipe dinamarquês que, seguindo uma futurosa cadeia de recados literários, veio a dar no *Hamlet* de Shakespeare). No mesmo lance, o hiperletrado escandinavo (análogo ao escritor, como já dissemos) atribui a Pedro Orósio, "um capiau simplório, assim *transvisto*" (o destaque é meu), a expressão platônica *kalòs kàgathós* [belo e bom]. O sertão, associado não por acaso à Dinamarca de Peter Lund, se vê, assim, compreendido na rede da literatura mundial, que Goethe preconizava no projeto da *Weltliteratur*, sem perder sua imanência local e sem deixar de extrair divertimento implícito dessa conexão improvável.

É como se Guimarães Rosa se desdobrasse, nesse caso, nas figuras de Humboldt e Goethe, espelhados de certa forma em A/Olquiste: Humboldt, o viajante que se incumbe de palmilhar as "investigações e tropeços" das suas viagens pelo mundo, trilhando os confins das Américas, e Goethe, o mentor universalista sediado em Weimar, que se afigura como o "verdadeiro ponto de chegada" das expedições, capaz "de esclarecer toda relação [...] entre um fato e sua configuração em unidade e símbolo".[10] Mas para adentrar efetivamente esse âmbito não basta a conversação de alto coturno entre letrados europeus: no conto de Guimarães Rosa o mundo sertanejo tem que ser *transvisto* através da lente de uma "codaque" virtual em que o oral e o escrito se entreveem num terceiro lugar. O jogo de perspectivas que permite essa passagem é justamente o do *recado*: não só o recado oral que passa pelos sete emissários e chega ao guia estradeiro, mas o recado como a estrutura e a matéria mais íntima da própria escritura do conto, tramada em níveis de significação que vão se disseminando aos poucos, abrindo janelas dentro de janelas textuais, ao modo de grutas dentro de grutas. Trata-se de fazer falar através do outro, ou da presença tácita do outro, dois mundos mentais que se solicitam e se contaminam num lugar quase impensável. Podemos dizer que esse entrelugar é o *aleph* da obra de Guimarães Rosa, a invenção de um ponto de vista ou de escuta capaz de postular a incomensurabilidade entre duas culturas — separadas pelo limiar da escrita — como uma verdadeira *terceira margem*.

Visto assim, *Grande sertão: veredas* é, também ele, um imenso *recado*: algo passa de alguém a outrem através de outro, isto é, de Riobaldo a nós, leitores, através de um emissário semioculto, o ouvinte de óculos que anota, e cujo silêncio ocupa a posição ambígua do destinatário-destinador bifronte entre a oralidade e a escritura. A crítica tem assinalado exaustivamente este lugar, o do encontro--confronto do letrado com o não letrado, como um ponto nodal do livro (ressalvando que o próprio Riobaldo, dublê de jagunço e de "moço professor" que ele foi no início, já é, ele mesmo, a intersecção dramática da oralidade com a letra).

"O recado do morro" encena em forma de viagem a relação transitiva que, no *Grande sertão*, vem concentrada na própria perspectiva narrativa: tudo é contado a alguém que converte a *matéria vertente* da fala em *matéria vertente* da escrita. Diferentemente do conto, no entanto, o romance é a narrativa do *recado que não chegou*, da *ficha que não caiu*, dos sinais que Riobaldo *não teve como ver*, embora estivessem junto dele todo o tempo: os sinais que Diadorim emite no limite frágil do entredito com o interdito. *Grande sertão: veredas* é justamente o romance da *enunciação* desse desencontro: a narrativa, como assinala Clara Rowland, é a cena da revivescência pela interlocução, perante o outro, para o outro e graças ao outro, do ocultamento e do desvelamento *para si mesmo* do que é afinal indesvelável (o enigma sexual e metafísico de Diadorim, *trans* e *transcendente*). O narrador mantém o quanto pode o ouvinte/leitor na suspensa "ambiguidade de um segredo", revivendo vicariamente através dele o próprio choque irredutível da revelação póstuma — não só a do gênero equívoco do homem/mulher desejado/a e amado/a, mas da enormidade do que foi perdido no não dito. "A repetição obsessiva" dessa revelação traumática, velada e desvelada, constitui a forma da narração e faz de Riobaldo tanto "a personagem que não soube a tempo" (enquanto vivia) quanto "o narrador que soube demasiado tarde" (enquanto conta). A cifra de Moebius no final do livro, sinalizando um infinito vaivém, seria a indicadora de uma travessia ao mesmo tempo reversível (à qual somos levados a voltar infinitamente) e irreversível (que nos devolve infinitamente àquilo que não tem volta).[11]

Já "O recado do morro" não é a *enunciação* de um recado falhado e condenado ao retorno obsessivo, como o *Grande sertão*, mas a narrativa de um *enunciado* viajante: a canção que vai se formando, através das várias enunciações, até *dizer* ao protagonista o que está ocultado. Não por acaso, a espacialidade do romance imita a forma errática do labirinto, com suas trilhas embaralhadas em redemunho, enquanto as localidades nodais citadas n'"O recado do morro" e no *Corpo de baile* desenham uma cartografia cosmológica marcada por eixos geodésicos e surpreendentes coordenadas internas, como mostrou Érico Melo.[12]

Vale lembrar ainda que o projeto do livro *Corpo de baile* distingue, entre os seus sete contos, três que funcionam como "parábases", segundo explicita Guimarães Rosa a seu tradutor italiano: num deles desvela-se a formação da canção (o próprio "Recado"), noutro a da estória oral ("Uma estória de amor") e em outro o desvelamento da poesia ("Cara-de-Bronze").[13] Esses destaques assinalam, certamente, a *canção*, a *estória oral* e a *poesia* como três componentes inseparáveis da dimensão épico-lírica da prosa rosiana. Mais do que isso, essa novela hermética põe no foco da sua peripécia hermenêutica a própria questão da leitura (tomando-a na acepção ampla de uma leitura auditiva e não alfabética do mundo): trata-se de alguém (um eremita que vive na intimidade da terra) que "lê" o recado bruto do Morro da Garça, trata-se de ler e reler suas ressonâncias através da cadeia oral dos intérpretes que se entrescutam, trata-se de que o protagonista tome para si o recado da canção, num momento crucial de vida e de morte. Mas também, dado o caráter cerradamente tramado da novela, trata-se de ler a rede de recados que o próprio texto secreta, geradora por sua vez de uma nova cadeia de interpretações e de leituras críticas, como veremos adiante. Em outras palavras, se a viagem dá o recado, o protagonista tem que dar conta do recado, e o leitor, para além da graça e do fascínio da estória, é chamado a dar-se conta do recado do recado (sem o que os símbolos estariam mortos para ele — como diria Fernando Pessoa — e ele, morto para os símbolos). Pois o recado do morro é sim, como anunciado na primeira frase do conto, uma questão de vida e morte *rastreada pelo avesso* ("sem que bem se saiba, conseguiu-se rastrear pelo avesso um caso de vida e de morte") — questão de vida e morte que mira não só o protagonista, mas o leitor.

RECADO DADO

Os sentidos que a palavra "recado" ganhou, em especial no português do Brasil, são dificilmente traduzíveis para outra língua. Em primeiro lugar, são mais sinuosos e intrincados que os de seu sinônimo mais próximo, que é "mensagem". Mensagem é uma porção de linguagem que o destinador envia diretamente ao destinatário — que manda por sua vez, se for o caso, uma mensagem de volta. Já recado indica um processo em que algo se destina a ser levado ou deixado a outrem (sendo *outrem*, como se sabe, a "pessoa que não participa do processo de comunicação" e cuja menção é muitas vezes "imprecisa ou indefinida").[14] Enquanto a mensagem vai de um destinador a um destinatário, o recado está viajando entre um primeiro destinador (nem sempre visível) e um terceiro destinatário, mais além. O recado é ao mesmo tempo emissivo e receptivo, como sugere sua etimologia hipotética (de um possível latim vulgar **recapitu*, particípio passado de **recapitare* <receptare>, "receber", "acolher", "recuperar"). Destinando-se a ser mandado, define-se, antes de mais nada, por ter sido recebido. Sua vocação é fazer parte de uma cadeia cujo princípio e fim não estão determinados.

É, pois, uma mensagem indireta, em trânsito, podendo, por isso mesmo, ganhar e perder sentidos pelo caminho, dado o seu caráter itinerante e aberto, sujeito a implícitos, a ditos e a não ditos. Mas é sobretudo essa condição indireta que lhe permite sinalizar avisos, apelos, advertências, ameaças, desejos não confessados, pedidos, conteúdos censurados, todos latentes na expressão corrente "mandar recado".

A tradição do samba conhece bem o caráter oblíquo desse expediente, quando canta com cadência: "leva meu samba/ meu mensageiro/ esse recado/ para o meu amor primeiro" (Ataulfo Alves, "Leva meu samba"). Ou Paulinho da Viola, em parceria com Casquinha: "leva um recado/ a quem me deu tanto dissabor/ diz que eu vivo bem melhor assim/ e que no passado fui um sofredor/ e hoje já não sou/ o que passou passou" ("Recado"). Perguntaríamos: por que o sambista incumbe o samba de dizer algo que ele mesmo quer dizer (tratando-o como um interlocutor-intermediário na segunda pessoa) em vez de dirigir-se diretamente à amada, colocada aqui na condição de terceira pessoa à distância? A diferença é que, buscando no samba o confidente e o intermediário, o sujeito pode segredar à "ex-amada" o que não diria diretamente a ela, o que esconde dela e talvez de si mesmo, como se vê na segunda parte da canção, ao se desvelarem suas intenções mais secretas: "vai dizer à minha ex-amada/ que é feliz meu coração/ mas que nas minhas madrugadas/ eu não esqueço dela não (leva o recado)". É graças à formulação indireta que a confissão acaba por *dizer o que desdisse*: não *o que passou passou* da relação amorosa, mas a saudade *que não passa*.

O samba recadeiro faz isso na *manha*, isto é, com certa mistura de astúcia, malícia e candura. Vinicius de Moraes resumiu esse aspecto ao definir a bossa nova como "mais um olhar que um beijo; mais uma ternura que uma paixão; mais um recado que uma mensagem".[15] Já Gonzaguinha faz uma canção que, sem usar a palavra a não ser no título, manda um recado de altivez e insubmissão em situação de ditadura: "se mandar calar mais eu falo/ [...] quem mandava em mim nem nasceu/ [...] e se tentar me tolher é igual/ ao fulano de tal que taí/ se é pra ir vamos juntos/ se não é já não tô nem aí" ("Recado", 1978).

Por causa desses meandros em que se move, *recado* implica poder, manejando e repuxando todo o jogo de não ditos que acompanha as forças envolvidas na interlocução (não só a mensagem propriamente dita, no sentido jakobsoniano, mas o destinador, o destinatário, o canal de contato e ainda aquele *não sei quê* que nunca se diz). "Mandar recado" aponta, como já dissemos, para alertar, provocar, desafiar, intrigar, atrair, seduzir ou acumpliciar-se a um terceiro que permanece muitas vezes indeterminado (sendo que na própria indeterminação do destinador ou do destinatário final pode estar muitas vezes o lance). Usada de maneira insistente no discurso recente das mídias para indicar tudo que é dito de maneira indireta, a expressão "mandar [ou passar] recado" não se reduz a pessoas físicas: fala-se, por exemplo, em "recado das urnas", "recado dos mercados", "recado da natureza", e já se falou de "recado do Brasil ao mundo".

Usa-se "não mandar recado" significando "dizer na cara", de modo frontal. "Moleque de recados" soa como avaliação depreciativa de quem não tem voz própria e serve a interesses alheios (Miguilim, num exemplo rosiano tocante, recusa-se a ser moleque de recados entre Tio Terêz e a mãe para vir a ser o próprio recadeiro — o futuro contador de estórias). "Dar conta do recado" é colocar-se à altura da missão; "pegar o recado" é captar a deixa implícita. Mas *dar o recado* é atravessar o dito e o não dito, e vencer os obstáculos que bloqueiam ou desencaminham a comunicação. Quando se diz que alguém *deu o recado*, se está atestando, para usar outra expressão corrente, não somente que *falou*, mas que *fa-*

lou e disse. Pois, nesse caso, a aposta investida no discurso, contra tudo o que a ameaça, foi dobrada e vencida.

Aceitando então a situação algo insólita, proposta pelo conto de Guimarães Rosa desde o seu título, de que o morro é não só um lugar e um acidente geográfico, mas o participante de uma estranha forma de interlocução da qual faz parte como ponto cego, experimentemos, a título de contraste, as seguintes variantes. Se se dissesse "O *comunicado* do morro", pareceríamos ouvir uma fonte hierarquicamente superior e empenhada em *tornar comum* uma voz de autoridade — sua transmissão seria compatível somente com intermediários autorizados. Se se dissesse "A *mensagem* do morro", estaria criada uma expectativa estática cuja eventual estranheza ou curiosidade não desmentiria em nada a sua unidirecionalidade: o morro, e só o morro, vai "falar". "A *voz* do morro" penderia para a afirmação de uma conjunção comunitária, como acontece na canção de Zé Keti que tem esse nome, ao identificar a favela e o país através do samba ("eu sou o samba/ a voz do morro sou eu mesmo, sim senhor"). "O *aviso* do morro" estaria um pouco mais próximo da questão, já que, com um toque, um destinador quer alterar de algum modo o destino do seu destinatário.

Mas é só com "O recado do morro" que chegamos ao ponto em que algo se comunica *a partir, através* e *além* do morro. Pois, nesse caso, várias perguntas flutuam implicitamente em torno do título. O morro emite o recado? O morro transmite um recado que veio de antes? O morro é o próprio recado mudo (como na canção "Morro Dois Irmãos", de Chico Buarque, "música parada/ sobre uma montanha em movimento")? O morro transmite e emite um recado a ser transmitido? Algo passa de um obscuro alguém a alguém outro não determinado (*outrem*), numa cadeia aberta cujos termos se alterarão a cada novo passo.

A narrativa encena esse dispositivo discursivo expondo-o na forma de um cortejo — literalmente, uma viagem de recados encadeados que explicita e multiplica o caráter transitivo da comunicação recadeira. A esse propósito, Bakhtin/Voloshinov dá um exemplo particularmente feliz para o contraponto com a narrativa de Rosa, ao lembrar uma situação em que uma mesma palavra, dita em sequência por vários interlocutores, vai mudando de sentido conforme a inflexão de cada um.[16] No *Diário de um escritor*, diz ele, Dostoiévski relata as observações de uma caminhada que faz, num fim de tarde de domingo, ao lado de um grupo de seis operários embriagados que falam animadamente entre si: "Subitamente me dei conta de que é possível exprimir qualquer pensamento, qualquer sensação, e mesmo raciocínios profundos, através de um só e único substantivo, por mais simples que seja". Ele se refere, sem dizê-la, a certa expressão "censurada" e "de largo uso" que passa de boca em boca, com inflexões diferentes a cada vez, modulando a conversa observada em silêncio pelo escritor. Não há dúvida de que se trata de um sonoro palavrão, dotado da intensidade ambivalente dos palavrões.

Diante de algo que tinha sido dito logo antes, um dos homens "pronuncia com clareza e energia esse substantivo para exprimir [...] a sua contestação mais desdenhosa". Um segundo, ao lhe responder, pronuncia a mesma expressão, mas com um tom de contrariedade que contesta a negação do primeiro. Um terceiro intervém de maneira apaixonada e brutal corroborando a contrariedade do segundo, através da expressão proferida agora entre a irritação e a injúria. Ao que o outro lhe responde como quem "baixasse a bola", batendo o braço no ombro do companheiro e dizendo "a gente tá conversando tranquilo e aí vem você e começa a bronquear". De repente o mais jovem do grupo, que até então se calara, tomado pelo que acredita ser a solução do conflito, exclama de modo arrebatado, como se fora "Eureka!", a mesma palavrinha-palavrão, agora mais mágica do que nunca. Mas "o sexto homem, o mais carrancudo e mais velho dos seis, olha-o de lado e arrasa num instante o entusiasmo do jovem, repetindo com uma imponente voz de baixo e num tom rabugento [...] sempre a mesma palavra, [...] para significar claramente: 'Não vale a pena arrebentar a garganta, já compreendemos!'".

É como se o escritor fizesse, nessa cena crepuscular em São Petersburgo, o papel de sétimo elo da cadeia, captando intimamente cada inflexão das falas diferenciadas. Nelas, um único signo mostra-se capaz de modular expressões de energia, desdém, contrariedade, injúria, entusiasmo e rabugice, tornando possível ao romancista intuir ali algo como a unidade mínima do recado, que expõe a significação em movimento produzindo infindáveis cambiantes e refrações.

Muito a propósito, essa acepção de recado está próxima da definição transitiva de Bakhtin/Voloshinov para toda e qualquer *significação*, quando diz que esta não reside na palavra estática, supostamente pronta e consagrada no dicionário, mas na dinâmica que envolve os interlocutores num permanente "processo de compreensão ativa e responsiva". Em outras palavras, tudo que se diz passa pela expressão cambiante que os signos assumem na entoação, nas inflexões, no gesto, no jeito de corpo, no grão da voz, no lugar social de quem diz e a quem diz, nas inclinações, disposições, cumplicidades e pressões envolvidas nas circunstâncias da fala (lembremos que as canções magnificam tudo isso). Para passar, a significação depende da "faísca elétrica" que se produz em quem, ao recebê-la, a reinterpreta por sua vez nos seus próprios termos. Assim, uma significação emitida por alguém só faz efeito — ou sentido — quando alguém outro lhe *empresta* uma inflexão correspondente, não coincidentes mas ambas formantes do processo. No limite, cada palavra, assim entendida, contém um recado microscópico — ou microcósmico.

Jorge Luis Borges eleva esse fato à sua culminância e a seu ápice irônico ao discorrer brevemente sobre as mudanças de inflexão sofridas ao longo dos séculos pela frase "Deus é uma esfera inteligível cujo centro está em toda parte e a circunferência em nenhuma", concluindo sardonicamente que "a história universal é, talvez, a história da diferente entonação de algumas metáforas".[17] Pierre Menard, personagem conceitual de Borges, cuja "admirável ambição era produzir páginas que coincidissem — palavra por palavra e linha por linha — com as de Miguel de Cervantes", é "autor do *Quixote*" não por reescrever a obra cervantina, mas por transfigurá-la completamente com o simples gesto de imprimir-lhe outra *dicção*.[18]

Voltemos então ao conto de Guimarães Rosa, focalizando o destino em trânsito de uma ou duas palavras específicas (entre outras que poderiam ser igualmente acompanhadas no texto). Como vimos, Gorgulho clama repetidamente: "Del-rei, ô, demo! […] Del-rei, del-rei!…". A locução interjectiva, desusada e anacrônica, como tudo nele, é um impaciente chamado por socorro ante o que ouve das profundezas telúricas — contração da antiga expressão "aqui del-rei" — (*venham*) *aqui* (*da parte*) *d'el rei*. A exclamação obsoleta é neutralizada, no entanto, quando Catraz, o segundo recadeiro, parafraseia o que ouviu do irmão, convertendo sua expansão emotiva numa simples referência: "Meu irmão Malaquia falou del-rei, de tremer peles, não querendo ser favoroso…". Empenhado mais a fundo no sentido referencial da palavra, explanando-a e lançando-a numa ação conativa sobre o outro, o menino Joãozezim, "caxinguelê de ladino", busca entender a mensagem obscura do Catraz ao mesmo tempo que tenta explicá-la ao Guégue, o "anjo papudo" pouco dado ao verbal e todo ele mimético. Atento à disposição quase infantil do seu interlocutor "idoso", o menino maduro simula, curiosamente, uma estória didática em que encena, enunciando-a, a ficcionalidade do *era uma vez*: "O recado foi este, você escute certo: que *era o rei… Você sabe o que é rei? O que tem espada na mão, um facão comprido e fino, chama espada. Repete. A bom… O rei tremia as peles, não queria ser favoroso…*". Ao passar para Nominedômine o que ouviu, Guégue exprime por sua vez, sem muita subordinação sintática e com sobra de gesticulação, que "foi que o Rei — isso do Menino — com espada na mão, tremia as peles, não queria ser favoroso". O bastante para que, no discurso inflamado do profeta sertanejo Nominedômine, um agora Rei-Menino faça sua aparição já como uma entidade apocalíptica: "Foi o Rei, o Rei--Menino, com a espada na mão! Tremam, todos! [...] — este é o destino de todos: o fim de morte vem à traição [...] Ninguém queira ser favoroso!". Para o desencanado Coletor, por sua vez, que se declara um "favoroso" assumido e adepto da simpatia universal, ao contrário dos irascíveis Gorgulho e Nominedômine, todo menino é um rei: "na Festa: um rei menino, uma rainha menina, mais o Rei Congo e a Rainha Conga, que são os de próprio valor... O rei-menino, com a espada na mão! [...] Quero ver, meu ouro. Não sou o favoroso?". Na canção de Laudelim Pulgapé, finalmente, todos os elementos disseminados ao sabor dos acasos, dos equívocos, das associações livres, das agregações da memória coletiva, dos transportes criadores e das propensões de cada um, convergem numa narrativa mítica em que se conjugam a propensão favorosa e o embate pavoroso: "Quando o Rei era menino/ já tinha espada na mão/ e a bandeira do Divino/ com o signo de salomão./ Mas Deus marcou seu destino:/ de passar por traição".

A canção não abandona — ao contrário, guarda e amplifica o caráter nefasto do aviso primeiro de Gorgulho, que continua ressoando nela, mesmo tendo passado por uma verdadeira cadeia de equívocos. Ou exatamente por isso: é por obra da ficção lunática que o grito vira mito, que *del-rei* converte-se no *Rei-menino com a espada na mão*, lançado à luta de morte. A premonição destampa o horror que pesará dentro da canção, não obstante o seu halo luminoso. O previsível seria o de que o "telefone sem fio" revertesse em "entropia da informação"; em vez disso, temos aí, segundo Bento Prado Júnior, uma verdadeira "*parousia* [ou advento] do significado originário", isto é, uma milagrosa contraentropia sem esforço.[19] Pois quem comanda, no conto de Guimarães Rosa, é a *graça*, agregando nexo a cada volta que passa e produzindo um paradoxal efeito de "pirlimpsiquice": *quanto mais maluquice, mais veracidade*.[20] Isso se dá porque os recadeiros amalucados ("literalmente *excêntricos*, exteriores, nômades ou eremitas, trogloditas, loucos, profetas, andarilhos, uma gente que ouve inquietantes mensagens da natureza a que permanecemos surdos")[21] são ressonantes, dão atenção ao sentimento corporal não verbalizado e reagem ao chamado enigmático dos signos, levando adiante sua advertência e sua promessa.

CHAVE ASTRAL

Quase nada do que dissemos até aqui contemplou, ainda, o fato de que Guimarães Rosa encapsulou no conto uma mensagem criptografada que faz da estória visível que se conta a onda portadora de outro recado, lançado ao leitor virtual que venha a acender a faísca de um novo entendimento do todo. Como quem não quer nada, o próprio escritor deu a dica ao seu tradutor italiano, Edoardo Bizzarri, numa carta particular na qual alerta que as estâncias do percurso entre Cordisburgo e os Gerais, cifradas no nome de sete fazendeiros, disfarçam os nomes e as respectivas propriedades simbólicas dos sete planetas visíveis da cosmologia tradicional ptolomaica.[22]

Pois a viagem começa depois de um pernoite na propriedade de Juca *Saturnino*, à saída de Cordisburgo e junto da gruta de Maquiné, passando depois pelo *Jove* (cuja "fazenda com espaço de casarão e sobrefartura" está associada à proverbial abundância jupiteriana — em latim, Júpiter é Jovis, Jove); *Dona Vininha* (cuja associação com Vênus vem reforçada pelo namoro que Pedro Orósio aí teria principiado "com uma rapariga de muito quilate, por seus escolhidos olhos e sua fina alvura"); *Nhô Hermes* (em cuja propriedade reina, como esfera mercurial, a atividade das trocas simbólicas e mercantis, tendo os viajantes achado "notícias do mundo, por meio de jornais antigos" e tendo seu Jujuca fechado "compra de cinquenta novilhos curraleiros"); *Nhá Selena* (remetida à esfera tradicionalmente lunar do culto e da festa, "onde teve uma festinha e frei Sinfrão disse duas missas, confessou mais de umas dúzias de pessoas"); *Marciano* (fazenda cuja localização, "mediando da cabeceira do Córrego da Onça para a do Córrego do Medo", associada à esfera conflitiva de Marte, é corroborada pela "malajuizada briga" que Pedro Orósio "quase teve de aceitar" com "um campeiro morro-vermelhano"); e, finalmente, o *Apolinário* (para além do São Francisco e "na vertente do Formoso", nos campos gerais, falando por si mesmo, apolíneo, "dentro do sol"). Tem-se aqui, portanto, uma espécie de cartografia simbólica engraçadamente dissimulada nos nomes sertanejos, cujos domínios se ligam aos atributos planetários da cosmologia astrológica a que correspondem, sem que deixem de soar concretos e verossímeis.

A inserção sibilina de tais orbes celestes no espaço do sertão alude a um modelo narrativo e simbolizante de longa data, encontrável numa vertente astrológica do neoplatonismo que tem como exemplo talvez máximo o *Comentário ao sonho de Cipião*, de Macróbio [século v]. Nesse texto, a entrada da alma no mundo sensível e corporal é figurada como uma queda através das esferas celestes, partindo da Via Láctea, do céu zodiacal das estrelas fixas, e passando pelas sete luminárias planetárias em direção à Terra.[23] Antes de nascer para a dimensão terrestre a alma assimilaria, num processo de formação prévia que equivale a um batismo astral, as propriedades simbólicas ativadas por um a um dos sete planetas pelos quais transita: a razão e a vidência em Saturno (que está na própria gênese do recado, como veremos); a potência transbordante da vontade de ação em Júpiter (sua "sobrefartura", poderíamos dizer); a coragem irascível em Marte (facilmente relacionável com a "malajuizada briga" de Pedro Orósio); a integração estética sensível no Sol (a "vertente do Formoso"); o desejo em Vênus ("uma rapariga [...] por seus escolhidos olhos e sua fina alvura"); as transações e a faculdade hermenêutica de compreender, em Mercúrio ("notícias do mundo", compra de novilhos); a faculdade de engendrar os corpos e os fazer crescer, com a Lua (na passagem em questão, associada à festa e ao rito religioso, mas ligada no conto a várias outras dimensões — a do zelo maternal, do sentimento corporal e da memória afetiva, como veremos). Ao morrer, a alma restituiria, num caminho ascensional de volta, as potências astrais que colheu na vinda.

É importante não confundir essa cosmologia neoplatônica com algum tipo de determinismo astrológico: quando "o neoplatonismo utiliza os mesmos dados míticos [...] que a astrologia, ele o faz não para subordinar o mundo, tal como o apreendemos na sua totalidade, à influência determinante dos astros, mas para encontrar uma unidade metafísica suscetível de dar um sentido a toda existência física".[24] Os astros não são concebidos aí como agentes causais, mas como mediadores analógicos das áreas e dos modos da existência, dos diferentes canais de contato com o mundo e das relações entre eles, conectando o céu e a terra, a física e a metafísica.

Vale lembrar que, até o século XVI, na Europa, o mundo era lido segundo o princípio relacional das similitudes e analogias, como expõe Michel Foucault no capítulo "A prosa do mundo" de *As palavras e as coisas*.[25] Embora o filósofo não se refira especificamente a elas, as relações astrológicas estão no cerne dessa *epistemé* fundada numa teoria geral das semelhanças, e era dentro dessa ordem de correspondências que a Lua, que mostra e esconde a face, que está sempre mudando, era lunática como são lunáticos os *lunáticos*; Mercúrio, planeta que parece se movimentar em zigue-zagues perto do Sol, era visto como o mensageiro *mercurial* dos deuses — o astro da linguagem, das interações e das trocas, subindo e descendo com asas nos pés —, quando não o Hermes *hermético* e *hermenêutico* das mensagens cifradas; Vênus, matinal e *vespertina*, a deusa feminina da sedução, do sexo e do *venéreo*; Marte, vermelho, sanguíneo, guerreiro, *marcial*; Júpiter dadivoso, jovem, *jovial*; Saturno *soturno*, de chumbo, velho, invernal, no seu giro lento de trinta anos — por isso mesmo a chamada "idade da razão". Foi a literatura, diz Michel Foucault, e só a literatura, que se manteve por mais tempo numa espécie de ambivalência fiel a essa leitura analógica do mundo, ainda que de modo "mais alusivo e diagonal que direto", depois de ela ter caducado historicamente. E foi pensando no livro de Foucault, recentemente lançado àquela altura, que Bento Prado Júnior sugeria, em 1968, que Guimarães Rosa adentra pela modernidade a contrapelo ao inverter a direção de Dom Quixote: se este marca, na literatura, "um mundo doravante mudo" em que "o velho parentesco" entre a linguagem e o cosmos, garantido pela *epistemê* do Renascimento, "foi rompido", e no qual "o que era sabedoria transformou-se [...] em *loucura* e *delírio*", em Guimarães Rosa a loucura e o delírio dos lunáticos sertanejos recuperam seu estatuto de sabedoria infusa ao reencantarem o parentesco entre as palavras e as coisas.[26]

    A linguagem cotidiana segue permeada de vestígios dessa simbologia analógica (como se pode ver em lunático, mercurial, hermético, venéreo, vespertino, marcial, jovial, soturno), que Guimarães Rosa reedita poeticamente em chão sertanejo. Mas ela remete a uma cosmologia nada corriqueira, de que é testemunho o texto de Macróbio. Ao lembrá-lo aqui, não penso numa influência necessariamente direta sobre "O recado do morro", mas na ressonância, no conto de Rosa, de um modelo narrativo presente na tradição do Ocidente e do Oriente, o da *viagem espiritual* ou *epopeia mística*, na qual tem um papel fundamental o trânsito simbólico através dos sete céus supralunares, cujos corpos celestes são dotados de essências irradiantes que se imprimem no viajante. No *Comentário ao sonho de Cipião*, trata-se, como vimos, de uma viagem vertical de ida e volta, descendente no rumo à vida e ascensional na volta pela morte; no "Paraíso", em Dante Alighieri, de uma viagem epifânica ascendente que atravessa também os orbes planetários em direção ao céu zodiacal das estrelas fixas, ao Empíreo supremo e ao vislumbre da divindade trina e una (cuja concepção, em Dante, um físico contemporâneo comparou à triesfera einsteiniana).[27] O esoterismo islâmico (nomeadamente o sufismo) concebeu também a alquimia espiritual como um percurso iniciático que passa da Lua a Saturno, tendo o Sol no meio do caminho, e lançando-se daí às vias suprassensíveis — roteiro através do qual se perfazem as sucessivas metamorfoses da alma em sua busca pela plenitude metafísica, como acontece em *A alquimia da felicidade perfeita* — tratado de alquimia espiritual do mestre sufi Mohyiddin Ibn 'Arabi.[28]

Há outro motivo constante dessa tradição que ocorre a seu modo em "O recado do morro", quando o recado encontra seu destinatário no próprio guia estradeiro que conduz a viagem, fazendo com que o alvo final esteja contido nela desde seu início. Um exemplo primordial desse desenho narrativo em arco encontra-se num livro enaltecido por Jorge Luis Borges, *A linguagem dos pássaros*, de Farid ud-Din Attar [clássico sufi do século XIV]. Neste, trinta pássaros viajam em busca do Simurgh, o mirífico rei dos pássaros cuja morada se situa na montanha de Kaf e, no final, "percebem que são o Simurgh e que o Simurgh é cada um deles e todos ao mesmo tempo".[29] O segredo da *linguagem dos pássaros* consiste, pois, em que os próprios pássaros são o pássaro que procuram, e que isso só pode se desvelar em parábola, na experiência interior do viajante.[30]

N'"O recado do morro", Guimarães Rosa encriptou as sete instâncias constitutivas desses relatos em sete fazendas sertanejas, horizontalizando-as numa viagem de ida e volta ao rés do chão, entre Saturno (no caso, a fazenda de Juca Saturnino) e o Sol (domínio do Apolinário). Vale dizer, uma viagem entre o chumbo e o ouro, tratados sub-repticiamente na forma da alquimia espiritual que preside as viagens iniciáticas. Mas, ao modo rosiano, e diferentemente das tradições esotéricas, uma viagem sem protocolos rituais, sem mestre, sem roteiro prévio, feita sob o signo inquietante do Morro da Garça e só guiada pela graça de sua realimentação interna, que não perde integridade enquanto avança em direção à canção. Pois tudo nela é movido por uma espécie de tropismo de fundo, que tem sua teleologia nisso mesmo: ali onde não tem *fundamento*, o recado quer, como que em compensação, *tornar-se canção*. Sem descolar da mimese miúda e exuberante do universo sertanejo, de sua geografia física e humana, ele passa graças aos *lunáticos*, aponta para um guia estradeiro *mercurial* que palmilha a terra, faz ver conteúdos inicialmente opacos e ilegíveis quando no seu estado primeiro e bruto, emanados *saturninamente* da terra, e convertidos a uma luz transparente e *solar* na canção poeticamente formada (que guarda, ainda assim, conteúdos terríveis anunciados desde a sua primeira forma, narrando uma batalha sangrenta e, no limite, irrepresentável, a ponto de ter a sua narração suspensa antes do seu fim sem fim).

Importante assinalar, por enquanto, que, mais do que estâncias estáticas do percurso, ou meros momentos de parada, as figurações astrais embutidas nos nomes dos sete fazendeiros dão indicações do próprio movimento que anima secretamente a viagem — sua dialética oculta, sua recadologia implícita. Importante ressaltar também que se trata, aqui, de uma espécie de *alegoria sem alegorismo*, isto é, de uma camada subterrânea cifrada que não ostenta, na maior parte do tempo, a sua intenção de figurar *outra coisa*, como seria próprio do procedimento alegórico, mas que se entoca na grota do efeito retardado, onde se confunde com o meio ambiente e não se distingue do mundo local, como certos bichos que se camuflam na paisagem. O neoplatonismo, aplicado ao cerrado, é indistinguível dele. Assim como em Dante Alighieri, no qual, segundo Jorge Luis Borges, a "união do pessoal e do maravilhoso nada tem a ver com os hábitos [mais abstratos e artificiosos] da literatura alegórica",[31] a alegoria astrológica n'"O recado do morro" não perde o chão da mimese sertaneja: em vez de emblemas frios e genéricos, temos "personagens [...] vivos e concretos carregados de uma função representativa" e historicamente situada (como diz outro intérprete de Dante sobre o estatuto da alegoria n'*A divina comédia*).[32] O "recado dos nomes" planetários, inscrito na economia viageira do sertão mineiro, faz deste um universo-livro cósmico e, da viagem, uma escritura enigmática a atravessar, cujo ponto de partida é o chão e a letra serpeante: "desde ali, o ocre da estrada [...] é um S, que começa grande frase".

SOB O SIGNO DE SATURNO

Vamos atentar agora para o fato de que há no conto um complexo saturnino concentrado em três personagens: Gorgulho, A/Olquiste e Ivo Crônico. Gorgulho é o surdo, "ecfônico" e anacrônico valeiro (trabalhador das antigas valas que demarcavam propriedades), tornado obsoleto pelo advento da cerca de arame farpado, guardião de moedas azinhavradas e fora de circulação, coabitante de urubus retirado há trinta anos (tempo do retorno astronômico de Saturno, diga-se) numa gruta de três salões com um sumidouro cujo fundo sem fundo não deixa escutar o cair de uma pedrinha. Em outras palavras, o primeiro captador do recado é o *sujeito radicalmente fora do mercado* e das transações triviais ("só mesmo o Gorgulho era ali quem resguardava sua inteireza"). A intimidade profunda com o interior da terra, de que ele participa, tem a peculiaridade de aludir ao relevo específico dessa região de

Minas Gerais que os geógrafos chamam de relevo cárstico: "tudo calcáreo", rocha maleável que se deixa moldar subterraneamente pelas águas, cavernas dentro de cavernas e ainda outras de fundo insondável, rios que somem por baixo da terra "num tardo gorgolo musical" (fenômeno que "alguns ainda têm pelo nome gentio, de anhanhonhacanhuva") e que reaparecem quilômetros adiante, rebrotando "desengulidos" pelo "fiúme de um riachinho".

A epifânica gruta de Maquiné, com seus sete salões, posta como uma estância ritual no início da viagem, lugar da saudade do que nem se sabe, guarda vestígios pré-diluvianos das descobertas fósseis de Peter Lund ("o tigre-de-dente-de-sabre, a protopantera, a monstra hiena espélea, o páleo-cão"). Pode-se dizer que os rios e cavernas se comunicam subterraneamente por recados telúricos, o recado geológico e (geo)gráfico tendo sua face visível na montanha mineira e sua face invisível nas grutas que a percorrem por baixo e nos rios que atravessam o fundo da terra, em verdadeira rede de sinais latentes e pulsantes.

A significação dicionarizada[33] do nome Gorgulho dá recados do complexo saturnino: por baixo de seu sentido primeiro, o de "caruncho", "gorgulho" designa a "pedra miúda que se vê, por vezes, no leito dos rios" e, mais que isso, o "conjunto de fragmentos de rocha entre os quais se encontra o ouro". Sinônimo de "gupiara", designa também o "cascalho em camadas nas faldas das montanhas" e o "depósito sedimentoso diamantífero nas cristas dos morros". O primeiro recadeiro condensa, desse modo, no próprio índice onomástico, uma história profunda das Minas (rio e gupiara, garimpo e mina, ouro e diamante) formulada já em termos da alquimia que extrai da opacidade informe e confusa do cascalho a promessa irradiante da matéria luminosa ou transparente. Veja-se como, aqui, uma simbologia de fonte alquímica encontra aterramento cabal no mundo mineiro. O morro de onde emana o recado, tradicional visão estática de boiadeiros em viagem pelo solo alteroso de Minas — motor imóvel que preside num ponto geodésico a todos os movimentos à sua volta ("por dias e dias [...] sempre dava ar de estar num mesmo lugar, sem se aluir") —, associa-se à experiência secular da pecuária e da mineração, ressoa surdamente as lutas de morte da sociedade patriarcal e suas ambivalências, pulsa com os batuques da congada, e não é ouvido por ninguém senão pelo anacoreta saturnino, íntimo das profundezas inegociáveis da terra, *escondendo o ouro* nas imprecações neurastênicas de sua fala.

Walter Benjamin assinala a "riqueza de intuições antropológicas justas" contidas na "doutrina de Saturno" — teoria imemorial que remonta à medicina dos humores na Idade Média, à astrologia árabe e à alquimia, com ressonâncias importantes na arte e no pensamento renascentistas e barrocos.[34] "Tudo que é saturnino remete às profundezas da terra", diz Benjamin. Símbolo bifronte ligado à Idade de Ouro e ao exílio, à foice e à colheita, à melancolia e ao entendimento, ao senso do obstáculo e à elaboração demorada — à dialética da castração fecunda, em suma —, Saturno remete ao mesmo tempo às manifestações do *limite* (lentidão, celibato, frio, velhice, abatimento, inação, opacidade), por um lado, e às manifestações da *vidência*, por outro (inteligência, contemplação, adivinhação profética e razão reflexiva). Polo oposto ao Sol, é seu representante noturno, seu Outro e seu Mesmo.[35]

O recado emana do morro através de um celibatário neurastênico e não favoroso, remanescente de um mundo arcaico, que fala por palavras fora de uso, que guarda ainda suas moedas azinhavradas, relíquias ruinosas fora de circulação, na gruta onde mora e de onde só sai para colocar limite às fantasiosas intenções de casamento do irmão. Sua vidência abstrusa não será legível pela razão e pelo coração senão depois de completado o trabalho mercurial e lunar feito pelo recado e feito canção, que busca a integração afetiva de seus elementos desconexos e opacos numa decantação solar sublime, sem deixar por isso mesmo de ser terrível.

A/Olquiste — naturalista e escritor, que se depara com o mundo como limite à tarefa imensurável de sua totalização pela razão — é também, ainda que jovial e brincalhão, um saturnino (em consonância com a antiga tradição que associa o planeta ao caráter paciente e lento do trabalho intelectual, além da vidência): "atinava em pôr na gente um olhar ponteado, trespassante, semelhando de feiticeiro: que divulgava e discorria, até adivinhava sem ficar sabendo". No conto, assistimos ao reconhecimento atravessado que se dá entre Gorgulho e ele — o primeiro a ouvir na algaravia do recado ininteligível o sinal de uma "chôis' muit'imm'portant", mesmo que separados pela língua e por todas as distâncias profundas ou aparentes que vão da Dinamarca ao sertão mineiro, da vidência à revelia de um ao naturalismo humanista do outro, da oralidade à escrita. Sintomaticamente, é a ele, e só a ele, que Gorgulho dá uma atenção diferenciada, reconhecendo no naturalista/escritor um homem de destacada investidura e perguntando se não se trata, no caso, de um "bispo de outras comarcas". A/Olquiste é também o saturnino quando examina, anota e atenta para cada pedra, planta, bicho ou palavra, viajando vagarosamente para "remedir cada palmo de lugar", exercendo a paciente observação e acumulação de dados que visam à compreensão totalizadora.

Mas há um terceiro e decisivo integrante do complexo saturnino: Ivo Crônico (Cronos-Saturno), aquele que arca com o peso da tropa e que põe limite de morte ao desejo ilimitado e narcisista do sedutor sem peias, Pedro Orósio. Como num arpejo, o recado vem assim da profundeza da terra através do anacoreta saturnino, interrogado por outro, o homem do livro, e referindo-se obscuramente à ação de um ainda outro, o tropeiro que abre (de início na fazenda de Juca Saturnino e, no final, no beco do Saturnino) luta subterrânea com o enxadeiro e guia estradeiro (cuja desenvoltura desimpedida parece enganosamente não conhecer obstáculos, nem os do tempo devorador).

A RECADOLOGIA

Como já indicado, as operações mercuriais que permitem ao enigma saturnino transformar-se em canção, n'"O recado do morro", dependem fundamentalmente do canal sensitivo da Lua. Esta é associada, na tradição astrológica, àquele sentimento corporal difuso que se aproxima da pura ressonância afetiva sem objeto (como quem acorda de um sonho do qual não se lembra). Os sete recadeiros dão atenção a algo não claramente objetivável e não inteiramente verbalizado — no caso, o aviso que avança por meio deles levando sinais obscuros e potentes. É esse tipo de associação flutuante que permite chamá-los, de um modo simbolicamente preciso, de *lunáticos* — antenas sensíveis ao *lugar fora das ideias* que se percebe no corpo. A gruta de Maquiné, reverenciada no início e no fim da narrativa, pode ser vista como um templo lunar "onde a gente se lembra do que nunca soube", entrando num estado de "admiração esquisita, mais forte que o juízo de cada um". Assim também a canção, dotada "do profundo do bafo, da força melodiã e do sobressalto que o verso transmuz da pedra das palavras", exala intensidades indizíveis e ressoa finalmente numa noite de festa e de Lua.

Até aqui podemos reconhecer, em plano alegórico disfarçado na obra, os passos de uma viagem simbólica de Saturno ao Sol, mediados pelas propriedades mercuriais e lunares, todos aterrados de maneira inextricável no ser histórico e geográfico, físico e humano, do sertão mineiro. Não há, na verdade, separação entre uma coisa e outra — a epopeia mística e a viagem sertaneja são entretecidas como uma coisa só. O caráter muito sutilmente articulado, embora minuciosamente disfarçado, dessa álgebra mágica pode disparar ainda outros níveis de surpresa, indicando uma vez mais que o analogismo astrológico não está aí a título decorativo, mas que vai longe e chega a uma formulação muito singular, em termos literários.

Prestando atenção nos sete recadeiros em particular veremos que, embora "lunáticos" no geral, cada um deles modula e dobra essa propensão associando-se ao mesmo tempo a um dos já citados sete símbolos planetários implicados na cosmologia astrológica e alquímica. Gorgulho, como já vimos, apresenta os traços inequívocos de um lunático saturnino, incluindo neles a motivação que o leva a viajar em nome do celibato para impor limite ao ímpeto casadoiro do irmão ("nem conjo, nem conja — méa razão será esta").

Catraz, sobrenomeado Qualhacoco, tendo também o nome de um profeta menor, Zaquias, e morando igualmente em gruta ("outro espelêu, em sua outra espelunca"), é um sedutor lunático de motivações *venusianas*, atraído pela beleza feminina (a "figura de uma moça [...] com um colar de sete voltas", "estampa de calendário de parede"). Catraz é movido, além disso, pela sua imaginação engenhosa de inventor de objetos improváveis como o "arioplãe" puxado por urubus movidos a carniça, erguida esta por uma vara de pescar (além do carro sem motor que só funciona na descida). É mais do que curioso que, coincidentemente, certa astrologia, a do esoterismo islâmico (intimamente ligada, aliás, ao neoplatonismo), tenha associado Vênus à "faculdade intelectual" da imaginação, capaz de conferir plasticidade material à mente racional — o que se aplica bem, em chave divertida, a esse inventor de maluquices que, além disso, afirma ter feito promessa "de não casar com mulher feiosa".[36]

Impossível saber, na verdade, até que ponto tamanha sintonia fina com detalhes dessa tradição simbólica, que se percebe aqui, é expressamente informada por essas fontes, em Guimarães Rosa, ou produto de uma intuição que recria e refina por conta própria a orientação de elementos astrológicos consolidados na tradição da *viagem espiritual*, cujos conteúdos e dinâmica ele indubitavelmente dominava. O fato é que se dá, como estamos vendo, uma correspondência termo a termo entre as motivações de cada recadeiro e o esquema das *faculdades intelectuais* associadas pelo esoterismo islâmico a cada planeta (de resto muito próximo, em linhas gerais, daquele que acompanhamos no texto ocidental de Macróbio, ganhando, no entanto, na tradição árabe, um crivo epistemológico mais específico).

Joãozezim, menino agregado a uma fazenda, mentalmente ágil, curioso, colado na linguagem e capaz da atenção em profundidade ("divisava a gente de cima a fundo, nada não perdia"), é aquele que busca dar às palavras ouvidas do Catraz um grau maior de definição e articulação verbal: sua motivação é expressamente *mercurial*. Interessado em compreender os sinais obscuros que ouviu, só obtém a atenção de Guégue, a quem tenta fazer inteligir, com aplicação didático-narrativa, a passagem do recado.

Guégue, por sua vez, é "retaco, grosso, mais para idoso, e papudo", o "anjo"/"bobo" que "[trata] dos porcos de ceva, [leva] a comida dos camaradas da roça, e [cuida] a contento de todo serviço de terreiro" com "muito zelo", além de ser o mais que distraído portador de "doces, quitandas, objetos de empréstimo" e bilhetes a serem levados de fazenda em fazenda. Dispensa benesses a tudo e todos e dispersa os recados, entregando-os a destinatários trocados, misturando-os numa confusão espiral que descaminha os caminhos por onde passa. Colocado no centro dos sete, é o *lunático entre os lunáticos* e o favoroso entre os favorosos — zeloso portador de uma atenção perpetuamente flutuante, em tudo correspondente à faculdade, lunar por excelência, do "espírito corporal". Por isso mesmo, leva o recado à sua máxima potência excêntrica e centrífuga.

Nominedômine, o Jubileu ou Santos-Óleos, "homem grenhudo, magro de morte, arregalado", com os olhos requeimando em zanga, ex-seminarista doido e andarilho anunciador solitário do fim do mundo iminente, ouve nas palavras de Guégue o sinal confirmador de seus vaticínios. Transportando-se para o arraial para "pegar este mundo pelas alças", "vira-mundo malucal" e "ameaçador de tantas prosopopeias", toma a torre da igreja matriz bradando o recado agora em tom de pregação apocalíptica. Seu estado de exaltação iracunda, avisando da conflagração e do esgotamento dos "prazos", associa-se à faculdade conjectural, associada à suspicácia e ao estado de alerta, que a tradição astrológica relacionou ao planeta Marte.

O Coletor, velho ensandecido pelo peso dos "transtornos e desordens da vida", que se imagina "milionário de riquíssimo" e que passa todo o tempo "revendo a contagem [imaginária] de suas posses", reconta a história denegando a sua negatividade ("Isso de mundo se acabar, de noite ou de dia, é invenção de gente pobre... Arrenego!"). Sua relação com o mundo se dá através do pressuposto de uma "sobrefartura" imaginária, a mesma que se encontrou concretamente na fazenda do Jove, estância jupiteriana: sob a espécie lunática, manifesta-se nele a vontade afirmativa e antimelancólica associada ao planeta, que o faz recusar e compensar a negatividade profética de seu antecessor.

Laudelim Pulgapé, cantador popular "alegre e avulso", entende "o mexe-mexe e o simples dos assuntos, sem precisão de um muito se explicar", e completa em tudo "uma simpatia", dono da gaia ciência de tomar alegrias por tristezas e tristezas por alegrias, fazendo do recado remexido por tantas versões a matéria da narrativa cantada em verso, apresentada com grande efeito em festa de noite de lua cheia. Emissário lunar da memória afetiva (artífice poético-musical do bafo profundo da "força melodiã"), ele é também, em última análise, o integrador solar dos elementos viajantes: mercurial até no apelido (Pulgapé), transmuta o limite opaco do recado saturnino, sem negá-lo, e dosa dialeticamente os fatores da negatividade e da positividade.

O fim da viagem coincide com a iminência da festa do Rosário, cujos tambores tomam o arraial com a dança dramática dos ranchos moçambiqueiros, dos congos e da guarda-marinheira, "rufando as caixas, baqueando na zabumba", "rendendo todas as cortesias à Nossa Senhora dos Pretos", reinando com o rei congo e a rainha conga. Os pretos empoderados pelo império da festa "[espiam] os brancos com sobrançaria", investidos por ela "de [sua] importância maior".[37] Entretecida em contraponto musical com essa onda pulsante (toque de caixa e festa, anunciado pelo recado desde a sua raiz), a canção de Laudelim narra a luta de morte sanguinária que se segue à traição sofrida pelo Rei-Menino por parte de seus sete cavaleiros. Nela, os contendores se entrematam até o limite das forças, rebebendo o próprio sangue numa luta sem fim que não seja o da morte de todos, como na saga escandinava, como na tragédia hamletiana. A canção emite sinais paradoxais perturbadores, pois, nela, os urros dos combatentes contracantam com os leves toques suaves da viola do cantador. Mescla de doçura e truculência, transfundida em horror sublime, a "estória [...] terrível" se faz acompanhar, "nos entres dos pés-de-verso", pelo "pim-pim" doce da viola de Laudelim, "feito os passarinhos madrugados".

É a lenta absorção das palavras na sua memória afetiva, no momento em que Pedro Orósio se vê levado para um lugar remoto por Ivo Crônico e seus seis capangas (todos também com nomes astrológico-planetários), que lhe permite, numa espécie de peripécia hermenêutica, perceber em ato que o destinatário do recado da viagem, no caso, *é ele mesmo*. Atiçado pelo sinal de alerta emitido pelo paralelismo da canção com sua própria situação, e movido por um rasgo de suspicácia, antecipa-se à emboscada, salva-se da morte em luta feroz e, mestre do tempo, depõe seu antagonista saturnino, "com asco, com pena", feito "menino, no centro do chão", antes de voltar à terra de origem "por tantas serras, pulando de estrela em estrela, até aos seus Gerais".

A alegoria cosmológica, disfarçada ao longo do conto e entreaberta, se não escancarada, somente nesse final, quando o protagonista salta sobre céus e terras de volta à origem (lembrando a simbologia da viagem presente em Macróbio), não é compreensível se não a relacionarmos com o motivo da saudade da felicidade (chamemos assim), que põe a alma em estado de ressonância com a alma do mundo, integrando todos os componentes dispersos.

[...] tinha viajado, tinha ido até princípio de sua terra natural [...]. Agora [...] era que podia ter saudade de lá, saudade firme. [...] Do chapadão [...] onde a areia se cimenta: a grava do areal rosado, fazendo pururuca debaixo dos cascos dos cavalos e da sola crua das alpercatas. Ou aquela areia branca, por baixo da areia amarela, por baixo da areia rosa, por baixo da areia vermelha — sarapintada de areia verde: aquilo, sim, era ter saudade!

Assim pensa/sente o guia estradeiro, embriagado e cantante, enquanto é levado traiçoeiramente pela emboscada em curso, e enquanto o recado da canção vai *fazendo efeito* sobre ele. Um parágrafo misterioso, em meio a seu devaneio, condensa a cena da saudade atemporal de que falávamos: "um homem chega à porta de sua casa, se rindo de si e escorrendo água, desvestia pesada a croça de fibra de palmeira bôa. E uma mulher moça, dentro de casa, se rindo para o homem, dando a ele chá de folha do campo e creme de cocos bravos. E um menino, se rindo para a mãe na alegria de tudo, como quando tudo era falante, no inteiro dos campos gerais...". Graças ao recado, o roceiro e guia estradeiro Pedro Orósio, o Pê-Boi ou Pedrão Chãbergo, morador de uma casinha "rumo a rumo com o Limpa-Goela, onde tem o morrinho, um cruzeiro e um bananal, indo pelo espigão da Ponte-Seca", faz uma improvável viagem iniciática por meio da canção, participando em termos práticos de uma epopeia mística *sem saber*.

Aqui topamos com o ponto crucial que distingue a narrativa literária de Guimarães Rosa dos *romances espirituais* guiados por uma doutrina da iluminação, com os quais mantém, não obstante, ligações de fundo. Estes pressupõem a figura do Mestre que conduz o discípulo por um caminho previamente dado: "para empreender a viagem", diz Henry Corbin, estudioso consumado do gênero, "é preciso conhecer de antemão suas etapas". Tudo procede, ali, sob a regência de uma "Inteligência agente" que se manifesta "como anjo ou como guia pessoal", senhor das "sete maravilhas que sua perpétua migração pelo mundo lhe permite observar", passando pelos "sete temas do corpo da narrativa" para despertar do "entorpecimento" e iluminar as almas.[38]

O conto de Rosa está longe de buscar produzir esse tipo de conhecimento extático guiado, ao longo de um procedimento doutrinal. Ao contrário, o recado deriva, de maneira inusitada e não sem humor, da *errância* e da *graça*: por uma necessidade inerente à sua poética, quem está no centro dos sete recadeiros como sua "Inteligência agente" é Guégue, o "anjo papudo" e insciente que prodigaliza benesses e mistura às cegas as mensagens e os caminhos.[39] É essa espécie improvável de Exu ingênuo e mineiro que está no coração do recado rosiano, gerando sentido com base no *não saber sabendo*. Por isso mesmo, o aparelho mítico da viagem iniciática, embora operante no conto, não instala um fundamento metafísico a ser seguido, nem convida a um regresso qualquer à tradição religiosa antimoderna. Torcendo embora a modernidade a contrapelo, instaura o princípio da graça (o "milagre que não estamos vendo" quando nada está acontecendo) sobre o acaso e a incerteza.

Não há, igualmente, o recurso a uma tradição fundante que não seja a convivência bruta e atilada da terra: o saber ouvir, à contrafeita revelia, o que ela está falando a propósito daquilo mesmo que se está vivendo e viajando. E o que se está vivendo e viajando é uma história imemorial e recorrente de violência, à qual Guimarães Rosa contrapõe o benefício de uma espécie de senciência aguçada que estaria nos marginais/excêntricos do sertão mineiro. O que não fica longe da estranha mistura irresolvida de doçura e truculência que compõe a canção, com seu aviso de luta e festa, de festa e morte. O recado bífido desemboca afinal em duas veredas que se bifurcam em abismo: a batalha do Rei-Menino, narrada pela canção, na qual prevalece a pavorosa luta de morte sem sobreviventes, adoçada embora pelo canto e pela viola; e a luta de Pedro Orósio, *despertada* pela canção, na qual prevalece a sua salvação e a sua favorosa migração espiritual de volta aos Gerais de origem.

A luta de morte como uma síndrome recorrente no coração da "estranha metafísica das letras brasileiras" já foi apontada agudamente por José Antonio Pasta Júnior.[40] Em Guimarães Rosa, ela comparece no miolo dos seus textos mais cruciais: na extravagante *luta de morte cordial* entre Nhô Augusto Esteves e Joãozinho Bem-Bem, em "A hora e vez de Augusto Matraga", que se estripam trocando reciprocamente protestos da mais elevada estima e consideração (*Sagarana*); no *redemunho* do embate de Diadorim com Hermógenes na batalha do Paredão, em *Grande sertão: veredas* (romance que começa, a propósito, com a duvidosa denegação do caráter mortífero dos "tiros que o senhor ouviu", efetuada pela palavra "nonada"); no tiro e estertor que golpeiam de morte a própria narrativa em "Meu tio o Iauaretê", ao cabo da tensa noite em claro entre o caboclo onceiro e o citadino armado (conto recolhido postumamente em *Estas estórias*). Essa recorrência indicaria, segundo Pasta Júnior, o efeito de uma dialética travada e pendular que não avança e engole a si mesma, como vicissitude sintomática da formação social brasileira. Entre os "tiros que o senhor ouviu", no início do *Grande sertão*, e o tiro que mata a própria narrativa, em "Meu tio o Iauaretê", a obra de Guimarães Rosa se põe no meio do redemunho e no meio do tiroteio. "O tiro parece então ser figura, tanto no romance como neste conto, de um evento excluído, mas por ele convocado e imprescindível para a sua delimitação", diz Clara Rowland.[41] Podemos dizer que a luta de morte no final de "O recado do morro" é uma cifra dessa mesma síndrome, mas tingida, no seu caso, de um emblema salvífico, de uma espécie de antídoto alegórico, de uma expectativa suspensa de superação.[42] Por isso mesmo há que não perder, nela, o saldo de um divertimento *profundo* entranhado na inocência recadeira. De Gorgulho a Laudelim, temos um esquema plástico-imaginativo de disposições transicionais, uma recadologia dos processos criativos, isto é, uma poética implícita onde interagem, sob o signo da graça, a vidência sem fundo, o voo da fantasia, a argúcia clarificadora, o espírito no corpo, a apelação da urgência, a vontade da vida e a integração pela linguagem.

Esse divertimento contém também o mais sério e grave dos bens — o recado anagógico incluso na interrogação da "Morte vestida de Embaixador" dirigida ao Rei-Menino, na canção de Laudelim Pulgapé: "Mas, um dia, veio a Morte/ vestida de Embaixador:/ chegou da banda do norte/ e com toque de tambor./ Disse ao Rei: — A tua sorte/ pode mais que o teu valor?". A pergunta tem a gravidade daquela outra, que aparece no conto "O espelho" e se dirige, em última instância, ao leitor: "Você chegou a existir?".[43] Ou então: "como vais morrer?".[44] Assim como nos processos iniciáticos ou nos de autotransformação, a experiência do recado, guiada ou não, é uma porta que só se abre por dentro.

Por isso mesmo, a perspectiva narrativa de "O espelho", análoga à de *Grande sertão: veredas*, interpela o ouvinte-leitor na segunda pessoa. É próprio do recado em trânsito que ele passe por você e aponte para *você*. E é o que acontece também na aparição da Morte travestida em negociadora, que instiga o autojulgamento do sujeito: "a tua sorte/ pode mais que o teu valor?"; o que equivaleria a dizer: onde está *você* entre o que lhe é destinado ("a tua sorte") e o destino que você mesmo faz ("o teu valor")? Ou ainda: destinatário-destinador, qual o seu lugar em ato nesse recado de vida e morte *rastreado pelo avesso*, nesse "desengonço e mundo" (como diz ainda "O espelho") em que vivemos num "vale de bobagens", "o plano — intersecção de planos — onde se completam de fazer as almas"? Pergunta para a qual a palavra final é uma pergunta mais curta e dirigida, ainda e sempre, a *você*: "Sim?".

RECADOS DO RECADO

"O recado do morro" produz um efeito curioso sobre nós, seus leitores, efeito que vem se estampando na sua fortuna crítica desde os anos 1960. É que sua construção em camadas subterrâneas induz a desvelar novos níveis de sentido a cada vez, como se os críticos fizessem parte, também eles, de uma rede de recados previstos etapa por etapa pela obra como uma extensão dos efeitos retardados que ela mesma arma e esconde.[45] Maurice Capovilla (em 1964) surpreende (com surpresa) a faísca elétrica produzida pelas duas narrativas entrelaçadas que se encontram de repente numa peripécia hermenêutica;[46] Bento Prado Jr. (num ensaio talvez inexcedível, de 1968) desvela o sertanejo rosiano como aquele que, livre da lente alfabética, *só sabe ler o mundo em profundidade* e, na profundidade, ler o morro como um livro-esfinge em que se atualiza a "velha experiência do parentesco entre o cosmo e os signos";[47] Ana Maria Machado (1976) expõe o *recado do nome*, isto é, as cifras onomásticas onipresentes na escritura em "mil-folhas" de Rosa, e põe em circulação a simbologia planetária, agora tornada consciente;[48] Heloísa Vilhena de Araújo (1992), com base em referências platônicas e plotinianas, extraídas das próprias epígrafes de *Corpo de baile*, sustenta que a chave planetária envolve não só a microestrutura do conto mas a macroestrutura do livro, com seus sete contos dançando a "dança córica" dos astros em torno d'"O recado do morro";[49] Clara Rowland (2011) ilumina o movimento vertiginoso de ida e volta com que a forma objetual do livro, em Rosa, sinaliza um permanente movimento de leitura e releitura cujo núcleo e cujo nó são análogos ao voltear do Guégue, o recadeiro tão aplicado quanto distraído que leva a função dos recados ao paroxismo, dissipando-os e dispersando-os;[50] Érico Melo (2011) escaneou literalmente todas as referências espaciais em *Corpo de baile*, reais ou inventadas, e mostrou que as relações entre elas traçam figuras e inscrições que fazem do mapa do sertão uma espécie de universo-livro.[51]

"Clássico é aquele livro que uma nação ou um grupo de nações [...] decidiram ler como se em suas páginas tudo fosse deliberado, fatal, profundo como o cosmos e capaz de interpretações sem fim", diz Jorge Luis Borges, aplicando sua inconfundível metaironia ao processo de conversão de certas obras literárias em algo mais próximo de escrituras sagradas.[52] A formulação é passível de adaptação, no entanto, para efeitos do recado de Rosa: antes que a parcela letrada da nação *decidisse* torná-lo o clássico em que se tornou, lendo-o *como se* suas páginas dissessem *tudo*, tudo nele, por uma estranha inversão premeditada, já parece *deliberadamente fatal, profundo como o cosmos e chamando interpretações sem fim*, como se programado de antemão para duplicar o efeito dos recados que no texto se transmitem e viajam.

RECADOS DO CERRADO E DA MATA

Entremos agora na parte em que, para além do conto e de sua fortuna crítica, a viagem do recado não só continua a produzir efeitos e novas consequências, mas parece ganhar vida própria.

Ao escrever o prefácio para *A queda do céu*, livro cosmopolítico e profético do xamã yanomami Davi Kopenawa, realizado em parceria com o antropólogo Bruce Albert, Eduardo Viveiros de Castro deu-lhe o título de "O recado da mata" (numa alusão explícita a "O recado do morro") e tomou como epígrafe os versos finais d'"A máquina do mundo" de Carlos Drummond de Andrade. No texto, Viveiros de Castro diz que a "alta significação poética" do livro, conjugada com sua "verdade histórica, etnográfica, ecológica e filosófica", ganha mais poder *comovente* (no sentido de ser capaz de nos mover) se, ao terminar de lê-lo, mergulharmos n'"O recado do morro". As circunstâncias dessa aproximação inesperada, que envolvem de perto a viagem que fazemos aqui, merecem uma contextualização mais ampla.

Num texto de jornal escrito em 2014, sobre a devastação do cerrado, eu havia comentado que a vegetação nativa desse bioma em grande parte mineiro tem a maior parcela da sua estrutura dentro da terra, como uma verdadeira floresta invertida, e que é por suas raízes que são alimentados os lençóis freáticos e os lençóis artesianos dos aquíferos, cuja carga interna aflora na forma das nascentes dos rios.[53] Por isso mesmo, Guimarães Rosa define Minas Gerais como "o elevado reservatório, a caixa-d'água, o coração branco, difluente, multivertente", que distribui "para tantas direções" os caudais dos grandes rios e suas bacias [do Araguaia/Tocantins, do São Francisco, do Paraná/Paraguai], bem como "a meninice" brincante "dos seus olhos-d'água", brejos, minadouros e riachinhos.[54]

Essa respiração hídrica, cheia de grandezas e pequenezes, veio sendo sufocada pela introdução de gramíneas para o pastoreio, pela expansão da fronteira agrícola com a soja, o milho e o algodão (cujas raízes são superficiais), pela ação dos fertilizantes, pela devastação dos insetos e animais polinizadores, impedindo a renovação da vegetação nativa, ditadas todas pela ocupação desenfreada que o agronegócio impôs ao cerrado desde os anos 1970, continuando a obra destruidora dos colonizadores que não compreenderam, desde sempre, o "superorganismo" vivo que é essa "máquina do mundo" in natura. (Com essas expressões estou transpondo para o cerrado aquilo que Viveiros de Castro diz da floresta, no prefácio citado, como "máquina do mundo" originária e como "um ser vivo composto de incontáveis seres vivos, um superorganismo constantemente renovado".)[55]

Mais ainda do que uma drástica mudança de superfície, com a substituição da flora anciã pelas monoculturas e o império do eucalipto a ser convertido no carvão que alimenta as siderúrgicas, o processo envolve uma devastação invisível de consequências literalmente profundas: é a floresta subterrânea das raízes que desaparece junto com a vegetação nativa, abalando o equilíbrio do bioma de dezenas de milhões de anos e o sistema que alimenta e realimenta os aquíferos, acarretando a morte de rios, ribeirões, regatos, veredas.

A obra de Guimarães Rosa, graças à qual a biodiversidade prodigiosa do bioma se confunde com a biodiversidade do idioma, pode ser sentida, em muitos níveis, como um recado do cerrado, irradiando-se pelas menores refrações da "língua em estado nascente". *Corpo de baile*, em especial, parece todo ele pensado como uma obra cartográfica, uma geoliteratura do sertão total, cruzada por viagens geodésicas, compondo uma "geo-grafia" dos recados que o atravessam. No caso do conto "Cara-de-Bronze", a viagem do Grivo, vaqueiro-poeta incumbido de buscar o *quem das coisas* pelo fazendeiro entrevado Segisberto Saturnino Jéia Velho, Filho (outra ocorrência gritante da "doutrina de Saturno" no mesmo livro), é acompanhada da extensa lista de nomes de árvores que o viajante teria encontrado pelo caminho, referidas como "*pessoas de árvores*", isto é, como uma população de viventes cuja enumeração espantosa ocupa longas notas de rodapé que se estendem por páginas, como se nunca acabasse: nomes de árvores existentes e principalmente inventadas, ao modo de nomes de gente ("ana-sorte", "joão-curto", "joão-corrêia", "três-marias", "sebastião-de-arruda", "são-fidélis", "urú-joana"), nomes formados por derivações com bichos ("calcanhar-de-cutia", "pente-de-macaco", "marmelada-de-

-cachorro", "araçá-pomba", "orelha-de-onça-miúda"), variações vegetais ("erva-luiza", "flor-do-páu", "a sempreviva-serrã", "a gritadeira-do-mato", "árvore-de-olha-parida"), glossolalias indígenas ("cotí-caém", "uaiandí", "guabipocaíba", "uuucuúba", "uauassú"), coloquialidades insinuantes ("fêmea-de-todos", "pau-que-pensa", "bunda-de-mãe-isabel", "malícia-de-mulher"), sugestões eróticas ("mela-mela", "maria-culatra", "lençol-de-casados", "pau-de--chupar"), diminutivos florais ("azedinha-alelúia", "chumbo-de--flôr-miudinha", "miserinha").[56]

Essa nomeação ostensiva projeta a potência da língua num campo aberto ao biodiverso, todo ele tramado no ambiente da biomassa, não segundo categorias gerais que procedem por abstrações (como faz a engenharia classificatória dos nomes científicos), mas como a realização radical do *pensamento selvagem* enquanto bricolagem e "ciência do concreto".[57] Tal multidão de achados desvela na poética da língua a nomeação infindável do *quem das coisas*. No caso, o *um-por-um* e o *uma-por-uma* do *quem das plantas*: fluxo associativo que ponteia, pelo crivo da capacidade nomeadora da imaginação coletiva, o "superorganismo" vivente do cerrado, misturadamente vegetal, animal e humano.

Por tudo isso, e ante a destruição que se opera há tempos e que hoje se agrava, o monumento poético que é a obra de Guimarães Rosa soa como um portentoso *canto do cisne do bioma* — ou, numa comparação mais condizente com a sua natureza, como a mágica *dança do tucano* que se dá no final de *Primeiras estórias* (1962), que pairasse sobre a devastação de um mundo do qual é ela mesma o derradeiro sinal.[58] O episódio do tucano comparece no último conto do livro, "Os cimos", que se apresenta, por sua vez, como uma continuação do conto de abertura, "As margens da alegria". Formando um díptico que enfeixa *Primeiras estórias*, os dois contos insinuam uma visão não explícita, mas claríssima, da construção de Brasília (àquela altura recentemente inaugurada) como a entidade modernizante e tecnológica que toma de assalto o sertão rosiano. Jagunços cedem lugar a candangos não nomeados (trabalhadores genéricos que não chegam a ganhar face); cavalos dão vez às compressoras, caçambas, cilindros e betumadoras; tratores derrubam árvores sem contemplação e o jipe, que era um corpo estranho e de exceção em meio ao bioma extasiante em "Buriti", agora liga todos os pontos do território e provoca a debandada e a desaparição de garças, perdizes e seriemas.[59]

"As margens da alegria" expõe a ação devastadora da maquinaria de construção da nova cidade em que assistimos, junto com o personagem do Menino, à queda gratuita, por mero efeito de demonstração de poder sobre a natureza viva, da árvore que cai derrubada pelo trator ("A árvore, que morrera tanto. A limpa esguiez do tronco e o marulho imediato e final de seus ramos — da parte de nada"). Entre o anúncio moderno do novo e o viés melancólico que se insinua aí, a narrativa não é conclusiva, antes enigmática. Não se pode dizer que o livro é uma apologia da modernização e do progresso que se anuncia, embora capte-lhe o momento, nem é um testemunho melancólico e crítico da intervenção modernizante, embora contenha o lamento surdo pelos viventes machucados e destruídos pela construção da cidade "mais levantada no mundo".

Pode-se dizer que a ambivalência não resolvida oscila aí entre a inquietação e o lamento pela *castração estéril* da devastação ambiental, por um lado, e, por outro, a expectativa de uma *castração fecunda* por meio da qual se pagaria em perda da natureza o custo da formação nacional e o salto da modernização, da qual Brasília representaria a aposta máxima. Essa contradição difusa, no plano literário, tem um correspondente muito concreto e perturbador no plano político: Roniere Menezes chama a atenção para o fato de que coube a Guimarães Rosa, enquanto diplomata e chefe do Serviço de Demarcação de Fronteiras do Itamaraty, a função de defender a construção da hidrelétrica binacional de Itaipu e a utilização do "enorme potencial energético decorrente do Salto de Sete Quedas" (que era, frisa Roniere, "um dos maiores monumentos ecológicos da América Latina" e que veio a ser submergido e destruído no processo de construção da usina).[60]

É importante situar, no entanto, o modo como essa posição, que nos choca e se choca com os "princípios poéticos e ecológicos" inerentes à sua escritura, insere-se no contexto da complexa crise diplomática entre Brasil e Paraguai que se acirrou durante os anos de 1964 a 1966 e que beirou em alguns momentos o confronto militar.[61] O projeto brasileiro de instalação de uma portentosa hidrelétrica no rio Paraná, acalentado desde os governos Jânio Quadros e João Goulart, acendeu o interesse paraguaio e, em consequência, demandas sobre direitos territoriais fronteiriços que pareciam solucionados desde o Tratado de Limites de 1872. Feridas da Guerra do Paraguai eram reabertas, com protestos inflamados na fronteira contra a acusada usurpação da região pelo Brasil, envolvendo incidentes violentos, destacamentos militares brasileiros no local e a intensa queda de braço diplomática que se seguiu. Se a miragem econômica gerada pelo plano da hidrelétrica prorrompia uma disputa de natureza territorial, a responsabilidade técnica envolvida no litígio político recaía diretamente sobre o chefe do Serviço de Demarcação de Fronteiras — o nosso escritor. Em outras palavras, ao invés da ascensão aos sete céus supralunares, caía dessa vez sobre os ombros de Guimarães Rosa o destino a ser infligido ao Salto das Sete Quedas. Em confidência por carta a seu tradutor italiano, ele se diz aplastado, nessa época "absurda e terrível" de sua vida, pela "circunstância" fatídica "de ser, entre os 80 milhões de brasileiros, o [funcionário] pago para cuidar do assunto, debaixo do peso dele".[62]

O documento a que se refere Roniere Menezes é um extenso arrazoado diplomático, dirigido ao ministro das Relações Exteriores paraguaio, no qual se refutavam as demandas territoriais do país vizinho por meio de um reexame dos tratados existentes (de 1872 e de 1927) e de um escrutínio de todos os pontos locais em litígio.⁶³ Combina firmeza argumentativa com acenos diplomáticos a uma solução favorável às duas partes, afirmando, no final, a disposição nacional "a encetar conversações em torno de tão importante questão" e a intenção estratégica de promover planos conjuntos para "a utilização prática, não só do enorme potencial energético decorrente do Salto das Sete Quedas, como de todas as possibilidades que oferecem, à agricultura e à navegação, as águas do Paraná".⁶⁴ Embora escrita por Guimarães Rosa, a nota diplomática é assinada pelo embaixador do Brasil Jaime de Sousa Gomes — trata-se de um texto institucional de ofício, obedecendo a diretivas governamentais, que implica o escritor por um viés problemático que não é propriamente o autoral.

Para ser breve, a diplomacia brasileira, conduzida por Juraci Magalhães, deu afinal por inegociável a demarcação das fronteiras já existentes (jogando duro seu peso continental contra o país guarani), mas negociou com o Paraguai, em contrapartida, uma partilha equitativa dos recursos energéticos gerados pela usina (concessão que teria, por sua vez, provocado conflitos acirrados nos bastidores políticos e militares brasileiros). Rosa esteve ausente do ato final da crise — a reunião da Ata das Cataratas que selou o acordo entre os dois países — por dois motivos conjugados: a representação brasileira preferia tirar de cena o tema das fronteiras, mantendo-as intocadas e convertendo a discórdia numa parceria econômica que apaziguava as relações bilaterais; exausto, o escritor foi convencido pelo Departamento Cultural do Itamaraty, segundo ele mesmo, a aceitar o convite para um congresso do Pen Club em Nova York, que ele quase aproveitou para desdobrar numa viagem por "lugares bonitos" — o *canyon* do Colorado, reservas indígenas e... Niagara Falls (sem comentários sobre a ironia mais que cruel implícita nesse desejado passeio turístico). Não à toa, retornou "cheio de dores físicas *e morais*"(o destaque é meu).[65]

A distância abissal entre a ação do burocrata e a perspectiva poético-ecológica do escritor é um sintoma agudo da posição contraditória do intelectual como homem de Estado no Brasil,[66] posto no papel de representante de um projeto desenvolvimentista que faz tábula rasa da natureza e da vida e que toma o processo de modernização brasileiro, no melhor dos casos, como uma espécie de *condenação virtuosa* (para usar a expressão famosa de Mário Pedrosa de que estamos "condenados ao moderno" e justificados no papel de ocupantes do suposto vazio territorial nacional, já que não teríamos passado civilizatório relevante). Não é preciso insistir no fato de que a obra de Guimarães Rosa é o testemunho portentoso de uma intimidade congenial com o *superorganismo vivente* do bioma, que vai no caminho contrário dessa concepção de país. Não sabemos como o escritor terá negociado consigo mesmo essa contradição gritante (o único possível sinal que nos chega dela é a alusão, de resto sumária, a *dores físicas e morais*). Morto em 1967, Rosa não viveu para ver a morte do Salto de Sete Quedas, nem o destino infausto do cerrado, nem a emergência da questão ambiental que começaria a ganhar evidência no mundo a partir dos anos 1970.

Carlos Drummond de Andrade, por seu lado, intimamente escaldado pela experiência da mineração em Itabira, cujos efeitos terríveis ele percebeu desde cedo, e constituído de outra têmpera política, converteu-se em ativista ecológico e escreveu "Adeus a Sete Quedas", poema de protesto e de lamento publicado no *Jornal do Brasil* em 9 de setembro de 1982, no próprio dia em que se consumava a destruição da maravilha natural ("Sete quedas por nós passaram./ [...] não soubemos amá-las,/ E todas sete foram mortas,/ E todas sete somem no ar,/ Sete fantasmas, sete crimes/ Dos vivos golpeando a vida/ Que nunca mais renascerá"). O contraste entre os dois escritores mineiros e maiores, situado em dois tempos distintos, coloca uma desafiadora questão de fundo: há *uma pedra no meio do caminho* do recado, que continua, ainda assim, se saindo pela *terceira margem* — se é que me entendem.

Voltar ao ponto é quase um *salto mortale*. As últimas décadas foram marcadas pela entrada em cena, no Brasil e no mundo, de uma luta de morte de outra natureza — ou melhor, contra a natureza, cujos desdobramentos estão estampados na vida das nossas *retinas fatigadas*. Diante dela — dizia eu no final do artigo sobre a devastação do cerrado, em 2014 —, quem insistisse àquela altura em dar voz ao grito de denúncia e alerta geral contra a destruição de Gaia, como fazia Eduardo Viveiros de Castro junto com Déborah Danowski, estaria condenado ao papel de Nominedômine e posto na posição depreciada de profeta amalucado do fim do mundo e "ameaçador de tantas prosopopeias".

No seu prefácio a *A queda do céu*, em 2015, Eduardo recolheu esse recado e levou-o muito adiante, dando-lhe uma inflexão afirmativa e propondo um paralelismo entre o *recado do morro* (o sertão rosiano) e o *recado da mata* (a floresta amazônica), sem perder o jogo verbal implícito entre *morrer* e *matar*. De maneira surpreendente, sugere um paralelismo entre os agentes d'*A queda do céu* e os agentes do conto nos termos da própria recadologia:

> imagine então o leitor que o xamã-narrador d'*A queda do céu* seria como uma síntese algo improvável do Gorgulho e de Nomindome que Pedro Orósio fosse o brasileiro — o caboclo terrano — que todos, no fundo, somos quando sonhamos, tão raramente, com um outro "nós-mesmos", e que o antropólogo-escriba [Bruce Albert] fosse como um análogo do cantador Laudelim, o único a penetrar não a *referência* da mensagem cifrada, mas, muito mais importante, seu *sentido*.[67]

A comparação ganha mais força ainda quando se entende, como aponta Alexandre Nodari, que *A queda do céu* se compõe, assim como *Grande sertão: veredas*, de uma fala convertida em escrita através da intermediação de um participante parcialmente ocultado, e passando através deste a outrem (nós outros, leitores).[68] Neste caso, trata-se da fala do xamã yanomami, cujas palavras se convertem em manchas desenhadas no papel do livro ("peles de imagens tiradas de árvores mortas" — na definição de escrita por Kopenawa) graças a uma interação de trinta anos (saturnina, poderíamos dizer) com o antropólogo em trabalho de campo, consciente este dos enormes problemas envolvidos na conversão para a escrita alfabética da voz daqueles que vivem na floresta — essa semiosfera radicalmente outra.

Albert deixa ver claramente, no próprio corpo d'*A queda do céu*, que o livro não resulta da mera transcrição automática de uma fala, mas de um processo que implica dimensões mais próximas dos procedimentos literários: "é afinal um 'texto escrito/falado a dois'", isto é, "uma obra de colaboração na qual duas pessoas — o autor das palavras transcritas [...] e o autor da redação [...] — *empenham-se em ser um só*" (o destaque é meu). Ou seja, temos aí, na verdade, um processo escritural em que a voz das vozes da floresta (aliada a seus "duplos invisíveis", os *xapiri*) e seu *alter ego scriptor* convertem-se num *terceiro* em que coincidem graças a um "pacto etnográfico" que é também uma "experiência única de identificação cruzada" (análoga à *obliquação* literária de que fala Alexandre Nodari). Pois, na busca pelo difícil "centro de gravidade narrativo" capaz de dar forma a suas conversas com Davi Kopenawa, Bruce Albert acabou por se deparar com o fato de que um eu só transmite legitimamente as palavras de alguém outro, permitindo-se escrevê-las "em seu lugar", se assumir uma espécie de despersonalização análoga à despersonalização ficcional, para além da ideia ilusória da transposição direta e transparente da fala de um para a escrita do outro.[69] Nodari detectou e fez avançar o entendimento do quanto o romance de Guimarães Rosa é escrito como a ficcionalização de uma espécie de "pacto etnográfico" análogo a esse que constitui *A queda do céu* (ressalvada, entre todas, a diferença evidente que há entre um testemunho profético de cunho propriamente etnográfico e um texto literário de alta densidade, que só é antropológico se pensarmos na ficção, como Nodari o faz, enquanto uma espécie de *antropologia especulativa* fundada na relação de obliquação com o outro).[70] A crítica literária sabe de longa data que o romance de Guimarães Rosa propõe esse tipo de perspectiva narrativa, diz Nodari, mas não existia, até *A queda do céu*, um texto cuja estrutura, amplitude e força dessem corpo a tal analogia e que permitisse um contraponto mais direto: faltava

> um análogo ao *Grande sertão: veredas* na antropologia, a saber, a transcrição de um relato nativo de tamanha intensidade, contendo, a um só tempo, a estória de uma vida, de um povo ou de um mundo [...] no seu contato com outros, com o colonialismo interno, o capitalismo e o aparato do Estado-nação e, em conjunto e emaranhado a essas estórias, a elaboração, de teor reflexivo-abstrato — metafísico, para ser breve — sobre *a* vida, *a* estória e *o* mundo.

A dupla associação d'*A queda do céu* com "O recado do morro", por Viveiros de Castro, e d'*A queda do céu* com *Grande sertão: veredas*, por Alexandre Nodari, faz do testemunho de Davi Kopenawa/Bruce Albert uma espécie de combinação de *Grande sertão* com "O recado" — isto é, combinação da enunciação discursiva de um com o enunciado cosmopolítico extraído do outro —, e promove um inesperado alinhamento entre os textos — alinhamento que acaba por evidenciar o caráter recadológico dos três: todos envolvem um pacto de intermediação entre a oralidade e a escrita graças ao qual um mundo passa no outro pela via de uma terceira margem, fazendo vir à tona dimensões não sondadas do sertão jagunço, do terrano brasileiro, do indígena amazônico e seu testemunho profético.

É neste último que Viveiros de Castro, retomando a dignidade de Nominedômine e Gorgulho, vê com um fervor não favoroso "o elo crucial da rede, o ponto final da série de personagens 'excêntricos' de 'O recado do morro'", dizendo: "quem mais fora do centro e do Um, da fumaça das cidades e do brilho assassino do metal, do que um índio, um homem do fundo do mato que firmou um pacto xamânico com as legiões de duplos invisíveis da floresta —, com os *xapiri* que transmitem o recado cifrado da mata. Um recado, recordemos, ominoso. Um aviso. Uma advertência. Uma última palavra".[71] Como diz alguém no próprio conto ("um Torontonho ou Torontõe") sobre Nominedômine enquanto anunciador contumaz do fim do mundo, "algum dia ele acerta...".

A BIOFONIA

Em "Buriti", outra das novelas de *Corpo de baile*, o Chefe Zequiel não consegue dormir a cada noite porque "o mundo [perde] suas paredes" e destampa o burburinho agitado dos sons que só ele escuta: o vozerio dos viventes escondidos na mata (insetos, aves, macacos, ratos, sapos, répteis, folhagens, cavalos, morcegos, onças, humanos), que chega a seus ouvidos com uma nitidez alucinante, desencobrindo o pulular angustioso das tretas secretas de vida e morte que se travam dentro daquele silêncio no qual "nunca há silêncio". Chefe Zequiel é uma espécie de Gorgulho que ouve não os desabamentos subterrâneos, mas os recados noturnos da biofonia do cerrado, o vozerio vivente da escuridão que ele não consegue *não ouvir*, e que mal consegue contar a alguém. "Tudo o Chefe não sabe, amarrado ao horror", e "ouvia, ouvia tudo, condenado". "O tatu levanta as mãozinhas cruzadas, ele não sabe — e os cachorros estão rasgando o sangue dele, e ele pega a sororocar." "O senhor ouve o orvalho serenar", "o cochicho do cocho [do monjolo] se enchendo d'água", a hora em que "o rio virou de lado de dormir, gole d'água, gole d'água".[72] No silêncio da noite, Zequiel ouve sozinho o "superorganismo" vivente no seu um-por-um incontável — o insuportável sublime do real.

Sua indescritível acuidade auditiva faz lembrar, num outro sentido, a experiência narrada por Bernie Krause no livro *A grande orquestra da natureza*. Krause pôs em circulação o conceito de *biofonia* para designar a sinfonia dos sons de origem biológica não humana, e quem saúda e homenageia o seu "notável trabalho" é ninguém menos que o próprio Bruce Albert (com o que nossas linhas viajantes vão todas se aproximando).[73] Antigo engenheiro de som trabalhando para a indústria cinematográfica norte-americana, Bernie Krause abandonou essa função e pôs-se a gravar a sinfonia dos biomas pelo mundo desde o momento em que descobriu, em ambiente natural, o poder "das texturas acústicas sutis [que] se agigantavam através dos fones estéreo, cujo controle de volume [ele] pusera no máximo para não perder nenhum detalhe". Antes treinado profissionalmente para usar os ouvidos como filtros que eliminam os ruídos, em vez de ouvi-los, ele passava, a partir dessa percepção, a usá-los como portais capazes de "distinguir as […] nuances dos ambientes naturais intocados".[74] (A experiência lhe mostrará que biomas ecologicamente íntegros ostentam uma paleta plena de todas as frequências sonoras, indo dos sons mais graves aos mais agudos, enquanto os biomas degradados expõem uma ambiência danificada na qual o campo das frequências se esburaca.)

"O impacto" dessa nova escuta, conta ele, "foi imediato e poderoso", "a impressão de leveza e amplidão era esplêndida e sedutora", "o ambiente se transformou, revelando sutilezas mínimas que [ele] jamais perceberia de ouvidos desarmados", como as de "um pássaro pousando nas proximidades, levantando as folhas do chão ao alçar voo assustado, empurrando o ar ao bater as asas em movimentos curtos e rápidos". "Naquele momento", diz ele, "me dei conta de que os sons selvagens encerravam grande quantidade de informações valiosas à espera de decifração."

É exatamente essa *decifração* indecifrável, elevada à sua máxima potência, e sem o uso de aparelhos externos, que encontramos na escuta de Chefe Zequiel captando a profusão sonora do cerrado, sua alucinante diversidade irreproduzível, o medo obscuro que a habita e o motor das fusões e predações que exalam o bafo da *coisa* inominável.

O RESTO É CANÇÃO E SILÊNCIO

Mas essa aproximação à biofonia e a ligação com Bruce Albert não são as únicas contribuições de Bernie Krause para o nosso tema. Ele nos dá ainda um presente-surpresa com o qual encerraremos esta viagem. Um dia, no começo dos anos 1990, estando no Rio de Janeiro na véspera de partir para uma gravação no que era então o Parque Estadual do Rio Doce, ele foi convidado por um amigo a jantar com um compositor brasileiro. Para sua surpresa, tratava-se de Tom Jobim, "o pioneiro da bossa nova", que "passou a noite toda e as primeiras horas da manhã contando histórias de sua infância, quando brincava com os amigos à sombra das árvores da floresta subtropical e fazia música com os animais da mata, que, na época, chegava até os limites da cidade". Ao animar suas histórias, diz Krause, Tom "imitava os chamados e os cantos de seus adorados pássaros, anuros e mamíferos, muitos dos quais já estavam extintos havia muito tempo, mas ainda eram lembrados. Sua eloquência e facilidade mostravam que essas vocalizações pertenciam a sua língua materna. Sua comovente imitação de pintassilgo era tão bem articulada que quem estava no restaurante olhou em torno para ver se havia mesmo um passarinho".

Tom Jobim, que se revelava a Krause como o repositório vivo daquilo que ele mesmo buscava, se despediu com um aviso e um pedido:

> O parque estadual para onde vocês estão indo amanhã [...] é um pequeno remanescente do que já foi uma das maravilhas do mundo natural. É o que restou daquela mesma floresta em que eu brincava com os amigos. Só que dava para ir a pé deste restaurante até os limites da floresta. Da última vez que estive lá, quase não escutei mais nenhum som, pois a área florestal diminuiu muito e está dividida em segmentos completamente circundados por fazendas e áreas urbanizadas. Façam uma boa gravação. É o que sobrou das grandes *florestas pluviais da Mata Atlântica*.[75]

Esse Tom, que Bernie Krause conhece nos anos 1990, tinha se convertido havia vinte anos no leitor de Guimarães Rosa, tendo deslocado então sua atenção da cidade para a ecologia, de Ipanema para a floresta (que ele conhecia desde sempre, como vimos), do meio urbano para a biomassa, da bossa nova para o passarim, para a toada transcendental e para as águas de março. O depoimento sela, por outro lado, o pacto subterrâneo entre Rosa e a canção brasileira, presente nos refrães que pontuam toda a narrativa de "A hora e vez de Augusto Matraga", na canção de Siruiz — que é uma espécie de parábase do *Grande sertão* —, na canção enquanto recado dos recados. Pode-se entreouvir o bim bom de João Gilberto no pim-pim de Laudelim, seus "passarinhos madrugados". Para Tom Jobim, vale o que disse Baudelaire de Chopin: "sua música leve e apaixonada [...] lembra um pássaro brilhante a esvoaçar sobre os horrores de um abismo".[76]

Na contracapa de *Antonio Brasileiro*, último disco de Tom, lê--se uma frase enigmática que ali não se revela de onde vem. Se procurarmos em "O recado do morro", no entanto, veremos que são exatamente as palavras que sobram após os viajantes tentarem entender a fala atravessada de Gorgulho e desistirem, seguidos ainda do som remanescente de alguns bichos e águas — "o resumo de uma mosca verde", "o terteré dos animais boqueando seu capim", "o avexo em chupo de um riachim", um passarinho, outro passarinho, e mais um silêncio de mil compassos. É o eco do recado — um testamento secreto, uma espécie de fim e começo onde tudo pousa e repousa:

"O resto era o calado das pedras, das plantas bravas que crescem tão demorosas, e do céu e do chão, em seus lugares."

**PARTE III
CANÇÃO**

A gaia ciência: Literatura e música popular no Brasil

Dizer que a música popular brasileira é forte e bela é mais verdade que novidade, mas pouco ajuda, dentro ou fora do Brasil, a entender aquilo que a distingue. Aparentemente, um dos seus traços mais notáveis é a permeabilidade que nela se estabeleceu a partir da bossa nova entre a chamada cultura alta e as produções populares, formando um campo de cruzamentos muito dificilmente inteligível à luz da distinção usual entre música de entretenimento e música informativa e criativa. Na canção popular brasileira das últimas três décadas encontram-se bases portuguesas e africanas com elementos do jazz e da música de concerto, do rock, da música pop internacional, da vanguarda experimental, travando por vezes um diálogo intenso com a cultura literária, plástica, cinematográfica e teatral. Uma tal mistura da proveniência artística e técnica, de níveis de informação, poderia facilmente dar lugar ao ecletismo ou à pura confusão. Poderia ser confundida, ainda, com a tendência ao pastiche ou à generalização do caráter mercadológico de toda matéria sonora, que sobreveio às liberações da década de 1960. No entanto, é possível sustentar que vieram se forjando dentro dessa tradição critérios que a tornaram capaz de trabalhar com a simultaneidade e a diferença de um modo inerente à enunciação da poesia cantada, com delicado e obstinado rigor, mesmo sob o efeito consideravelmente homogeneizador ou pulverizador das pressões do mercado. Está implícito ou explícito em certas linhas da canção um modo de sinalizar a cultura do país que, além de ser uma forma de expressão, vem a ser, como veremos, um modo de pensar — ou, se quisermos, uma das formas da *riflessione brasiliana*.

Assumindo para o tratamento dessa questão o ângulo das relações entre literatura e música popular, é preciso assinalar antes de mais nada alguns fatos. A partir do momento em que Vinicius de Moraes, poeta lírico reconhecido desde a década de 1930, migrou do livro para a canção, no final dos anos 1950 e início dos 1960, a fronteira entre poesia escrita e poesia cantada foi devassada por gerações de compositores e letristas leitores dos grandes poetas modernos, como Carlos Drummond de Andrade, João Cabral, Manuel Bandeira, Mário de Andrade ou Cecília Meireles. O paradigma estético resultante dessa migração, nas parcerias de Vinicius com Tom Jobim, poderia nos remeter, se quiséssemos, à época áurea da canção francesa ou ao acabamento e à elegância das canções de George e Ira Gershwin. Nas de Tom Jobim com Newton Mendonça, ao sentido irônico, paródico ou metalinguístico das canções de Cole Porter. Para um país cuja cultura e cuja vida social se defrontavam a cada passo com as marcas e os estigmas do subdesenvolvimento, a bossa nova representou, pode-se dizer, um momento de utopia da modernização conduzida por intelectuais progressistas e criativos, que se estampava, na mesma época, na construção de Brasília e que encontrava correspondência popular no futebol da geração de Pelé. Como as demais manifestações citadas, e suas contemporâneas, ressoam nas suas harmonias e na sua batida rítmica os sinais de um país capaz de produzir símbolos de validade internacional ao mesmo tempo particulares e não pitorescos ou "folclóricos".

Em seus desdobramentos, a bossa nova deu elementos musicais e poéticos para a fermentação política e cultural dos anos 1960, em que a democracia e a ditadura militar, a modernização e o atraso, o desenvolvimentismo e a miséria, as bases arcaicas da cultura colonizada e o processo de industrialização, a cultura de massas internacional e as "raízes" nativas não podiam ser compreendidos simplesmente como oposições dualistas, mas como integrantes de uma lógica paradoxal ou complexamente contraditória, que nos distinguia e ao mesmo tempo nos incluía no mundo. A compreensão e a agressiva formulação desse estado de coisas encontram-se no movimento da Tropicália, de 1967-68, que tem seus principais representantes em Caetano Veloso e Gilberto Gil. A alegoria barroca do Brasil (que se realiza propriamente nos filmes de Glauber Rocha), a carnavalização paródica dos gêneros musicais, que se traduz numa densa trama de citações e deslocamento de registros sonoros e poéticos, põem em cena ao mesmo tempo o samba de roda, o cantador nordestino, o bolero urbano, os Beatles e Jimi Hendrix. Esses procedimentos, operando no âmbito da canção de massa, têm afinidade explícita com a estratégia "antropofágica" concebida e praticada por Oswald de Andrade, poeta modernista revalorizado na altura de 1967 pelo Teatro Oficina com a encenação d'*O Rei da Vela*. O movimento tropicalista dialogou, ao mesmo tempo que com Oswald de Andrade, e por afinidade com este, com a poesia concreta.

Torquato Neto, que participou do tropicalismo como letrista, produziu uma poesia que circula entre a canção e o livro, o que acontecerá também com uma série de poetas surgidos nos anos 1970, como Waly Salomão, Paulo Leminski, Antônio Carlos de Brito [Cacaso], Alice Ruiz, Antonio Risério, sem falar em Jorge Mautner, que combinava efervescência filosófica e literária com canção popular havia mais tempo, ou Antonio Cicero, poeta, letrista, filósofo. Haroldo de Campos teve seu "Circuladô de fulô" e Augusto de Campos seu "Pulsar" musicados por Caetano Veloso (Augusto faria um CD com oralizações e musicalizações de poemas; textos de Haroldo e do próprio Augusto foram musicados ainda por Péricles Cavalcanti). Arnaldo Antunes faz uma ponte entre a poesia concreta e o rock, desenvolvendo a partir daí uma poética muito pessoal que trabalha simultaneamente com poesia-livro, vídeo e música.

Se pensarmos também no fato de que a obra de Caetano Veloso dá a esse processo a sua visibilidade máxima, no fato de Chico Buarque ter escrito um importante romance, *Estorvo*, e Júlio Bressane ter feito um filme, *Tabu*, sobre o encontro imaginário e prototípico de Oswald de Andrade com Lamartine Babo (autor de marchinhas de Carnaval paródicas na década de 1940), podemos postular que se constitui no Brasil, efetivamente, uma nova forma da "gaia ciência", isto é, um saber poético-musical que implica uma refinada educação sentimental (como aquele assim designado pelos trovadores de Toulouse no século XIV, lembrando a grande tradição provençal do século XII) mas, também, uma "segunda, mais perigosa inocência na alegria", fazendo-nos "ao mesmo tempo mais infantis e cem vezes mais refinados do que fôramos antes" (a frase é de Nietzsche na abertura d'*A gaia ciência*). De fato, a agudeza intelectual (muitas vezes afinada com as próprias bases barrocas da formação colonial) e a "inocência na alegria" (espraiada na cultura extensiva do Carnaval) saem potencializadas pelo seu rebatimento, nessa linhagem da canção popular brasileira. Noutras palavras, o fato de que o pensamento mais "elaborado", com seu lastro literário, possa ganhar vida nova nas mais elementares formas musicais e poéticas, e que essas, por sua vez, não sejam mais pobres por serem "elementares", tornou-se a matéria de uma experiência de profundas consequências na vida cultural brasileira das últimas décadas.

Graças a ela, Gilberto Gil pode fazer uma canção como "Metáfora", na qual reflete diretamente sobre a natureza da linguagem poética com precisão e leveza raras, e Jorge Ben Jor pode exercer a ciência concreta de suas bricolagens em mosaicos rítmico-verbais que resultam, também eles, em inusitados efeitos de consciência metapoética. Os jogos de humor de Rita Lee, as aproximações de Aldir Blanc ao brilhantismo mórbido do poeta pré-modernista Augusto dos Anjos, os achados concisos e cortantes de Itamar Assumpção, próximos dos de Leminski, as bricolagens (também) de Carlinhos Brown, os longos cordéis urbanos no rock de Renato Russo, os lirismos muito pessoais de Djavan e Luís Melodia, sem falar na maestria absoluta de Chico Buarque, são outros exemplos desse campo povoado de situações estimulantes do ponto de vista poético-musical.

Num livro especialmente sensível às particularidades que fazem a originalidade da *musica popolare brasiliana*, o musicólogo italiano Paolo Scarnecchia observa com pertinência que a canção no Brasil é um campo dialogal em que os compositores, à maneira dos desafios improvisatórios dos repentistas nordestinos, travam entre si, enquanto "poetas urbanos", um grande "desafio" ralentado, diferindo "sob planos diversos e menos imediatos" um "constante e contínuo diálogo entre si e com o público, estimulados e às vezes espicaçados pelos acontecimentos sociais e políticos que se exprimem nas contradições de seu país".[1] Esse "trabalho coletivo", em que a canção participa de um jogo sistemático e dinâmico de efeitos de diferença e confluência, é, segundo Scarnecchia, "o traço essencial e mais evidente da cena musical brasileira". Scarnecchia observa ainda que a música popular brasileira "concilia extremos que nos países europeus são inaproximáveis, sanando um dissídio histórico que é aquele entre música erudita, como se diz ainda no Brasil, e música popular". Se esta é frequentemente banal, diz Scarnecchia, no Brasil "é original, sendo o fruto de talentos semieruditos ou mesmo eruditos que trabalham com o reservatório da tradição folclórica".

Recentemente, um outro musicólogo italiano, radicado no Brasil, Lorenzo Mammì, deu também a sua contribuição valiosa para o entendimento da canção brasileira no ensaio "João Gilberto e o projeto utópico da bossa nova".[2] Mammì observa que o jazz, "cuja intuição fundamental é de natureza técnica", privilegia o acorde, estando as suas linhas melódicas, "compactas, claramente seccionadas e organizadas em volta de centros tonais definidos", ancoradas a um núcleo harmônico funcionalmente voltado para a improvisação instrumental. Já as melodias da bossa nova, como as de Tom Jobim, "compridas, complexas e livres", constituem-se elas mesmas no motivo fundamental da composição, podendo ser matizadas "por infinitas nuances harmônicas" sem se deixarem reduzir ao papel de ornamento da sequência harmônica. Em outras palavras, "não podem ser esquematizadas sem perder o caráter", e não são feitas como módulos para improvisação: improvisar jazzisticamente sobre elas é cair numa "incômoda sensação de inutilidade".

Essa tendência contrastada para estruturas melódicas voltadas para a harmonia e para a improvisação (no jazz) ou centradas no seu próprio movimento modulante e harmonicamente nuançado (na bossa nova) tem consequências opostas para o sentido do canto na música americana e brasileira: no jazz, a vocação do canto é instrumental, tendendo a se considerar uma voz "tanto mais perfeita quanto mais se aproxima do instrumento"; na bossa nova, a vocação do canto é a "intuição lírica", tendendo a uma espécie de autossuficiência que preserva e sublinha o nexo necessário entre a voz e a palavra, consistindo na própria "forma do falar, sublimada". Como outros artistas, críticos e teóricos, Mammì vê em João Gilberto a realização mais depurada dessa vocação para o "grão da voz" na canção brasileira, cuja essência estaria numa determinada inflexão capaz de surpreender com absoluta naturalidade a partícula silábica da língua enquanto onda entoativa e melódica (no lugar recuado e escapadiço em que a palavra e o canto se tocam). Para isso, observa Mammì, João Gilberto combina sutis percussões consonantais com a índole liquescente das contaminações vocálicas da língua luso-brasileira, na qual síncopa e rubato, acentuações marcadas e articulações frouxas, mantêm a palavra cantada como um organismo que se autossustenta em verdadeira suspensão.

Vale a pena comentar ainda um outro desdobramento das observações de Lorenzo Mammì. Segundo ele, a música jazzística, em que são frequentes os instrumentos com ataque de alta definição, como os metais, privilegia de maneira geral o senso virtuosístico da performance e o desempenho profissional ostensivo. Nos Estados Unidos, a cultura do espetáculo que permeia mesmo as relações domésticas e familiares pode levar, por exemplo, uma festa de aniversário a ser encarada como show — imitação da vida pública ou exercício para ela. Em contrapartida, a bossa nova desenvolveu-se numa atmosfera que, mais que tematicamente intimista, pede para o espetáculo público a intimidade do amador (a geração bossa-novista apresenta "o seu mais rigoroso trabalho como um lazer, como o resultado ocasional de uma conversa de fim de noite", numa atitude que traria possíveis marcas de indefinição social e uma sintomática resistência "em se reconhecer produtiva"). A realização estética mais alta da bossa nova passa exatamente por uma estilização dessa espécie de "amadorismo" do qual ela se nutre. Tom Jobim, que colore "o caráter oscilante, vago de suas orquestrações" com instrumentos de ataque pouco definido, como flautas e cordas, utiliza, embora "profissional desde sempre", a propensão "amadorística" da bossa nova como uma "convenção do gênero", o que permite a ele manter-se durante mais de trinta anos equidistante, "com indiscutível genialidade", do "tecnicismo jazzístico" de um lado e da "vulgarização populista" de outro. João Gilberto, por sua vez, cujo perfeccionismo raia a santidade e a mania, cumpriria também a seu modo o destino do "amador", não por equilíbrio mas por excesso, ultrapassando os limites do profissionalismo em direção ao extremo da rarefação ("é diletante também aquele que leva o acabamento do produto muito além das exigências do mercado"). Graças a isso, João Gilberto chega a realizar um equivalente técnico nítido e objetivo, fruto de "um autocontrole extraordinário", daqueles "caracteres residuais, incontroláveis" e "impressionísticos" da melodia na qual pensamos sem chegar a emiti-la, daquela vibração virtual na garganta que está aquém ou além da canção, antes ou depois da sua cristalização como gênero, *ali onde ela ainda deixa a desejar*, em sua perfeição.

O cancionista e teórico Luiz Tatit (que exerce através dessa duplicidade uma das virtualidades da "gaia ciência" brasileira) conclui seu denso e extenso trabalho semiótico sobre a canção com esta afirmação inequívoca: "o grão da voz gilbertiano é o ponto minúsculo que vem orientando a maneira de compor e de cantar dos maiores cancionistas brasileiros, independentemente dos estilos pessoais, do volume de voz ou do gênero adotado".[3] De fato (podemos lembrar), na escuta de João Gilberto formaram-se personalidades musicais tão diferentes como as de Caetano Veloso, Chico Buarque, Roberto Carlos e Jorge Ben Jor. Prossegue Tatit: "buscando o que há de mais específico em termos de execução e equilíbrio entre música e fala, João Gilberto atinge o protocanto, modelo virtual que está na base das principais realizações da canção popular anterior e posterior à bossa nova. Estudá-lo, com profundidade, é definir os próprios critérios gerais de análise da canção brasileira". O trabalho de Tatit, que consiste numa aplicação original da semiótica greimasiana, unida às teorizações hjelmslevianas sobre a sílaba e aos estudos recentes de Zilberberg sobre poesia, ritmo e sentido, chega através de análises detalhadas a formulações próximas às intuições de Lorenzo Mammì: "ao reelaborar continuamente a sintaxe melódica musical, decompondo os paradigmas e recompondo as relações em outras bases rítmicas e harmônicas, João Gilberto vem demonstrando até onde se pode captar a velocidade contínua e irregular da sonoridade da fala sem correr o risco de desagregação". Manter o frágil equilíbrio entre a celeridade ruidística e aperiódica da voz falante e os perfis sonoros estabilizados pela música é um trabalho microcósmico incessante que tem como vetor essa utopia: "as fronteiras entre voz que fala e voz que canta vão se diluindo e dando lugar ao grão que, a essa altura, podemos entender como o encontro feliz da interinidade com a perpetuação".

Disso tudo, pelo menos duas conclusões são indispensáveis para o percurso que sigo aqui. A primeira, formulada explicitamente por Mammì, pode ser lida como uma variação da frase de Tatit que acabo de citar, e tem um valor de condensação inestimável para o entendimento da música brasileira dentro e fora do Brasil: "se o jazz é vontade de potência", diz ele, "a bossa nova é promessa de felicidade". A equação capta, pode-se dizer que com muita felicidade, a cifra do destino histórico que acompanha esses dois estilos musicais e a marca utópica ambivalente que a bossa nova denuncia na sua relação com o Brasil: *o não realizado que nela se realiza como canção*. Ou, então, *a falta que se constitui, ainda assim, num modelo*: avesso do avesso do problema brasileiro, que permanece aqui como incógnita. A expressão "promessa de felicidade", usada por Lorenzo, é certamente inspirada numa canção de Caetano Veloso, "Lindeza", em que o compositor inclui, entre outras definições de beleza (resposta em eco à pergunta "o que é uma coisa bela?", suspensa na canção "O estrangeiro"), a "promessa de felicidade" de Stendhal, citada por Nietzsche na *Genealogia da moral* contra a concepção kantiana da beleza como contemplação desinteressada. Essa trama de referências suspensa levissimamente numa canção que decanta o bolero e a bossa (lembrando, por esse lado, a "Coisa mais linda" de Carlos Lyra e Vinicius de Moraes) é um exemplo também feliz da "gaia ciência" a que me refiro, pela permeabilidade entre a citação culta e a fluência lírica, a densidade e a transparência, a filosofia e o senso paródico, a inocência cem vezes refinada. A propósito de inocência e sabedoria, Caetano Veloso oferece, numa declaração recente, uma outra versão da mesma fórmula da bossa nova como "promessa de felicidade": "o otimismo da bossa nova", diz ele, "é o otimismo que parece inocente de tão sábio; nele estão resolvidos provisória, mas satisfatoriamente, todos os males do mundo". Acrescentando: "o Brasil precisa chegar a merecer a bossa nova". Um "otimismo" que contenha em si "todos os males do mundo", como esse, é um "otimismo trágico" (Caetano o reconhece na mesma passagem) em que o mal do mundo possa ser equacionado harmonicamente por uma sabedoria cuja inocência aparente seja uma potência de grau mais elevado, e cujo saber, "alegre" e poético-musical, dependa de sustentar a provisoriedade na satisfação e a satisfação na provisoriedade, vale dizer, o atributo que dá o grão de sal à voz que canta ("o encontro feliz da interinidade com a perpetuação", diria Tatit). Esse "otimismo" atribuído à bossa nova, e que significa sobretudo exigência de superação, não pode ser entendido se não pensarmos ao mesmo tempo no "pessimismo" complementar que Caetano atribui mais de uma vez a si mesmo e aos tropicalistas — este por sua vez um "pessimismo alegre". Otimismo e pessimismo não devem, pois, ser tomados aqui como mera contraposição dual de ânimos positivos e negativos. Em vez disso, otimismo (trágico) e pessimismo (alegre) são cifras de uma relação ambivalente com o destino brasileiro que a canção sustenta na frágil oscilação entre a palavra cantada e a palavra falada. O tropicalismo corresponderia a uma descida aos infernos reais, através da qual se desejou abrir uma via de passagem ao encontro da bossa nova, que o precedeu, e na qual já se realiza algo que, contraditoriamente, precisa ser buscado. Alguma coisa dessa "dialética" retorna ao recente *Tropicália 2*, de Caetano e Gil, na relação entre as duas primeiras canções do disco, "Haiti" (atualização daquele inferno brasileiro trazido à tona pela Tropicália) e "Cinema Novo", comentário sobre a grandeza das contaminações felizes contidas nas relações entre a música popular e o cinema brasileiro. A segunda conclusão, que nos encaminha ao coração do tema, é que a relação entre canção popular e literatura, no Brasil, se ela de fato existe como atração magnética numa parte respeitável dessa produção, não se deve a uma aproximação exterior em que melodias servem de suporte a inquietações "cultas" e letradas, mas à demanda interior de uma canção que está a serviço do estado musical da palavra, perguntando à língua o que ela quer, e o que ela pode. É o que se apresenta no samba-rap "Língua", de Caetano Veloso, em cujo estribilho ("Flor do Lácio sambódromo/ Lusamérica, latim em pó/ O que quer/ O que pode esta língua?") Elza Soares (a mais forte expressão da granulação jazzística natural na voz negra do samba do morro brasileiro) entoa essa definição da língua portuguesa feita da colagem de uma expressão do poeta parnasiano Olavo Bilac ("Última flor do Lácio, inculta e bela") com um neologismo afro-grego ("sambódromo") usado para nomear o lugar onde desfilam as escolas de samba do Rio no Carnaval, projetado pelo arquiteto Oscar Niemeyer, autor, com Lúcio Costa, do projeto de Brasília. O que temos aí nessa conjunção de línguas correndo sobre o leito do latim pulverizado e ao mesmo tempo carnavalizado, na voz de Elza Soares (índice a um só tempo, pode-se dizer, da "vontade de potência" e da "promessa de felicidade"), é a afirmação de uma língua poética não saturada, "em estado nascente", "cujo desenvolvimento ainda não se deteve", como disse Guimarães Rosa da língua portuguesa no Brasil,[4] a língua "lusamérica". Nas palavras paródicas de Caetano Veloso, a canção é o campo privilegiado do desejo da língua nascente (como se fosse ela o "lugar certo" daquilo que nunca sabemos ao certo onde colocar: "se você tem uma ideia incrível/ é melhor fazer uma canção/ está provado que só é possível filosofar em alemão". Entre a "confusão de prosódias" e a "profusão de paródias", a poesia e a prosa, a canção "Língua" identifica ainda a "pessoa no Pessoa" e a "rosa no Rosa"; isto é, nos nomes dos dois maiores escritores em língua de Camões neste século o "segredo" guardado na obra está, oculto e óbvio, na superfície: Pessoa/*personne*, o poeta de heterônimos, "drama em gente", é todo mundo e ninguém; Rosa, nome masculino e feminino, diadorínico, condensa numa palavra o enigma do *Grande sertão*.

Feita essa apresentação genérica das circunstâncias que singularizam a produção da canção no Brasil, quero comentar agora um exemplo concreto que, se exemplifica muito parcialmente a gama de situações que se desdobram dessa produção, representa bem a presença de alguns artistas maiores no foco musical e literário de que trato aqui: a canção "A terceira margem do rio", música de Milton Nascimento com letra de Caetano Veloso sobre o conto de Guimarães Rosa contido no seu livro *Primeiras estórias*.

Esta é a estória: Milton Nascimento fez a música de uma canção e, dando a ela o nome do conto de Guimarães Rosa, "A terceira margem do rio", propôs a Caetano Veloso que fizesse a letra. A proposta é um desafio: pede que se coloque numa estrutura rítmico--acentual e entoativo-melódica já determinada uma condensação poética desse conto encantado que é um dos mais impressionantes textos da literatura brasileira, entre outras coisas pelo modo como a palavra beira ali o silêncio e o indizível. A proposta é um "desafio" também no sentido levantado por Paolo Scarnecchia, e já referido acima, como vocação da música popular brasileira urbana para o diálogo que atravessa textos e canções fazendo-os entre si de motes e glosas, à maneira dos cantadores nordestinos. A situação lembra ainda, de maneira atravessada, aquela do conto "O recado do morro", também de Guimarães Rosa e contido no *Corpo de baile*, em que uma mensagem da terra, ouvida por um ermitão a partir dos supostos movimentos interiores do Morro da Garça, é retransmitida através de cinco outros personagens até ganhar, no sétimo elo da cadeia (o compositor popular) a forma de uma canção reveladora da trama oculta que se contraponteava na narrativa. Neste caso de que estamos tratando, a música de Milton é a pulsação não verbal que pede às palavras da canção que identifiquem nela a retransmissão de um outro recado, o do conto, que já é, por sua vez, na trama sutilíssima de palavras, a apreensão de dimensões não verbais do sentido. Talvez não seja demais lembrar que, entre as sete narrativas que compõem *Corpo de baile*, Guimarães Rosa distinguia três "parábases", aquelas que tratam justamente da gênese do conto ("Uma estória de amor"), da poesia ("Cara-de-Bronze") e da canção ("O recado do morro"), instâncias que vemos aqui entremeadas.

Na estória de "A terceira margem do rio", um homem pacato e "cumpridor", silencioso pai de três filhos regidos "no diário" pela autoridade ostensiva da mãe, manda um dia "fazer para si uma canoa", e lança-se com ela ao rio "grande, fundo, calado que sempre", sem nenhuma explicação para o inusitado desse ato. Sem voltar à margem de partida, nem desembarcar na outra, permanece como efígie invisível "naqueles espaços do rio, de meio a meio, sempre dentro da canoa, para dela não saltar, nunca mais". O evento insólito resiste a todas as tentativas de explicação (loucura, doença, promessa, premonição profética do fim do mundo por dilúvio), assim como às tentativas de captura simbólica, real ou imaginária (de nada adiantam a exortação religiosa contra a "tristonha teima", feita por um padre à beira do rio, a presença intimidadora de dois soldados ou a tentativa de fotografá-lo, da parte dos "homens do jornal"). O pai é inacessível, e habita agora (se é possível falar de um hábitat radicalmente fora do hábito) um entrelugar que parece irredutível à fome, às intempéries, à passagem dos meses e dos anos, ao crescimento da família e à sua dispersão. Entre todos, só o filho, que testemunha a estória como seu narrador, permanece na margem ("com as bagagens da vida") à espera do pai, sem se casar, "homem de tristes palavras" diante dessa ausência e do "rio-rio-rio, o rio — pondo perpétuo". No final do conto, o vulto do pai atende ao chamado do filho, quando este se propõe, envelhecido, a substituí--lo no barco, vindo o pai ao seu encontro como espectro, "depois de tamanhos anos decorridos". A visão é de tal modo aterradora (sinistra — estranha e familiar — no sentido freudiano), que o filho foge dela, e, portador do próprio fracasso ("sou homem, depois desse falimento?"), pede para si um destino: "que, no artigo da morte, peguem em mim, e me depositem também numa canoinha de nada, nessa água, que não para, de longas beiras: e, eu, rio abaixo, rio a fora, rio a dentro — o rio".

É impossível desvendar esse claro enigma que parece querer permanecer luminoso e irredutível na sua literalidade. Juntando os fios sutilíssimos da meada, no entanto, vemos que o conto desenha pouco a pouco, na aura desse pai próximo e distante, sempre "avistado e diluso", presente e radicalmente ausente, a falta absoluta de um ser amado cuja insistência na falta leva a família a um lento e não nomeado trabalho de luto. Esse trabalho é gradativamente descrito até chegar ao momento em que, nascido o primeiro neto do pai, a família chora abraçada à margem do rio para dali se despedir e partir para outros rumos da vida. Não há lugar aqui para comentar a natureza ambígua desse luto nebuloso que não nomeia a morte e que trabalha talvez a falta de um pai desde sempre faltante, cuja palavra é barrada pela mulher que transforma até mesmo sua partida silenciosa em ordem dela: "Cê vai, ocê fique, você nunca volte". Mas talvez por isso, e não por acaso, o elo definitivo dessa cadeia familiar seja o filho-narrador que permanece, na margem e à margem, como o melancólico: aquele que não se despediu do pai e da esperança de sua volta literal, aquele para quem a perda não desertifica apenas o mundo, mas a si mesmo, aquele que não pode se defrontar com a falta porque o lugar do pai acusa pura falta insanável e inconfessável ("de que era que eu tinha tanta, tanta culpa?"). Calada pelo filho, a morte do pai retorna sobre ele, no final, como espectro e espelho, aproximando-se vicária e sem lugar porque a canoa é intransferível, e desde o começo feita só "para caber justo o remador". A essa altura, é preciso voltar a dizer que um dos encantamentos desse conto está em decantar a experiência do luto--melancolia em estado puro, sem designar a morte que lhe corresponde, pois esta não se localiza num tempo (quando se deu?) nem num lugar (não tem margem), não é propriamente literal nem metafórica, e fica em suspensão, ressoando no símbolo imemorial da barca e da travessia do rio (como se Caronte se conduzisse a si próprio para lugar nenhum). A passagem para a outra margem, que repartiria na tradição mitológica o território dos vivos e dos mortos em dois campos opostos e dualizados, não se dá aqui: o conto dissolve essa dualidade na alusão, que lhe dá nome, à terceira margem inominável.[5] Podemos dizer assim que a morte está, nesse conto, ao mesmo tempo recalcada (na relação dos personagens com o pai ausente, sob o luto tácito e a melancolia) e surpreendida pela narrativa num estado de evidência insólita em que o silêncio ilumina aquilo que não pode ser dito, escapando na tangente da leitura alegórica, fantástica ou mítica para confundir-se com o fluxo do rio que retorna, tautológico, perpétuo e provisório, sobre si mesmo. É desse lugar que o mineiro Milton Nascimento, silencioso, lança em música essa "terceira margem" ao baiano Caetano Veloso, para que este dê nome — poético — ao enigma.

Esta é a letra da canção:

Oco de pau que diz:
eu sou madeira, beira
boa, dá vau, tristriz
risca certeira
meio a meio o rio ri
silencioso, sério

nosso pai não diz, diz:
risca terceira

água da palavra
água calada, pura
água da palavra
água de rosa dura
proa da palavra
duro silêncio, nosso pai

margem da palavra
entre as escuras duas
margens da palavra
clareira, luz madura
rosa da palavra
puro silêncio, nosso pai

meio a meio o rio ri
por entre as árvores da vida
o rio riu, ri
por sob a risca da canoa
o rio viu, vi
o que ninguém jamais olvida
ouvi, ouvi, ouvi
a voz das águas

asa da palavra
asa parada agora
casa da palavra
onde o silêncio mora
brasa da palavra
a hora clara, nosso pai

hora da palavra
quando não se diz nada
fora da palavra
quando o mais dentro aflora
tora da palavra
rio, pau enorme, nosso pai

Da narrativa, a canção retém a substância lírica: nos quatro primeiros versos, enunciados através de uma pulsação que oscila entre anacruse e síncopa, em fluxos alternados de aceleração e distensão que ora ocupam ora deixam vago o acento tônico do compasso, temos a construção da canoa que se diz por si mesma na madeira escavada ("oco de pau que diz/ eu sou madeira"), lançada à água na margem propícia ("beira/ boa, dá vau") traçando nela a risca levíssima ("tristriz") e inequívoca ("certeira"). Rima interna ("madeira/ beira"), aliteração ("beira/ boa"), expressão de gosto interiorano ("dá vau") e criação vocabular de um verbo feito da iteração de um elemento substantivo (tris/triz) que remete ao mesmo tempo à expressão por um triz (por um fio, por um tudo-nada) e ao verbo "triscar" (roçar levemente), tudo isso dá o tom de uma glosa primeira do estilo inconfundível da prosa rosiana. No mesmo movimento, a letra da canção constitui esse triz à flor da água (paralelo e interno ao ritmo e à melodia) como o lugar do dizer, ou de um dizer que inscreve e dissolve as significações nos seus contrários ("meio a meio o rio ri/ silencioso, sério"), eludindo a fixação do sentido ("nosso pai não diz, diz") numa outra instância mais além das margens opositivas ("risca terceira"). Por um efeito de multiplicação da música do significante, a iteração contida em "tristriz" repercute nas células repetidas de "meio a meio", nas aliterações de "rio ri" e "silencioso sério". "Risca terceira" é uma variação paronomástica e anagramática de "risca certeira"; na mesma lógica do anagrama, de maneira mais discreta, "rio" e "ri" estão contidos em "sério", e logo adiante, por entre as árvores da vida, o "rio riu": tautologia fonética divergente (ainda iteração) que se abre na flor do riso sério em que está guardado o segredo da escuta inesquecível e indizível da "voz das águas" ("o que ninguém jamais olvida/ ouvi, ouvi, ouvi").

Essa "voz" é um estado da palavra muda ("água da palavra/ água calada, pura/ água da palavra/ água de rosa dura") que emana do pai como privação ("duro silêncio") e ao mesmo tempo como revelação ("puro silêncio": "entre as escuras duas/ margens da palavra/ clareira, luz madura"). Essa canoa-rio-palavra, essa flor da água, na canção como no conto, é o lugar da ausência do pai, mas também da linguagem em estado nascente, onde ela não se detém e flutua, e de onde se pode invocar o nome movente do pai como criador da língua: "rosa da palavra". Aqui, a canção homenageia literalmente o autor do conto, e isso tem tanto a gravidade correspondente ao tamanho da falta a que o conto alude como a gravidade correspondente à fundação da língua poética, que nele se consagra, por vir e já vinda, promessa, felicidade, vontade e potência, empenhadas na trama de recados entre a narrativa e a canção. Numa série de metamorfoses, a água faz-se aérea "asa da palavra/ asa parada agora", depois fogo, "brasa da palavra/ a hora clara", e finalmente árvore ou tronco, madeira espessa e terra, "tora da palavra". Nesses movimentos, o som e o sentido excedem e faltam, dentro e fora do silêncio e da palavra (em cuja casa "o silêncio mora"). A canção, que começava com o vazio da linguagem no "oco de pau" (a madeira-canoa na água), termina simetricamente com o cheio da água como "a tora" fálica "da palavra": "rio, pau enorme, nosso pai" (essa imagem é uma reverência ao último parágrafo do *Grande sertão: veredas*, em que se lê: "O Rio de São Francisco — que de tão grande se comparece — parece é um pau grosso, em pé, enorme...").

A singularidade da canção popular brasileira tem nesse exemplo a demonstração de uma de suas consequências inusitadas: em que cultura, ou em que país, pode-se perguntar, o cancionista popular chega a ser o sujeito de uma interpretação vertical do seu maior escritor? Nisso não vai apenas uma questão de competência específica e de arranjo original das especialidades, mas o índice de uma trama cultural em que a malha das permeabilidades é muito intrincada. Essa constatação não é, no entanto, apologética, mas problemática: permeabilidade e maleabilidade têm sido, nas várias interpretações do "dilema brasileiro", o reverso da moeda da anomia, da irresponsabilidade e da incapacidade de sustentar projeto (traços recorrentes, por exemplo, em muitos dos protagonistas do romance brasileiro, emblematizados na ambiguidade do Macunaíma). O movimento tropicalista fez da canção de massas o lugar em que essa ferida se expõe e se reflete com todo o poder explosivo do que ela guarda de recalcado, de irresolvido e também do potencialmente afirmativo. Com um recuo de 25 anos, é possível ver nesse esforço o claro desejo de extrair um saldo produtivo da exposição escancarada dos disparates brasileiros, tirando-os do caldeirão indiferenciado das indefinições permanentes. Pode-se ler essa releitura no próprio disco *Tropicália 2*, lançado recentemente por Caetano Veloso e Gilberto Gil e já citado aqui; podem-se ver também a perseguição e a decantação desse critério na formulação de Antonio Cicero sobre a singularidade do lugar brasileiro no mundo, e no contrabalanço de suas potencialidades e precariedades: "o paradoxo do Brasil está em, sendo capaz de oferecer a prefiguração da solução de alguns problemas que poucos países conseguem efetivamente enfrentar, não ter conseguido efetivamente enfrentar alguns problemas que outros países já resolveram total ou parcialmente". Citada pelo cineasta Cacá Diegues e retomada por Caetano Veloso, essa formulação passa aqui por estas linhas como a marca de um "recado" cuja travessia talvez esteja longe de se completar, e que tem na sua própria estrutura barroca, cruzada em quiasmo, um ícone do xis do problema.

Mas não nos percamos do conto e da canção: ali temos, quase como uma litania transfigurada, o tema da "falta do pai", recorrente na interpretação do país, falta esta da qual se sai porém através de uma fundação que se baseia no próprio fluxo da água — da língua poética e da música. Ao encaminhar a minha fala para o seu término, quero comentar, ainda que rapidamente, a esse respeito, o livro recente do psicanalista italiano Contardo Calligaris, que lê lacanianamente os modos de ser brasileiros à luz, ou à sombra, da precariedade de uma fundação em que não se instaura o nome-do--pai.[6] Segundo Calligaris, o país "não soube ser pai" e não outorga aos cidadãos "algum UM nacional" que os constitua, oscilante entre o colonizador que não interdita o gozo e desqualifica o corpo explorado do qual goza, e o colono que não é assujeitado por um nome que o colonizador não se dispôs a lhe dar. Esse diagnóstico do "fracasso da *umtegração*", com tudo aquilo que este contém de promessa de continuado malogro, é, pode-se dizer, quase uma curiosa atualização psicanalítica daquelas teorias cientificistas que apontaram entre nós, no fim do século XIX, para a inviabilidade do Brasil, como o determinismo tainiano. Efetivamente, se a afirmação de que "esse país não presta" percorre difusamente o discurso cotidiano de colonizador e colono, como bem aponta Calligaris, pode-se dizer que esse país talvez não preste também para prometer perspectivas progressistas à demanda desses modelos teóricos europeus. Contardo é o terceiro italiano que cito aqui e, agora, além do acaso e da pertinência temática, eu o faço pelo declarado desejo de estabelecer um paralelo diagonal. Como na canção "O estrangeiro" ("O pintor Paul Gauguin amou a luz da baía de Guanabara/ o compositor Cole Porter adorou as luzes na noite dela/ [...] antropólogo Claude Lévi-Strauss detestou a baía de Guanabara/ pareceu-lhe uma boca banguela"), os dois primeiros italianos aqui citados lançam luzes sobre a luz da nossa guanabara poética e cancional, e o terceiro aponta o travo amargo da nossa boca banguela. Essa assimetria parece ser inevitável e necessária para uma identidade que se faz desde dentro como estrangeira, e através da "dialética rarefeita entre não ser e ser outro", como disse Paulo Emílio Sales Gomes. O livro de Calligaris não prima pelo senso das mediações e desconhece uma larga tradição da interpretação do Brasil, mas é cheio de observações agudas justamente sobre essa rarefação identitária. Em algumas passagens define com precisão, sem sabê-lo, pontos problemáticos que estão configurados em certas obras da literatura ou da canção brasileiras, o que confirmaria o caráter sintomático das suas observações.[7] Quando aborda explicitamente uma obra literária, a de Oswald de Andrade, e a questão da antropofagia como estratégia da cultura colonizada, maltrata o seu objeto por redução simplificadora. De modo geral, só vê ameaças de identificação promissora ainda que irrisória naquelas músicas dos blocos baianos que forjam uma identidade quase do nada, pela filiação imaginária a civilizações exóticas de Egitos e Madagascares idealizados e delirantes (à maneira do que os rastafáris fizeram com a Etiópia), e nos quais prefigurariam, numa petição de princípio pelo menos escancarada, o país e o nome que lhes falta. Não me parece que Calligaris tenha avaliado com atenção o lugar que a canção popular ocupa no processo de *umtegração* brasileira (se quisermos ainda usar esse nome para os modos pelos quais se elabora o simbólico numa cultura). Em todo caso, a questão da fundação do país retorna com força nessas canções, e parece extrair delas mesmas o campo em que se desenha uma outra filiação a uma outra paternidade plural, múltipla, dialógica ("a língua é minha pátria/ e eu não tenho pátria, tenho mátria/ e quero frátria", diz a "Língua" de Caetano Veloso). Ou, em Chico Buarque, pai é o que não falta em "Paratodos": "O meu pai era paulista/ meu avô pernambucano/ o meu bisavô, mineiro/ meu tataravô, baiano/ meu maestro soberano/ foi Antonio

Brasileiro". Esta canção é um olhar sobre si que se ultrapassa na pertinência, ancestral e atual, às muitas regiões da vida brasileira e de sua música (sobre as quais paira Antonio Carlos Jobim como maestro soberano). Já vimos o pai mineiro, rosiano, o pai paulista, chico-buarquino (no caso, por uma ironia luxuosa, o próprio Sérgio Buarque de Holanda, autor de *Raízes do Brasil*, remetendo a toda uma linhagem de fundações colhida nessa toada serenada), e vejamos ainda o pai baiano brasileiro universal, africano e oriental, surpreendido por Gilberto Gil em Dorival Caymmi como "Buda nagô": "Dorival é ímpar/ Dorival é par/ Dorival é terra/ Dorival é mar/ Dorival tá no pé/ Dorival tá na mão/ Dorival tá no céu/ Dorival tá no chão […]/ Dorival é Eva/ Dorival Adão/ Dorival é lima/ Dorival limão// Dorival é a mãe/ Dorival é o pai/ Dorival é o peão/ Balança, mas não cai".

Vinicius letrista

ERUDITO E POPULAR

A declaração calorosa de Manuel Bandeira, dizendo-lhe em 1957 que o sucesso popular em música era o único que ele, Bandeira, invejava, fez com que Vinicius de Moraes se lembrasse de uma cena de juventude em que a encruzilhada de sua vida se apresentou como que inteira. Vinicius viajava de trem do Rio para São Paulo em companhia do escritor Otávio de Faria, na altura do lançamento de *O caminho para a distância*, seu livro de estreia, quando o trem descarrilhou e os viajantes se viram, alta madrugada, perambulando à toa por Resende ou Barra Mansa. Era lá por 1932 ou 1933, Vinicius teria aí pelos seus dezenove anos, e despontava como o delfim da poesia de tom elevado e idealizante, voltada para o absoluto, guiado pelo grupo de intelectuais católicos que tinha em Otávio de Faria o seu mentor intelectual. Durante a caminhada, surge ao longe um soldado que vem andando pela rua em direção contrária e que, ao cruzar com eles, começa a assoviar a melodia de "Canção da noite", cuja letra havia sido feita pelo próprio Vinicius anos antes, com música de Paulo Tapajós. Composta pelo precoce letrista de quinze anos, juntamente com "Loira ou morena", da mesma dupla, a canção fizera certo sucesso na voz dos então famosos Irmãos Tapajós, e entrava em flagrante contraste com as elevadas ambições do jovem candidato a "inquilino do sublime" (como veio a ser chamado humoradamente, depois, por Otto Lara Resende, o Vinicius da sua primeira fase poética). "Ouvi-la assim ao azar de uma madrugada, nas circunstâncias de um pequeno acidente ferroviário e no âmago de uma cidade do interior, assoviada por um soldado que passava, *foi uma das maiores emoções da minha vida*" (o destaque é meu).[1]

Não há dúvida de que, olhada à distância, essa canção dentro da noite (cuja letra dizia "Sonha/ com noites de lua/ que minh'alma é tua/ quem vela sou eu"), vinda na direção oposta por obra de um trem descarrilhado e de um misterioso mensageiro casual, trazendo à tona os conteúdos que por muito tempo Vinicius esconderia do grupo de Otávio de Faria, formam uma espécie de cifra de seu destino à revelia. Ali se cruzavam literalmente o erudito e o popular, a palavra e a música, a rampa para o infinito esboçada no *Caminho para a distância* e a poesia ao rés do chão no interior do Brasil: todos aqueles nós contraditórios que caberia ao poeta e ao letrista formular e desatar para si mesmo. Naquele momento essas forças caminhavam efetivamente para a distância, como se as alturas da poesia deixassem para trás os supostos impulsos baixos da música popular, com tudo que envolviam de desejo e de culpa.

Não obstante, o assovio do soldado distraído parece soar aos ouvidos do poeta como uma bênção, um banho de vida e uma inconfessável promessa de reconciliação. Vinicius levará quase um quarto de século para poder atender a esse chamado, quando faz, em 1956, as canções de *Orfeu da Conceição* com Tom Jobim, voltando a ser, dessa vez em grande estilo, um autor de sucessos como letrista da música popular.

A pequena história pessoal mobiliza na verdade linhas de força que repuxam toda a vida cultural brasileira, e que terão em Vinicius de Moraes o seu protagonista decisivo no meio do século XX. Quem não se lembraria do Pestana, aquele compositor de polcas de sucesso criado por Machado de Assis no conto "Um homem célebre", cujo maior desejo era compor música de concerto e que, por isso mesmo, fugia desesperadamente dos passantes noturnos que vinham assoviando suas melodias dançantes pelas calçadas do Rio? Vale a pena rememorar o trecho: "Já perto de casa, viu vir dois homens; um deles, passando rentezinho com o Pestana, começou a assobiar a mesma polca, rijamente, com brio, e o outro pegou a tempo na música, e aí foram os dois abaixo, ruidosos e alegres, enquanto o autor da peça, desesperado, corria a meter-se em casa".[2]

Esses caminhos cruzados formam no Brasil, desde longa data, um movimento biunívoco que podemos chamar de "complexo de Pestana": o popular quer ser erudito, mas o erudito, embora ainda não o confesse, quer ser popular. Desse complexo participam, ora numa direção ora noutra, Henrique Alves de Mesquita (trompetista mulato que fez polcas amaxixadas e que foi estudar no Conservatório de Paris), Ernesto Nazareth (cujos maxixes acabaram virando peças de concerto), Villa-Lobos (que foi ao encontro de Pixinguinha e de Anacleto de Medeiros), Tom Jobim (que sonhava ser uma espécie de Villa-Lobos).[3]

Poucas cenas podem ir tão direto ao coração dessa síndrome como a narrada por Vinicius de Moraes. O jovem poeta, que pisava nessa época, quase iniciaticamente, os degraus sublimados da cultura alta, levado por seu guia espiritual, Otávio de Faria, depara-se de súbito com aquilo que ele recalcava e escondia de si e do mestre (que faz figura, ali, de um superego em pessoa): seu vínculo com a canção, com a vida popular, com a noite, com a boêmia e todo o seu cortejo de apelos sensuais. Em outras palavras, com todo o atavismo do país escravista e mestiço contido na música popular. A posição é a mesma do Pestana, mas invertida: enquanto o personagem machadiano, que quer saltar do popular ao erudito, não suporta o retorno da sua verdade recalcada, Vinicius de Moraes, que retornará um dia do erudito ao popular, é tomado de uma emoção reveladora, como se aquele assovio a persegui-lo sinalizasse em vez disso uma verdade a ser perseguida. Para Pestana, cruzar com o homem que assovia a sua polca é um confronto cruel com a verdade mal tolerada; para Vinicius, o encontro auspicioso com seu segredo mais acalentado. A questão, que só a posterioridade nos permite figurar, é que Vinicius de Moraes teve um papel fundamental na dissolução do dilema de Pestana, criando definitivamente uma via de mão dupla entre a poesia e a canção, o erudito e o popular (que Pestana, assim como Nazareth, já realizava, na verdade, sem saber disso e sem o admitir).

Devemos entender historicamente a diferença de posição entre os impasses de Pestana e os caminhos de Vinicius. O Pestana de Machado de Assis mimetiza um possível mulato remediado no mundo escravista, filho de padre-pai não assumido, buscando reconhecimento acima de sua condição, na ânsia de sublimar e sacramentar suas polcas amaxixadas convertendo-as em obras gloriosas e eternas. Já Vinicius de Moraes nasceu "numa família de burguesia alta", de cujos preconceitos de classe só conseguiu se desembaraçar depois de "sofrer muito". A sua busca pessoal, empurrada pelas transformações modernizantes, operadas nos anos 1930, de uma identificação com a cultura popular de base negra ("Quando eu digo que sou o branco mais preto do Brasil, digo uma verdade") corre paralela com o impulso do modernismo brasileiro na direção de uma aliança de classes que supere o abismo entre o mundo letrado e não letrado. É o que se vê, como exemplos máximos, em Mário de Andrade, em Guimarães Rosa, no Cinema Novo.

Além disso, sua família — conservadora, preconceituosa, mas, segundo ele mesmo, afetiva — participava daquela tradicional porosidade cultural brasileira vaselinada por música, regada a modinhas, serestas e choros, executados em pianos e violões plangentes. É nessa "progênie" que ele encontra a justificação maior para o fato de ter se tornado afinal, por tropismo atávico e doce fatalidade, um cancionista brasileiro. Vale a pena transcrever o longo trecho:

> Agora me digam: como é que, com tio-avô modinheiro parente de Castro Alves, com quem notivagava na Bahia; pai curtidor de um sarau musical, tocando violão ele próprio e depositário de canções que nunca mais ouvi cantadas, como "O leve batel", linda, lancinante, lúdica e que mais palavras haja em l's líquidos e palatais, com versos atribuídos a Bilac; avó materna e mãe pianistas, dedilhando aquelas valsas antigas que doem como uma crise de angina no peito (pode haver nada mais belo que "Clécia", de Luís de Souza e Catulo da Paixão Cearense, ou "Judas", somente instrumental e que minha avó d. Celestina Wâmosi de Macedo Cruz, a bela vovó Cestinha, fazia ao piano no silêncio da sala toda forrada em vermelho entre preciosos jarros e bibelôs que meu bisavô trouxera da China); dois tios seresteiros, como Henriquinho [...] e tio Carlinhos Cruz, irmão de minha mãe, de dois metros de altura e um digitalismo espantosos, uma espécie de Canhoto (que também o era) da Gávea; como é que, com toda essa progênie, poderia eu deixar de ser também um compositor popular...[4]

Colocada essa vocação musical em linha evolutiva, foi no ano de 1942 que alguns abalos e descobertas prepararam em Vinicius de Moraes o terreno para a grande eclosão cancional do final dos anos 1950. Em viagem ao Nordeste, guiando o escritor americano Waldo Frank, Vinicius sofre o impacto revoltante da miséria social, que o levará a virar da direita para a esquerda no espectro ideológico, ao mesmo tempo que o impacto arrebatador da capoeira e dos sambas de batucada, que ele vê na Bahia, e que o levarão a sonhar com um grande balé brasileiro que pudesse dar conta da grandeza daquela música e daquela dança.

Quase ao mesmo tempo uma outra experiência, esta situada junto à baía da Guanabara, terá enormes consequências para tudo o que virá depois. Mergulhado certa noite na leitura do mito de Orfeu, numa casa situada perto do morro do Cavalão, em Niterói, e ouvindo ao fundo as batucadas pré-carnavalescas, Vinicius conta que foi arrebatado pelo sentimento fusional do encontro dos dois universos, como se o mito grego e o samba da favela o tomassem subitamente como radar e "cavalo" de um objeto virtual querendo entrar na realidade. O objeto virtual será, em primeira instância, o drama musical *Orfeu da Conceição*, cujo primeiro ato ele escreve naquela mesma madrugada frenética. No projeto se misturavam, buscando forma, três coisas decisivas para a grande virada para a qual ele apontou na canção e na cultura brasileira: o *mito do poeta músico*, o "poeta total" que é o sujeito da canção; a *visão transcultural* que fazia com que a sublimidade dionisíaca da tragédia e do Carnaval fosse reconhecida como um dom do povo brasileiro — o que significava universalizá-lo naquilo que ele tem de mais próprio; a *eleição do negro* brasileiro como protagonista dessa virada. No centro de tudo isso estava o núcleo temático da paixão — no caso a de Orfeu e de Eurídice —, que já ocupava e sempre ocupará um lugar central na poética de Vinicius de Moraes.

Catorze anos se passaram entre o primeiro insight e a estreia da obra no Theatro Municipal do Rio de Janeiro. Foi nesse processo que o poeta encontrou seu parceiro músico, Antonio Carlos Jobim, leitor de Drummond e fascinado por Villa-Lobos (como já dissemos), dando início àquela série de canções que correrão mundo, sem deixar de buscar a passagem fluida entre o erudito e o popular. No momento específico da peça despontavam, ao lado de

"Se todos fossem iguais a você", a "Modinha", o "Lamento no morro", o "Frevo de Orfeu", "Mulher, sempre mulher" e "Um nome de mulher", todas da dupla, além da "Valsa de Eurídice", letra e música de Vinicius. A preparação do espetáculo correu junto com o projeto de um filme que também, por sua vez, correu mundo: o *Orfeu negro*, dirigido por Marcel Camus. "A felicidade" ("tristeza não tem fim/ felicidade sim"), que não fazia parte do espetáculo, foi composta especialmente para o filme.

ORFEU NEGRO

Vinicius sempre deplorou o comercialismo e o exotismo turístico que, segundo ele e o juízo de outros críticos respeitáveis (como Jean-Luc Godard e Caetano Veloso), prejudicaram o filme. Mas *Orfeu negro* foi durante muito tempo a grande apresentação internacional do Brasil. Entre as suas consequências mais importantes merece ser citado o depoimento de Barack Obama em sua autobiografia precoce, cuja tradução brasileira tem o título de *A origem dos meus sonhos*.[5]

Conta o jovem Obama que a mãe, que o visitava em Nova York junto com a sua meia-irmã indonésia, convidou os dois filhos para verem *Orfeu negro*, o primeiro filme estrangeiro que ela vira na vida, aos dezesseis anos, antes de se mudar com os pais para o Havaí. O convite vem cheio de não disfarçado encantamento. Posto na posição de observador, o filho reconhece qualidades no filme, não se reconhece naqueles negros e mulatos que cantam e dançam como "pássaros despreocupados de plumagem colorida", se entedia já no meio e resolve propor à mãe irem embora. É nessa hora que o filme se desvela para ele, de súbito, projetado numa outra tela: o rosto da mãe, iluminado pelo "brilho azul" do que vê, continua extasiado, décadas depois, pela visão daqueles jovens negros que transparecem como "a imagem inversa dos sombrios selvagens de Joseph Conrad". Nas palavras de Obama, é como se uma janela se abrisse de repente para o coração materno.

O enigma da sua própria origem insólita, desse filho de uma garota de classe média do Kansas com um africano do Quênia, que ele tanto sonda, parece se desvelar, mais do que em nenhum outro lugar, ali. Ele entende que ela, quando se mudou para o Havaí, levou consigo, entre as suas confusões de menina, a promessa de felicidade que exalava daquele "filme cheio de belas pessoas negras", com suas fantasias proibidas de uma vida quente, sensual e exótica. Terá sido movida por esse desejo que ela se lançou à aventura do casamento com o africano que estudava em Honolulu, e que se separou dela, depois de nascido o filho, para estudar em Harvard. Há quem assinale a semelhança de Breno Melo, ator que representou Orfeu no filme de Camus, com Obama pai.

Mas o livro de Barack Obama prossegue numa busca mais funda e surpreendente do enigma da identidade. Ainda no cinema, sente um misto de vergonha pela mãe e irritação com os que estão em volta. Lembra de uma conversa com um amigo sobre o quanto as emoções entre raças, e o amor entre elas, serão sempre maculados "pelo desejo de encontrar no outro algum elemento que estava perdido em nós mesmos". Em suma, se defronta com as ilusões que levaram a mãe ao casamento e com as desilusões que sobrevieram. Mas o que insiste nela, e na conversa que ambos têm em seguida, é o recado de algo que "a maioria dos norte-americanos jamais ouvirá da boca de pessoas de outras raças e que ninguém acredita poder existir entre brancos e negros", isto é, "um amor que sobreviverá à desilusão". Foi isso que ele ouviu no choro dela, do outro lado do mundo, quando teve que comunicar à mãe a morte do pai, num telefonema da América para o Havaí.

Quando passou catorze anos gestando *Orfeu da Conceição*, Vinicius de Moraes não sabia certamente que estava gerando duas consequências maiores: a bossa nova e o primeiro presidente norte-americano afrodescendente. No fenômeno da eleição deste retornam, extraordinariamente ampliados, os motivos geradores daquela peça musical: o protagonismo do negro, a dimensão transcultural e o tema da paixão. Pois o relato de Obama combina de maneira inequívoca a lucidez crítica sobre as relações raciais com a herança maior que sua mãe lhe deixou — aquilo mesmo que Maria Bethânia diz, no documentário *Vinicius*, ter sido a missão do poeta neste mundo: anunciar a grandeza e a beleza de amar, tendo na verdade dessa entrega o relato mais fundo, misterioso e secreto de sua existência.

O POETA E O LETRISTA

"Se todos fossem iguais a você" fez sucesso no Brasil, no Uruguai e na Argentina (com Almir Ribeiro, Elizeth Cardoso e Maysa), teve mais de trinta gravações e obscureceu, segundo Vinicius, outros sambas de *Orfeu da Conceição*, como o "Lamento no morro", que o poeta considerava "o melhor dessa safra" ("Não posso esquecer/ o teu olhar/ longe dos olhos meus"). O fato, no entanto, é que aquilo que era para ser um espetáculo de teatro musical desencadeou um processo criativo que transbordou em canções, encontrando nelas a sua razão maior.

Chama atenção que a primeira canção dos dois parceiros composta sem uma função cênica, surgida já em 1956, tenha sido justamente essa canção das canções que é "Chega de saudade". Antes mesmo de fazer a letra, Vinicius sentia nela "uma música inteiramente nova, original: inteiramente diversa de tudo o que viera antes [...], mas tão brasileira quanto qualquer choro de Pixinguinha ou samba de Cartola".[6] Essa promessa de um salto inovador dentro da tradição era ao mesmo tempo um "chorinho lento" e um "samba todo em voltas, onde cada compasso era uma nota de amor, cada nota uma saudade de alguém longe".

Voltando a ser letrista, o poeta tinha que encontrar, para além da temática genérica da saudade, os encadeamentos e os encaixes das palavras nessa *superforma fixa* que é a letra de uma canção, onde cada sílaba está sobredeterminada ao mesmo tempo pelas notas da melodia, pelo seu peso relativo na frase, pelas suas figuras rítmicas, pelas suas acentuações e pelas sugestões entoativas resultantes desse desenho complexo, que deve soar, no entanto, inteiramente natural, segundo a praxe do gênero.[7] Em outras palavras, trata-se de manter a naturalidade coloquial em meio às acrobacias secretas que a solução de todas essas medidas e desmedidas envolve.

Como já observou Antonio Cicero, Vinicius de Moraes, embora poeta do livro, não injeta artificialmente "literatura" na canção, mas comporta-se, nela, como a mais autêntica expressão do poeta cancionista. Em seu depoimento sobre "Chega de saudade", Vinicius diz que em toda a sua vida de letrista nunca terá penado tanto, ao longo de "dez, vinte tentativas", tentando fazer as palavras "se encaixarem na música, numa relação de sílaba com sílaba" (não é despropositado dizer, a propósito, que o cancionista é um autêntico amante da sílaba). Como acontece nesses casos em que, repito, um verdadeiro objeto virtual força por entrar na realidade, o insight final teve o efeito de uma epifania:

> Uma manhã, depois da praia, subitamente a resolução chegou. Fiquei tão contente que cheguei a dar um berro de alegria, para grande susto de minhas duas filhinhas. *Cantei e recantei o samba, prestando atenção a cada detalhe, a cor das palavras em correspondência à da música, à acentuação das tônicas, aos problemas de respiração dentro dos versos, a tudo.* Queria depois dos sambas do *Orfeu*, apresentar ao meu parceiro uma letra digna de sua nova música: pois eu realmente a sentia nova, caminhando numa direção a que não saberia dar nome

ainda, mas cujo nome já estava implícito na criação. Era realmente a bossa nova que nascia, a pedir apenas, na sua interpretação, a divisão que João Gilberto descobriria logo depois.[8] [O destaque é meu.]

A novidade da letra de "Chega de saudade" está nas relações isomórficas que ela estabelece com a música, a maneira rente como as palavras, em células condensadas, acompanham de perto os gestos melódicos. Esse procedimento foi levado ao extremo, como se sabe, no "Desafinado" e no "Samba de uma nota só", parcerias de Tom com Newton Mendonça. Mas veja-se, nesse caso, o modo como as notas alongadas vão enunciando pausadamente a frase "Vai, minha tristeza/ e diz a ela que", quando salta em destaque, rápida e sintética, a declaração "sem ela não pode ser". Esse senso da segmentação sintática e melódica se repete no alongamento de "Diz-lhe numa prece/ Que ela regresse", concluído de repente pela declaração ritmicamente redobrada em "porque eu não posso mais sofrer".

O texto é cheio de ecos internos, seja por repetições ("diz a ela que sem ela"), rimas em espaço curto ("diz-lhe numa prece/ que ela regresse") ou rimas internas ("Chega de saudade/ a realidade"). No final da primeira parte, a repetição de uma frase progressivamente reduzida tem o efeito condensado de uma obsessão: "que não sai de mim/ não sai de mim/ não sai". Mais adiante, ocorrem novas reiterações, anáforas e paronomásias: "se ela voltar/ se ela voltar", "que coisa linda/ que coisa louca", "dentro dos meus abraços os abraços", "colado assim, calado assim", "beijinhos e carinhos sem ter fim", "Que é pra acabar com esse negócio [...]/ não quero mais esse negócio/ vamos deixar desse negócio".

Repetir três vezes que não se quer mais "esse negócio" (*nec otium*, na origem latina da palavra) não deixa de ser uma maneira indireta de insinuar que se deseja o ócio amoroso — que por sua vez se anuncia e se invoca na trama poética das palavras, na sua "cor em correspondência à da música", no magnetismo que as atrai aos entrechoques ("colado assim, calado assim"), no modo como elas querem se fundir sonoramente. O suprassumo desse procedimento está na paronomásia fusional de *peixinhos* com *beijinhos*, onde a metáfora se une à perfeição com a fonética, o som com o sentido: "Pois há menos peixinhos a nadar no mar/ Do que os beijinhos que eu darei na sua boca". O procedimento faz lembrar a imagem de um poeta provençal, citada por Giorgio Agamben, ao dizer que o trabalho de composição das palavras com o som na poesia redobra o gozo da "língua entrelaçada no beijo".[9] "Chega de saudade", com seus diminutivos, seus "peixinhos" e "beijinhos", é uma versão leve e profunda desse dito.

Quem estava mobilizando toda essa artilharia sutil de procedimentos estilísticos era o poeta altamente informado pela tradição escrita, mas a inteiro serviço da canção. A espontaneidade minuciosamente construída desta faz com que sintamos o fluxo das palavras na melodia como dotado de uma naturalidade própria da fala, e os seus artifícios como inteiramente assimilados a esse fluxo. É de notar também que se a letra da primeira parte, em tom menor, lamenta a distância do amor, a segunda parte acompanha o advento luminoso do modo maior com uma nova esperança amorosa: "Mas se ela voltar/ se ela voltar/ que coisa linda". A letra acusa assim os movimentos da melodia em seus menores segmentos, mas também no arco mais geral de sua dialética modulatória: primeira parte em modo menor ("Vai, minha tristeza"), segunda parte em modo maior ("Mas se ela voltar"), terceira parte como retorno da primeira, desta vez convertida ao modo maior ("Dentro dos meus braços os abraços").

Que um tema musical esteja em desenvolvimento durante a canção, e que retorne transformado ao longo de sua exposição, em vez de simplesmente repetido, é uma característica rara na música popular, que deve ser creditada em boa parte aos fundamentos clássicos da formação de Tom Jobim. Que um letrista seja sensível a esses desenvolvimentos melódicos e harmônicos da música é um fato inseparável da sua destreza técnica, do modo como domina as modalidades barrocas, simbolistas e modernas da poesia (cujo domínio multifacetado por Vinicius, indo do verso mais espalhado ao verso mais comprimido formalmente, Manuel Bandeira ressaltou). Que esse refinamento seja convertido em língua popular e memória coletiva, em nova dimensão do samba e em educação sentimental de massa, é algo da ordem da leveza profunda própria de uma *gaia ciência brasileira*.[10] Essas características estão entre as mais altas naquilo a que costumamos chamar bossa nova.

A letra de "Eu sei que vou te amar", por sua vez, aproveita os paralelismos ascendentes da melodia de Tom Jobim, que vai subindo como que de degrau em degrau, para estabelecer um paralelismo verbal afinado com as fontes da tradição poética: "eu sei que vou te amar/ [...] eu vou te amar/ [...] eu vou te amar [...]// eu sei que vou chorar/ [...] eu vou chorar [...]// eu sei que vou sofrer [...]". Enquanto palavra cantada, cada repetição dessas não é mera repetição, mas intensificação dos conteúdos passionais, à medida que caminha inapelavelmente para os agudos, culminando em "eu sei que vou sofrer" (que coincide, não por acaso, com a nota aguda mais pungente da melodia).

O refrão de "A felicidade" estabelece um cruzamento curioso e sintomático de letra com melodia: o primeiro segmento ("tristeza não tem fim") começa com um intervalo ascendente, mais aberto que o segundo, este mais retraído, que fala, no entanto, da felicidade ("felicidade sim"). Experimente-se cantar a melodia com a letra em ordem invertida: "felicidade sim/ tristeza não tem fim". A palavra "felicidade" parece combinar melhor com o salto melódico inicial, francamente ascendente e afirmativo, em oposição ao recuo diminuído e lamentoso do segundo segmento, que combinaria bem, em princípio, com a frase "tristeza não tem fim".

Nessa inversão reside, porém, uma das chaves da poética de

Vinicius de Moraes. A melancolia, nele, é a força de gravidade do mundo, que atrai as alegrias da vida para seu fundo de tristeza, enquanto a felicidade é a *gota* ou a *pluma*, que brilham ou voam por um momento breve, antes de caírem. O fundo do lirismo de Vinicius é melancólico, e assim seria irremediavelmente se não fossem as duas entidades-força que o sustentam: a *paixão da mulher*, sempre transitória e necessariamente renovada, mas infinita enquanto dura, e a *canção*, o sopro da palavra poética, que enche de alegria (*"joi d'amor"*, numa expressão da poética medieval que Agamben estudou) o vazio sem fundo da impossibilidade de realização do desejo. Converter a tristeza em alegria, dentro da melhor tradição do samba, sabendo que a alegria se converte tantas vezes em tristeza, é a operação alquímica que preside a composição da poesia escrita ou cantada de Vinicius de Moraes.

A MULHER QUE PASSA

Quer a lenda que Tom e Vinicius tenham escrito a mais famosa das suas canções no guardanapo do bar Veloso na esquina da rua Montenegro (que depois se tornou rua Vinicius de Moraes), batucando na mesa de chope ainda sob os efeitos da passagem da garota de Ipanema. Na verdade, o efeito da canção é tão espontâneo sobre o ouvinte que o público parece recusar-se a acreditar que o processo de composição não tenha sido igualmente espontâneo.

Nada mais longe da realidade, no entanto, do que o mito espontaneísta da origem da "Garota de Ipanema". Um rascunho manuscrito de Vinicius de Moraes, que se pode ver na rica edição do *Cancioneiro Jobim*, apresenta uma tentativa de letra completamente diferente nas duas primeiras estrofes, indicando que a canção foi longamente elaborada, e muito longe de qualquer bar. Experimente cantar: "Vinha/ cansado de tudo/ De tantos caminhos/ Tão sem poesia/ Tão sem passarinhos/ Com medo da vida/ Com medo de amar// Quando na tarde vazia/ Tão linda no espaço/ Eu vi a menina/ Que vinha num passo/ Cheio de balanço/ Caminho do mar".

Só então, aproveitando a deixa, a letra rascunhada engatava com a segunda parte que todos conhecemos: "Ah, por que estou tão sozinho/ Ah, por que tudo é tão triste" etc.

Tom Jobim tinha tentado antes uma versão ainda mais etérea e nebulosa de letra, puramente paisagística, falando não da garota, mas de uma gaivota entre amendoeiras, no fim da tarde. Observe-se, por sua vez, que a primeira tentativa de Vinicius, transcrita acima, obedece corretamente às divisões e acentuações silábicas, mas não *cola* na música: a expressão do sentimento de cansaço da vida e do vazio não encontra correspondência convincente nos motivos melódicos curtos, sincopados e ritmados da melodia, onde cada sílaba fica parecendo cair num buraco sem fundo. A impressão é completamente outra quando a figura da garota, em vez de apenas ilustrar de passagem a tristeza do poeta, rouba a cena e a protagoniza desde o primeiro instante: "olha/ que coisa mais linda/ mais cheia de graça/ é ela menina/ que vem e que passa/ num doce balanço/ caminho do mar// moça/ do corpo dourado/ do sol de Ipanema/ o seu balançado/ é mais que um poema/ é a coisa mais linda que eu já vi passar".

Aqui, o foco da canção, e, portanto, o núcleo da interação entre letra e música, deixa de ser o vago sentimento de melancolia do homem maduro para ser a visão epifânica do corpo jovem e feminino em movimento, com a aura de sua graça ondulante e de seus sortilégios. São esses atributos carnais e anímicos que se agregam agora às células melódicas, aos seus desenhos rítmicos, e os revelam sob uma luz completamente nova. A força insinuante da música, que se perdia sob as sugestões entediadas da letra anterior ("Vinha/ cansado de tudo/ de tantos caminhos"), esplende agora ao apontar para os atributos imediatos do ser visível ("Olha/ que coisa mais linda/ mais cheia de graça").

Se a primeira versão, ainda fora do foco e do alvo, talvez não fizesse sucesso nem no Leblon, a versão definitiva é de uma eficácia capaz de cruzar o mundo e de emanar da palavra cantada mesmo quando não se entende a língua. Nela, o contraste entre a primeira e a segunda parte da canção torna-se decisivo: a primeira, movida pela cadência do balanço da menina que passa, dado pelas células curtas e repetidas; a segunda, levada pelas notas longas e divagantes, estas sim aderidas ao lamento exausto e solitário do sujeito que se introverte ("Ah, por que estou tão sozinho?/ Ah, por que tudo é tão triste?") até se animar de novo com a volta da evocação da garota que deixou pelo caminho os eflúvios da sua passagem ("Ah, se ela soubesse/ que quando ela passa/ o mundo inteirinho/ se enche de graça/ e fica mais lindo/ por causa do amor").

Por um desses mistérios da imantação inconsciente que vai guiando surdamente as obsessões, pode-se dizer que Vinicius de Moraes foi se aproximando pouco a pouco, ao escrever a letra da "Garota de Ipanema", daquele que era um dos temas clássicos da sua poesia: o da mulher que passa aos olhos da tristeza do poeta. Para este, a mulher desfila a sua beleza na dimensão do tempo — que é perda, impossibilidade da plena realização do desejo, e melancolia de fundo.

Se no rascunho manuscrito da primeira versão da "Garota" pode-se ler na transversal o título provisório "Menina que passa", um dos seus poemas amorosos da década de 1930, remontando aos primórdios da sua poesia, chama-se justamente "A mulher que passa". Pode-se lê-lo sem dificuldade como uma espécie de protótipo em tom solene daquilo que é frescor moderno na "Garota":

Meu Deus, eu quero a mulher que passa.
Seu dorso frio é um campo de lírios

Tem sete cores nos seus cabelos
Sete esperanças na boca fresca!

Oh! Como és linda, mulher que passas
Que me sacias e suplicias
Dentro das noites, dentro dos dias!

Teus sentimentos são poesia
Teus sofrimentos, melancolia.
Teus pelos leves são relva boa
Fresca e macia.
Teus belos braços são cisnes mansos
Longe das vozes da ventania.

Meu Deus, eu quero a mulher que passa!

Mais surpreendente, no entanto, é o poema "Balada das meninas de bicicleta", publicado em 1946, no primeiríssimo pós-guerra. Essas meninas do Arpoador e de Copacabana podem ser consideradas uma verdadeira aparição avant la lettre de "garotas de Ipanema" em revoada, pela eclosão energética de uma juventude dourada que anunciava precocemente aquela do início dos anos 1960:

Meninas de bicicleta
Que fagueiras pedalais
Quero ser vosso poeta!
Ó transitórias estátuas
Esfuziantes de azul
Louras com peles mulatas
Princesas da zona sul:
As vossas jovens figuras
Retesadas nos selins

Me prendem, com serem puras
Em redondilhas afins.
Que lindas são vossas quilhas
Quando as praias abordais!
E as nervosas panturrilhas
Na rotação dos pedais:
Que douradas maravilhas!
Bicicletai, meninada
Aos ventos do Arpoador
Solta a flâmula agitada
Das cabeleiras em flor
[...] Enxames de namoradas
Ao sol de Copacabana
Centauresas transpiradas
Que o leque do mar abana!
[...] Velozes massas em chama
Explodindo em vitaminas.
[...] Vós que levais tantas raças
Nos corpos firmes e crus:
Meninas, soltai as alças
Bicicletais seios nus!
No vosso rastro persiste
O mesmo eterno poeta
Um poeta — essa coisa triste
Escravizada à beleza
Que em vosso rastro persiste,
Levando a sua tristeza
No quadro da bicicleta.

Não é exagerado dizer que a visão do poema prefigura o universo da bossa nova, da pílula anticoncepcional, da revolução sexual e do topless em seu momento de primeira anunciação ("Vós que levais tantas raças/ Nos corpos firmes e crus:/ Meninas, soltai as alças/ Bicicletai seios nus!"). Mesmo assim, o futuro poeta da "Garota" já faz aqui seu proverbial lamento melancólico ante a beleza que passa, já "que tudo é tão triste" frente à "beleza que existe": "O mesmo eterno poeta/ Um poeta — essa coisa triste/ Escravizada à beleza/ Que em vosso rastro persiste/ Levando a sua tristeza/ No quadro da bicicleta".

"Garota de Ipanema" formulou de maneira compacta e enxuta esses conteúdos latentes, combinando o motivo ancestral da melancolia do homem maduro, que lamenta a impossibilidade da realização do desejo (digna de uma ode latina), com a plena floração geracional dos frutos do Ocidente consumista e liberado do segundo pós-guerra. A modernidade da "Garota", que se lê nas linhas e entrelinhas da letra, é inseparável do estilo de cantar, da instrumentação, da concisão da batida rítmica e dos acordes utilizados, como se ao conjunto dos dotes femininos ali decantados se pudesse acrescentar: "olha que coisa mais incrível esses acordes de sétima maior, olha essa décima primeira aumentada, essa meio diminuta, repara no doce balanço dessa semicolcheia…".

Remetendo à linha poética a que ela pertence, na obra de Vinicius de Moraes, pode-se dizer que a "Garota de Ipanema" não levou meia hora para ser feita, como se pensa, mas trinta anos de decantação.

AFROSSAMBAS, QUARTA-FEIRA DE CINZAS, ITAPOÃ

Tudo o que focalizamos aqui foi o núcleo formador do Vinicius de Moraes letrista: a encruzilhada entre a literatura e a música popular, a tradição oral e a escrita, a palavra impressa e a palavra cantada, amarradas num nó em que se decidia o destino da cultura brasileira moderna e de sua singularidade. Se esse núcleo, flagrado originariamente pelo célebre conto de Machado de Assis, já vinha compondo um desfile de "Pestanas" culturais brasileiros, transitando dilematicamente entre o erudito e o popular, foi Vinicius de Moraes quem desatou esse nó e fez do dilema um horizonte se abrindo às gerações novas, de Chico e Caetano e Tom Zé a Cacaso, Waly Salomão, Antonio Cicero, Aldir Blanc, Chacal, Paulo Leminski, Alice Ruiz, Vitor Ramil, Chico César, Arnaldo Antunes, todos eles cancionistas e escritores. Além daqueles outros tantos cancionistas da chamada MPB "universitária" que, sem serem escritores, se formaram na leitura dos livros.

Como já dissemos, Vinicius, ao abrir o trânsito de mão dupla entre a poesia e a música popular, não *literatizou* a canção, mas encontrou para ela, em vez disso, uma dicção na qual as sutilezas de poeta, o seu repertório cultural e existencial, o seu afinado conhecimento do métier, passando pelo domínio da sílaba e do ritmo, servia à entoação coloquial da palavra cantada e à imediatez dos temas populares.

Para um poeta da canção, o caminho é inseparável dos cruzamentos com os músicos, de todas as parcerias que, assim como as histórias de amor, têm suas dinâmicas próprias, seus universos paralelos, suas razões insondáveis, seus apegos particulares, seus ciúmes e suas cumplicidades intransferíveis. As canções pós-Jobim, de Vinicius, têm assim os seus ciclos composicionais ligados aos seus novos parceiros ao longo dos tempos, com destaque para Baden Powell, Carlos Lyra e Toquinho.

Com Baden, Vinicius compôs, além de muitas canções de amor, a série característica dos afrossambas. Baden era um violonista que tinha um sentido poderoso, atávico e instintivo do instrumento. As parcerias com ele permitiram a Vinicius de Moraes invocar o panteão das entidades religiosas afro-brasileiras, como o "Canto de Ossanha", o "Canto de Iemanjá" e o "Canto de Xangô". Nos afrossambas aparecem os avatares todos da cultura baiana cujo impacto Vinicius acusara em sua viagem de 1942, e aos quais ele finalmente dava forma.

Como novidade em relação às parcerias com Tom Jobim, as canções com Baden assumem várias vezes uma dicção proverbial, secretando fórmulas sapienciais no espírito da experiência popular decantada em fórmulas rítmicas fortemente repetitivas: "Quem é homem de bem, não trai/ O amor que lhe quer seu bem/ Quem diz muito que vai, não vai/ E assim como não vai, não vem/ Quem de dentro de si não sai/ Vai morrer sem amar ninguém/ o dinheiro de quem não dá/ é o trabalho de quem não tem/ Capoeira que é bom, não cai/ e se um dia ele cai, cai bem!" ("Berimbau"). Ou então: "O homem que diz 'dou' não dá/ Porque quem dá mesmo não diz/ O homem que diz 'vou' não vai/ Porque quando foi já não quis/ O homem que diz 'sou' não é/ Porque quem é mesmo é 'não sou'/ o homem que diz 'estou' não está/ Porque ninguém está quando quer/ Coitado do homem que cai/ No canto de Ossanha traidor/ Coitado do homem que vai/ Atrás de mandinga de amor" ("Canto de Ossanha"). Ou ainda: "Se não tivesse o amor/ Se não tivesse essa dor/ E se não tivesse o sofrer/ E se não tivesse o chorar/ Melhor era tudo se acabar/ Melhor era tudo se acabar" ("Consolação").

O tom proverbial, das verdades ditas com simplicidade e ritmo, que Vinicius encontrou com Baden Powell, ganha sua expressão máxima, declaratória, abrangente, no "Samba da bênção", em que o provérbio ganha "forma de oração": "É melhor ser alegre que ser triste/ Alegria é a melhor coisa que existe/ É assim como a luz no coração// Mas pra fazer um samba com beleza/ É preciso um bocado de tristeza/ É preciso um bocado de tristeza/ Senão, não se faz um samba não". Alternando partes cantadas com partes declamadas, invocando a "linha direta de Xangô", a Bahia de Senhora, Caymmi e João Gilberto, bem como toda a prosápia do samba carioca e o elenco dos seus próprios parceiros, Vinicius cumpre o desígnio traçado no *Orfeu da Conceição* e se afirma "o branco mais preto do Brasil".

O ciclo das parcerias com Carlos Lyra vai das mais etéreas e deslumbrantes canções líricas (como "Coisa mais linda" e "Primavera") às mais diretamente militantes e politicamente engajadas, como "Maria moita", "Pau de arara", sem falar no "Hino da UNE". Carlos Lyra representava bem o momento em que artistas de formação bossa-novista ou literariamente de vanguarda no início dos anos 1960, a exemplo de Ferreira Gullar e Oduvaldo Vianna Filho, passaram a atuar nos Centros Populares de Cultura da UNE, procurando intervir, para além do circuito pequeno-burguês, em meios operários, em fábricas, em escolas, em praças públicas. Esse ativismo preparou o campo das canções de protesto dos festivais da segunda metade dos anos 1960, entre as quais se tornaram clássicas a "Disparada" (Geraldo Vandré e Theo de Barros Filho), "A estrada e o violeiro" (Sidney Miller), "Ponteio" (Edu Lobo e Capinam), "Caminhando ou Pra não dizer que não falei das flores" (Geraldo Vandré).

Algumas parcerias com Carlos Lyra são certamente as mais representativas de Vinicius nessa direção, em afinidade, pelo lado literário, com o seu forte poema longo "Um operário em construção", um dos mais belos poemas políticos do período. A canção "Pau de arara", falando do homem faminto do Nordeste que se exibe como faquir em Copacabana, com a sua alternância narrativa de trechos cantados e falados, está para o gênero canção de protesto, praticado com Carlos Lyra, assim como o "Samba da bênção" está para o universo afro-baiano das parcerias com Baden.

Entre um polo e outro, realizando um improvável lirismo de protesto, temos a comovente "Marcha da Quarta-Feira de Cinzas", que alegoriza na tristeza do fim do Carnaval o clima melancólico da ditadura, e augura tempos em que o povo possa voltar a cantar "seu canto de paz".

As parcerias com Toquinho pertencem a um período tardio e, digamos assim, relaxado, em todos os sentidos, da vida e obra de Vinicius de Moraes, chegado então à sua mais completa adesão ao gosto direto da vida, sem encanações de nenhuma ordem, e completamente distante daquela enxaqueca cabralina, com a qual ele expressou um dia o que seria o preço a pagar por uma poesia mais rigorosamente estetizada, construtiva e asséptica. Recapitulando, Vinicius de Moraes, na sua trajetória, não quis restringir-se ao cultivo rigoroso da poesia mais densa, mais seleta e rarefeita, não quis assumir nenhum filtro purista como modo de conduta, não quis confinar-se, em suma, no nicho dos estetas, embora tivesse poder de fogo de sobra para isso, considerada a alta qualidade do seu verso e da sua imaginação poética. Depois dos primórdios retóricos de uma poesia espiritualista e prenhe de verticalidade mística (aquela sob a influência de Otávio de Faria), adotou uma certa horizontalidade "re-humanizada", e no rumo talvez de uma inclinação inversa, passou a trair ciclicamente todos os purismos, a começar dos próprios: da mística idealizante à "aproximação do mundo material" (mas sem perder a espiritualidade), da poesia transcendental à dissipação moderna (mas sem perder a ressonância com a tradição), da poesia literária à canção (mas sem perder a poesia), de "Chega de saudade" a "Tarde em Itapoã" (para não perder o gosto vário da vida). Nesse caminho, Vinicius pareceu galgar a cada vez um patamar *abaixo* do esperado pelos cultores das alturas, decepcionando os defensores da poesia transcendental contrários à poesia modernista (nos anos 1940), os defensores da poesia escrita contrários à canção popular (do final dos anos 1950 para os anos 1960), os defensores da bossa nova contrários à canção mais elementar e hedonista (nos anos 1970).

"Tarde em Itapoã", com Toquinho, é o melhor resultado dessa última forma: uma ode ao gozo momentâneo da existência, uma Pasárgada dita de dentro, uma Maracangalha enfim atingida, o tempo do viver sendo libado e curtido no correr lento da tarde, fastígio maduro e declinante do sol.

> *É bom*
> *Passar uma tarde em Itapoã*
> *Ao sol que arde em Itapoã*
> *Ouvindo o mar de Itapoã*
> *Falar de amor em Itapoã*

    Nesse refrão, chama atenção a sutilíssima reverberação sonora da palavra "t*arde*" em "sol que *arde*", em "m*ar de* Itapoã" e em "fal*ar de* amor em Itapoã". Como quem não quer nada, a palavra-música ecoa e arde — a chama do poeta, acesa.

O dom da ilusão

Desde algum tempo eu penso na dança da palavra "ilusão" nas canções de Gilberto Gil. Há nessa dança algo que vela e desvela o "instante vacilante" do aqui e agora, a travessia da duração da existência, a "saudade de um tempo ou lugar/ na eternidade". Ela reside necessariamente na ligação entre palavras e música, e seu assunto é o tempo.

Uso aqui os verbos "velar" e "desvelar", inicialmente, por sua ligação com o véu de Maia, concebido no pensamento oriental como o véu da ilusão que recobre e oculta, através dos próprios movimentos enganosos do mundo, a verdade do ser. Mas "velar" e "desvelar", além de significar as ações contrárias através das quais enxergaríamos aquém ou além do véu da ilusão, indicam *ambos*, na nossa língua, zelo, desvelo, cuidado, preocupação, interesse, carinho, dedicação. Sinto que esta é uma das definições possíveis para a poesia-música de Gilberto Gil: nas suas canções ele vela e desvela, por nós, o mundo de ilusão em que nascemos.

Desse modo, os muitos sentidos da ilusão, enganosamente tomados como negativos ou positivos, correspondem a uma sabedoria do tempo que os transcende. Ilusões são os frutos "doces e polpudos" do desejo (as "peras da tua ilusão", em "Amarra o teu arado a uma estrela"), que contêm "toda beleza de sonhar em vão", e "toda ilusão a cores que apareça" ("Do Japão"). Ilusões são os frutos plenos mas são também os seus restos, como os caroços que, em "Flora", serão devorados pelo "pássaro da aurora", no declínio dos sonhos, vãos. Ilusão é também semente, como o amor em "Drão", vão imenso e monolito suspenso.

A ilusão é simultaneamente fruto, caroço e grão, e cada um, a seu modo, belamente vão: o sabor do existir e a graça da sua gratuidade, o travo que traz em cada coisa o gosto do irrealizável, e o dom de renascer que faz "nossa semeadura", que projeta o vão livre da "nossa arquitetura", que acompanha a nossa "dura caminhada/ pela noite escura".

É ilusão acreditar que algo perdure eternamente, que alguma coisa permaneça, e que o "eterno é" de "Era nova" — "transcorrendo, transformando" — se confunda com o durar das "velhas formas do viver" porque estas serão fustigadas pelo tempo, como a pedra mais dura é fustigada pelo "eterno vento" até que não reste "nem pensamento" ("Tempo rei"). Mas é também ilusão pensar que a ilusão seja apenas engano: o seu véu, que oculta de nós o caos gerador e destruidor que nos acompanha desde sempre e para sempre, é manto sagrado, protetor, que nos defende da exposição bruta e insuportável ao real e ao nada, o "nada nada nada nada", o doze vezes nada que é por sua vez o véu do Criador.

As canções de Gilberto Gil dão, e pedem, a graça dessa compreensão. Levantar o véu de engano que cobre o absoluto vazio sem perder o agasalho que aconchega ao coração ("na casa do meu coração pequeno/ no quarto do meu coração menino/ no canto do meu coração espero/ agasalhar-te à ilusão"). Compensar a ilusão tão parcial "de que ser homem bastaria" com a compreensão de que a ilusão é mulher, e que ela nos dá "o abraço real da ilusão de existir"

("Menina do sonho"). Acalentar o sonho e a fé mesmo quando o desespero peça uma ilusão extra (terrestre) que venha a baixar para nos salvar ("Extra/ resta uma ilusão"). Acreditar no sentimento da massa e na descrença dos barracos da cidade, onde "ninguém mais tem ilusão", como potência de mudança contra o poder sem poder e sem vontade da autoridade e contra a usura da gente hipócrita. Expor-se a essa dança sem parada e sem paradeiro "[...] faz tremer, [...] faz pensar/ nos abismos da ilusão". Faz pensar também nos abismos vertiginosos da solidão. "Quando, como e onde/ vai parar meu coração?" Mas mesmo o ponto extremo e vertical da solidão, numa das mais belas canções de Gil, é motivado e movido pelo mergulho pra fora de si e pra dentro do outro, buscando o tanto de anos-luz necessário "pra cruzar o túnel/ do tempo do seu olhar" ("Seu olhar"). Pois em Gilberto Gil toda introversão se converte, sem perder-se, em milagrosa extroversão.

Assim também em "Casinha feliz" a solidão vem a ser o beijo benfazejo que abençoa a felicidade singela que ainda mora em algum lugar do interior, lá "onde resiste o sertão" num Brasil sonhado que ainda existirá, quando não nas "minas de Guimarães Rosa/ de ouro que não se acaba".

A dança das ilusões é na verdade inseparável da dança do tempo, e tudo que eu disse até aqui é movido também pelo desejo de falar de *Parabolicamará* (1991), em grande parte um disco sobre os tempos cruzados no nosso tempo. "Antes mundo era pequeno/ porque Terra era grande/ hoje mundo é muito grande/ porque Terra é pequena/ do tamanho da antena parabolicamará."

Hobsbawm assinalou na *Era dos extremos* que a segunda metade do nosso século encerrou, de modo fulminantemente rápido, a longa era, que remonta à revolução da agricultura na Idade da Pedra, "em que a maioria esmagadora da raça humana vivia plantando alimentos e pastoreando rebanhos".[1] O mundo pequeno dos nichos nativos, herança do mundo agrário e pastoril, habitado nas dobras da Terra imensa e contido nos limites da linha do horizonte, transformou-se no universo trazido e levado pelas ondas da informação, em que a Terra virou ela mesma o pequeno nicho sem margens no qual a experiência do tempo humano sofre mutação radical.

"De jangada leva uma eternidade/ de saveiro leva uma encarnação/ de avião o tempo de uma saudade." A *jangada*, o *saveiro* e o *avião*, que atestariam simplesmente, numa visão histórico-linear, a curva cumulativa do progresso tecnológico, trazem consigo, num contraponto de correspondências temporalmente desiguais e vertiginosamente simultâneas, a experiência da *eternidade*, da *encarnação* e da *saudade* como dimensões da transformação da vida humana na Terra, de sua condição mortal e transtemporal.

Na canção de Gil, esses arpejos do tempo vão dar e se encontrar num lugar comum, naquela pequena fração em que a instantaneidade do raio da onda luminosa coincide com o gesto mínimo da necessidade humana no seio côncavo do mundo artesanal: "pela onda luminosa/ leva o tempo de um raio/ tempo que levava Rosa/ pra aprumar o balaio/ quando sentia que o balaio ia escorregar".

Esse "lugar comum" original, que assimila a imagem da antena parabólica à imagem do cesto de vime, ambos colhidos no encontro dos seus "instantes vacilantes", constitui-se num verdadeiro achado, condensado no título da canção e no refrão — "ê volta do mundo, camará/ ê mundo dá volta, camará". O balaio e o refrão tradicional de capoeira, signos do mundo artesanal, velam e desvelam os signos do mundo midiático no encontro dos instantes e das eras, das idas e voltas dos tempos.

Uma sabedoria irrequietamente serena faz com que Gil leia e cante o mundo mais contemporâneo possível como se banhado *para sempre* naquele rio heraclitiano em que não se pode entrar duas vezes na mesma água, assim como não pode "substância mortal" permanecer igual nem nos vastos ciclos das eras nem na instantaneidade do instante. O rio sempre moderno lhe parece eterno, porque Gilberto Gil ata e desata continuamente a distância entre a eternidade e o instante através das intensidades que fluem da dança verbal de sua música.

Ciclos e fractais, veredas e antenas, participam todos de um mesmo tempo que "nunca passa" porque "não é de ontem nem de hoje", e cuja morada — aqui chegamos ao ponto — é o "som da cabaça", isto é, a própria deusa música no instante em que meu camará "tange o berimbau" no seu umbigo-do-mundo.

O tempo que pulsa ainda e sempre no coração da canção "nem tá preso nem foge", nem se fixa nem se perde, não se enrijece nem se dissipa, mas ensina que o dom da vida é feito a um só tempo do apego e do desapego, da desilusão das ilusões, da ilusão das desilusões, sempre a perder e sempre a ganhar.

O tempo "não tem rédea" e "vem nas asas do vento", nos compreende e nos escapa, enquanto a ponta solta do seu fio vai sendo tecida, com "a agulha do real nas mãos da fantasia", pela música e pela poesia. Poesia unida à música como "metáfora", "lata absoluta" que resguarda — dona do dom da ilusão que vela e desvela — a meta inatingível, a referência sem referente, o conteúdo sem continente.

Tudo isso compõe uma concepção original do tempo atual, vivido como o trançado das *tecnologias da inteligência*, que vai do mundo *oral*, circular, mítico-ritual e côncavo dos nichos nativos, do balaio e da capoeira, ao mundo *midiático-informático*, segmental, pontilhístico e convexo captado pela semiconcavidade da parabólica. Entre os dois está o mundo *da escrita*, que é também o do tempo linearizado, da história cumulativa, progressiva, com sua perspectiva teórico-interpretativa do mundo e suas engenharias político-econômicas, seus sonhos de poder totalizante e sua carreira de ilusões perdidas (adapto aqui aos propósitos da minha interpretação o esquema contido em *As tecnologias da inteligência*, de Pierre Lévy —[2] que tem semelhanças com aquele desenvolvido por mim em *O som e o sentido* —,³ em que o oral, o escrito e o informático-midiático corresponderiam ao modal, ao tonal/serial e às simultaneidades contemporâneas).

No disco *Parabolicamará* a questão do "fim da história" é intuída de fato como uma mutação do lugar da escrita: "não creio que o tempo/ venha comprovar/ nem negar que a História/ possa se acabar [...]/ é como se o livro dos tempos pudesse/ ser lido trás pra frente, frente pra trás/ vem a História, escreve um capítulo/ cujo título pode ser 'nunca mais'/ vem o tempo e elege outra história, que escreve/ outra parte, que se chama 'nunca é demais'".

Se a sociedade da escrita e da história concebeu o próprio tempo como um livro cujo sentido apontaria diacrônica e teleologicamente para o seu *grand finale*, trata-se de perceber que o livro dos tempos contemporâneos é o livro simultaneísta, permutável e imprevisível de uma história sem finalismo.

Mas as canções de *Parabolicamará* acolhem conjuntamente a experiência do tempo das sociedades sem história, das sociedades históricas e do "fim da história", como se dissessem que precisamos aprender a trançar e destrançar essa rede de tempos. A canção de Gilberto Gil tem intimidade profunda com esse trançado.

Afinal, o núcleo inconfundível do seu repentismo rítmico e melódico está ele mesmo mergulhado nas fontes orais da música negra e da música popular nordestina, do baião de Luiz Gonzaga, já apto por sua vez para a grande aventura urbana dos meios de massa, repassada pelo cultivo poético-harmônico (intrinsecamente escritural) da bossa nova e explodido pela consciência metapoética e pós-pop da Tropicália.

O saber desse trançado é raro, decisivo e crucial neste final de século cuja "característica mais impressionante" talvez seja (outra vez Hobsbawm) a tensão entre o "processo de globalização cada vez mais acelerado e a incapacidade conjunta das instituições públicas e do comportamento coletivo dos seres humanos de se acomodarem a ele". A canção zela pela não ruptura do tecido na pulverização do mundo descentrado. Cabeça nas galáxias e no buraco negro, pé na terra e no barro do chão "de onde vem o baião". Pensamento e música, de ponta e de base. Em vez dos fundamentalismos, o equilíbrio fundamental. Em vez do cosmopolitismo transformado num consumismo vão, o sentimento do universo e o senso da medida humana. Na canção de Gilberto Gil o contemporâneo não conserva, mas *conversa* com a tradição viva. O "samurai futurista" corta o nó da ciência e da arte. O "Buda nagô" nascido na Bahia, que une e supera os contrários, "balança mas não cai". O portador do dom da ilusão é sim o grande ilusionista, mas também o equilibrista zelando e lutando para que a razão seja iluminista e também iluminada.

O artista e o tempo

Com Guilherme Wisnik

Não é difícil perceber que, às vezes, Chico Buarque faz como se virasse, com uma canção, a página da história. Pode-se dizer que "À flor da terra — O que será" (1976) vislumbrou o horizonte que iria da ditadura às Diretas, ao mesmo tempo que exprimia a pulsação erótica da política. Que "Bye bye, Brasil" (1979) viu as novas caras do país que os anos do "milagre econômico" simultaneamente produziram e esconderam, que "Bancarrota blues" (1985) é a canção da dívida externa insaldável pairando sobre a visão colonial do paraíso, "Estação derradeira" (1987) o alarme profético da convulsão social no morro e na cidade, "Baticum" (1989, em parceria com Gil) um mosaico lúdico do merchandising generalizado e da onipresença da mídia, e "Sonhos sonhos são" (1998) o pesadelo do nervosismo dos "mercados" e do voo cego da "globalização".

Não estou falando de "Sabiá" (1968, em parceria com Tom Jobim), que adivinhava sem saber, na turbulência dos festivais da canção, os anos do exílio que se seguiriam, nem de "Cotidiano" (1971) ou "Acorda amor" (1974), duas versões do dia a dia e do noite a noite sufocados sob a ditadura, nem da emergência lenta e gradual dos pivetes ("Pivete", 1978, "O meu guri", 1981, "Brejo da Cruz", 1984). Nem todas se tornaram (ou quiseram ser) hinos como "Apesar de você" (1970), "Cálice" (1973, com Gilberto Gil) ou "Vai passar" (1984). Mas muitas delas compõem, e isso é o que propriamente as define, além de uma "agenda" da nossa história contemporânea, uma agenda afetiva e pessoal que surpreende e inscreve, em cada instância coletiva, a marca de uma experiência vertical irredutível, ainda que acompanhada sempre da sensação de ser compartilhada.

Assim, as canções de Chico Buarque, ao mesmo tempo que assinalam acontecimentos da vida brasileira nas últimas décadas, são elas próprias acontecimentos marcantes que se vão formulando para nós "em tempo real" e em tempo simbólico. Nesse sentido, elas não só muitas vezes marcaram época, assinalando um momento histórico e trazendo-o à tona de uma consciência clarificada pela poesia, mas também marcam a época na nossa memória emocional com o timbre de uma experiência inconfundível.

Isso só é possível porque letras e melodias formam um nó luminoso e inextricável em que se condensam certas situações intersubjetivas, intensificadas num momento determinado, mas disseminando vestígios narrativos que concentram, no breve instante da canção, vivências de longo curso, porções inteiras de vida, muitas vezes captadas numa expressão comum, imantada por um novo sentido.[1]

A expressão "olhos nos olhos", por exemplo, sedimentou-se de tal modo no uso coletivo que nem sabemos mais se existia antes da canção de 1976 ("Olhos nos olhos"). O fato é que ela tornou-se desde então um quase sinônimo para a sinceridade plena, ao mesmo tempo que a senha de um salto na educação sentimental daqueles que ouviram a voz da mulher colocar o homem no lugar devido em que ela agora o compreende em vez de ser compreendida pelo território dele, em que os papéis se desnudam sem destruir necessariamente o afeto, e em que, expondo a fragilidade e a força, ela goza aos olhos do homem o poder de um gozo subtraído à sua posse. Se colocamos "Olhos nos olhos" ao lado de "Com açúcar, com afeto" (por sinal, outra expressão que se integrou ao uso cotidiano, 1966), "Atrás da porta" (1972), "Tatuagem" (1972-73) e "Trocando em miúdos" (esta, por sua vez, uma antiga expressão coloquial aplicada pela canção ao rompimento amoroso, quando a vida em comum se reduz e traduz dolorosamente em pequenas posses desgarradas e litigiosas, 1978), temos, não propriamente um panorama, mas o mosaico das transformações conjugais que se deram num curto e intenso período, compondo as vicissitudes, achados e desencontros de um repertório existencial em movimento. Além de constituírem, cada uma e todas, fragmentos densos de narrativas concentradas em canções.

Assim, podemos desmanchar um primeiro equívoco: aquele que engendra a querela do compositor político ou não político, culpado de sê-lo ou de não sê-lo. Essa não é a sua questão. As canções de Chico Buarque vêm pontuando décadas de história, mas de um modo diferente daquele que se atribui muitas vezes a ele. Nelas, a grande história vem sempre repassada pelas pequenas experiências, estas por sua vez reveladoras da vida coletiva de uma maneira inesperada.

Tomemos três exemplos espaçados em três décadas: "Bye bye, Brasil" (1979), "Anos dourados" (1986) e "Iracema voou" (1998). Nas três canções despontam aqueles detalhes de época através dos quais Chico Buarque, mestre em flagrá-los, capta sintomas dos tempos: a ficha telefônica e o DDD em "Bye bye, Brasil", a secretária eletrônica em "Anos dourados", a chamada internacional a cobrar em "Iracema voou" (índices que entram quase insensivelmente na vida de todo mundo e que tipificam na verdade alterações profundas no modo de se tecerem, no cotidiano, os encontros e desgarramentos dos sujeitos).

Em "Bye bye, Brasil" alguém liga para casa e dá notícias não só de si, mas também, sem querer, de um país que se transformou sem que ninguém visse, sob a máscara faraônica da chamada "modernização conservadora". Essa visão cheia de indícios disparatados, aquarela do Brasil que virou quebra-cabeça, pende pelo fio da última ficha telefônica de uma ligação que vai acabar. Os conteúdos correspondem até certo ponto àqueles que o movimento tropicalista anunciava doze anos antes: misturas de arcaico e moderno, fliperama em Macau, índio e calça Lee, Tabariz e Bee Gees junto com "saudades de roça e sertão", idioma inglês e "japonês trás de mim". Mas aqui, além de acrescentarem os índices específicos da década de 1970 (usina no mar, bauxita no Ceará, transamazonismo), o ponto de vista também é distinto: a mercadoria internacionalizada e os choques de cultura são dados de uma realidade rente ao sujeito, que ele experimenta na fila do orelhão, ao mesmo tempo que viajando pelo Norte do Brasil ou vendo tevê.

Podemos dizer que a profecia tropicalista desce, em "Bye bye, Brasil", aos níveis de realidade mais chãos, porque agora se generalizou e está em toda parte, inclusive na psicologia do homem comum, que é onde Chico Buarque a toma para si. O brasileiro trabalhador, explorando a frente de oportunidades que parece se abrir no Norte-Nordeste, manda notícias para casa, num tom familiar. Mas os sinais entrecortados do Brasil não formam uma grande casa — ou uma casa-grande —, nem mesmo sob "a bênção do meu orixá" ou "de Nosso Senhor", embaralhando a mensagem como se interferissem no próprio contato telefônico, que está a ponto de se romper. Dados de um país mudado, retalhos de confissões ou declarações de amor, peripécias e percalços, pequenas e grandes expectativas desniveladas, notícias corriqueiras, restos e promessas de desejos, tudo misturado e à volta de um mote enigmático ("o sol nunca mais vai se pôr") circula pela bela melodia recorrente de Roberto Menescal num movimento que está entre a casualidade da conversação, os repentes da afetividade e a obsessão de um circuito que volta continuamente sobre si mesmo, prestes a desaparecer.

Que Brasil desaparece? O do populismo, o da cultura de bases nacionais, o do projeto de modernização conduzido por intelectuais progressistas? De certa maneira todos esses, embora tais expressões sejam mais enviesadas do que "alma brasileira" e "povo", que também estão em jogo aqui, de um modo tenso e difuso entre a cultura, a política e as mudanças socioeconômicas.

O tropicalismo denunciou a crise do populismo, as mudanças flagrantes e as renitências líricas, caricatas ou sinistras do velho Brasil, fazendo uma aposta aberta no processo pelo qual o país fica mais parecido consigo mesmo quanto mais diferente se tornar, assumindo como libertadoras as consequências desconhecidas da mudança. Por isso, não transparece nele o gesto irônico-melancólico implícito em "Bye bye, Brasil".

Em Chico Buarque temos, diferentemente, um acompanhamento das transformações sociais, culturais e psicológicas do mundo popular nas quais se inclui o processo de desagregação que vai levar, no extremo, ao romance *Estorvo* (que não deixa de ser um aprofundamento e um acirramento de "Bye bye, Brasil"). Pode-se dizer que o processo acusa, ao longo das canções e romances, não só ou propriamente a desaparição de uma forma de relação política (o paternalismo populista), mas o obscurecimento de uma entidade concreta e historicamente formada (o povo). De todo modo, o mundo de Chico Buarque não é o de cortes súbitos, rupturas radicais ou intervenções programáticas. Em vez disso, ele capta sinais sutis de mudanças quase imperceptíveis que de repente se condensam numa imagem ou numa situação, já catalisada embora recém-percebida na sua nova forma, que guarda ainda os sinais controversos de estágios anteriores.

O sentimento forte e difuso de algo que se perde, em "Bye bye, Brasil", não se confunde, assim e apesar de tudo, com passadismo ou paralisia nostálgica. Desde o início absorvida pelo confronto entre inocência e os choques da experiência, a lírica de Chico Buarque amadurece uma espécie de trabalho de luto que a faz decantar as promessas que se dissipam, as ilusões que se revelam como tais, os reveses que se impõem, num entrelugar em que a vida perdida não anula a que fica em suspenso. Em outros termos, a formação de um país desejado, sempre latente, embora abalada por golpes surdos ou brutais, reverbera na mesma melodia que narra a sua dissipação (assim como, de outro modo, na batucada da Mangueira, em "Estação derradeira").

Curiosamente, podemos ver esse processo correr em duas pistas, a das canções e a dos romances. Nas canções, que de toda maneira se ligam sempre às formas sedimentadas da tradição popular brasileira, e que dão às palavras expansões afetivas, desenhos rítmicos e inflexões entoativas que intensificam a fala cotidiana em suas emoções transparentes ou secretas, a música permanece, a despeito de tudo, como testemunho insistente de uma experiência insubstituível, de uma memória inerente ao Brasil que pulsa.

Porque a música popular, na tradição chico-buarquina, é o meio e a mensagem do país, que fala por seu corpo. Nos romances *Estorvo* (1991) e *Benjamim* (1995), por sua vez, a narrativa desmelodizada e destituída da expressão musical deixa a nu um mundo de observações obsedantes e corrosivas, cujo giro vicioso parece engolfar toda inocência social perdida, toda evanescência lírica e toda chance de identificação coletiva, empurrando-as para um horizonte sem saída e sem salvação.

Gêmeos idênticos e alterados, o cancionista e o romancista tiram consequências aparentemente opostas de suas linguagens, que correspondem no entanto aos dados contraditórios do mesmo problema (isto é, os avatares do Brasil e sua desordem-em-progresso, vistos tanto na aparição como na força do seu vácuo). De outro modo, pode-se dizer que romance e canção se remetem e se contaminam reciprocamente num balanceio objetivamente inconcluso, em que o pesadelo de *Estorvo* pode se contrapor à apologia da força regeneradora da música popular em "Paratodos", e o de *Benjamim* ao frescor ambivalentemente sedutor de "Carioca" (1998), mesmo que este se reencontre de alguma maneira com o pesadelo cantado de "Sonhos sonhos são" (1998).

Pode-se dizer que o escritor e o compositor, atestando o grau de interpenetração que literatura e música popular alcançaram no Brasil, se complementam em Chico Buarque, captando nessa dualidade o Brasil como dilema e potência, força e dissipação, simultâneo remédio e veneno. É ocioso dizer, por outro lado, o quanto essa tensão/resolução de canção e romance se realiza nele em alto nível, em oposição àquela suspeição recorrente de que o cancionista é necessariamente um artista menor ligado ao ramo do entretenimento, que só por equívoco se envolve com literatura.

Em "Anos dourados" alguém revive ao telefone, num surto afetivo desencontrado, a paixão datada de um Brasil quase Brasília, deixando, para um interlocutor ausente, confusas "confissões no gravador" em que se mesclam o desejo inesperadamente reaceso e o sentimento do irremediavelmente perdido. Sentimentos aflorantes, ao mesmo tempo imperativos, denegados, buscados na fotografia moderna e já antiga, projetados sobre o vazio do outro, compõem na cena breve e intensa um sismógrafo emocional sutil em que os signos de época transparecem a posteriori, flagrados na contraluz lírica como ilusão e saudade. As refrações dessa tonalidade nostálgica, cuja aura faz do passado alguma coisa ambivalentemente próxima e distante, transparecem por sua vez nos resíduos de boleros guardados ou descobertos na melodia de Tom Jobim ("parece dezembro/ de um ano dourado// parece bolero/ te quero, te quero/ dizer que não quero/ teus beijos nunca mais").

A atmosfera subitamente recriada pela memória involuntária, em sua revisitação dos anos 1950-60, não se esgota, no entanto, na mera nostalgia e na fetichização dos clichês da época (à moda das modas retrô). O centro da canção é o abismo em que cai o eu entre o tempo e o tempo, estranhando tanto a si quanto ao outro, ante o enigma do seu desejo. Abismo sobre o qual se voa quando a melodia recorrente e algo coloquializada do começo ("parece que dizes/ te amo, Maria") se abre e se expande em "meus olhos molhados/ insanos, dezembros/ mas quando me lembro/ são anos dourados".

A compatibilidade profunda entre a letra e a música, as afinidades conotativas que elas despertam e potencializam, trabalhando sobre a sensação do tempo datado e do tempo sem data, recriam a sensação de uma idade de ouro dos afetos, saudade sem tempo e sem lugar (embora coada pelos signos de classe e de época), tesouro emocional cujo melhor continente não deixam de ser as canções.

É preciso assinalar que, não obstante a música dessa canção não ser de Chico Buarque mas de Tom Jobim (assim como a de "Bye bye, Brasil" é de Menescal), o instinto e o senso cancional do letrista, que consistem na noção exata do peso da sílaba, da inflexão entoativa, do arco da frase verbal em sintonia com o da frase melódico-harmônica, fazem com que a letra se embeba nas conotações da música e ao mesmo tempo evidencie os perfis desta e os transforme quase como se os recompusesse. A "palavra dócil/ […] que se acomoda em balde, em verso, em mágoa", assim como em música, é a criatura criadora que imprime à música a sua marca, trazendo à tona algo "anterior ao entendimento" ("Uma palavra", 1989). O que acontece também em outras parcerias marcantes como "Retrato em branco e preto" (1968, com Tom) e "Beatriz" (1982, com Edu Lobo).

Já em "Iracema voou" a emigrante cearense nos Estados Unidos, acompanhando a leva de subempregados brasileiros que joga sua sorte no mundo, equilibra a sua condição precária com pequenas esperanças e provisoriedades, certa altivez entre resignada e esperta, e a inocência inconsciente de que seu nome (inventado por José de Alencar para a índia-mãe da dor do Brasil) contém a cifra secreta de um anagrama, que ela diz no telefone sem saber: "— É Iracema da América". Novamente, a história social implicada aí está decantada numa experiência ao mesmo tempo exemplar, intransferível e inesperada.

Já se disse dessa canção que ela confirmaria a tendência a uma melancolia crescente na obra de Chico Buarque, em especial no último disco, *As cidades*, apontando para um universo cada vez mais soturno e tristonho. É importante frisar, no entanto, que insistir no abatimento melancólico como chave explicativa é, de saída, um erro de tom que achata as nuances onde moram tanto o segredo do encanto quanto os dados de realidade que a canção pontua.

Note-se, antes de mais nada, a ternura infinita e o humor que acompanham a cada passo o destino do personagem, a partir do cromatismo melódico que acompanha milimetricamente o abrir--se do seu voo-viagem, amparado pelo desenho regular e em círculo do violão. O compositor premia e consola o seu personagem (sabemos que é uma questão de cumplicidade profunda) com meias rimas perfeitas e aliterações singelamente preciosas, como o luxo, ainda que poético, de lavar "chão numa casa de chá". Sentimos também que ele confia plenamente em que ela, que "leva roupa de lã/ e anda lépida", se vira bem (apesar de não dominar "o idioma inglês" e só ver um filme "de quando em vez"), baseada na força que vai portando numa bagagem invisível. O mesmo dom da ilusão compartilhada e cúmplice vale para os sinais atmosféricos algo démodés do mímico ao luar e do canto lírico que ela "ambiciona estudar" enquanto burla a lei para permanecer onde está.

Comove que a frase "tem saudade do Ceará", encaixada na melodia com um máximo de resolução emocional, seja logo em seguida coloquialmente relativizada, quase de surpresa, em "mas não muita" (já que nada resvala para o sentimentalismo, embora seja sempre delicado o chão emocional em que pisa aquela que vive sem lugar e guarda em si, mais do que sabe, uma terra originária).

Nos seus telefonemas afoitos Iracema acaba por dizer, sem saber, algo que o narrador da canção, seu interlocutor virtual, talvez saiba sem dizer, deixando-nos suspensos nesse sutilíssimo entrelugar lírico e irônico: onde quer que ela esteja, inclusive na "América" que ela tenta "fazer", a América é ela, embaralhada nas letras de seu nome, não por alegoria, mas pelo acaso infeliz e feliz que guarda a pérola secreta do anagrama nas curvas de seu destino improvável, entre as perdas e promessas da memória ancestral e do seu ostracismo.

Se pensarmos que Iracema é aí o nome singular de uma pessoa--persona ao mesmo tempo que o nome coletivo e popular, criado por um escritor (Alencar) empenhado na formulação da literatura brasileira e na formulação simbólica do Brasil (não sabemos se, ele mesmo, consciente ou inconsciente do jogo anagramático que propunha), vemos que a canção puxa um fio tênue mas muito poderoso, não sem ironia porém com uma leveza incrível, unindo o fortuito, a história social, a poesia, a cultura, sem perder em nenhum momento a naturalidade coloquial.

"Iracema voou" condensa, assim, uma questão que tínhamos apontado acima: a do transe ambivalente em que o Brasil, na obra de Chico Buarque, se dissipa e não se dissipa, insistindo como memória, projeto, presença ou resíduo, ali mesmo onde parece extinguir-se de vez. Ali: o mundo do capital desarraigado e do trabalho pulverizado, devorando com suas forças avassaladoras e avassaladas as histórias pessoais, cidades, povos, Estados-Nações, e onde o poeta ex-profeta sonhador de um pesadelo dentro do pesadelo não lê mais o rumo da história, assim como não pode ler o destino na palma sem linhas da mão de uma mulher que lhe morde o ombro em meio a um voo turbulento ("na verdade não me queres mais/ aliás, nunca na vida foste minha") ("Sonhos sonhos são", 1998). Enquanto isso, numa notação ao mesmo tempo onírica e cruel, "a legião de famintos" se engalfinha pelas pérolas que ele atira do alto de alguma varanda colonial, numa outra esquina desse sonho às cegas que passa por Lisboa, Lima, Calcutá, Macau, Maputo, Meca, Bogotá.

Fugindo de qualquer alegorismo compulsório, no entanto, entre as graças e as desgraças de que está cheia, a cidade do Rio de Janeiro ("és minha") continua linda e arrombando a retina de quem vê "o poente na espinha/ das [suas] montanhas" ("Carioca", 1998). Decantada como num pregão por onde passam os infinitos sinais da paixão pela vida concreta que ela desperta, a cidade desfila por uma melodia encantadoramente sinuosa e irregular que voa junto com "o homem da Gávea" e a "vadia/ gaivota", suinga com o "baile funk" e o "samba no Flamengo", soletra com "o reverendo num palanque/ [...] o Apocalipse", flutua que nem "muamba/ nas ondas do mar", como o próprio "povaréu" ambulante, e acaricia as "meninas/ peitinhos de pitomba/ vendendo por Copacabana/ as suas bugigangas".

A sintaxe dúbia e as rimas internas propõem elos flutuantes que, por sua vez, interligam vagamente os elementos, contaminando-os e unindo-os como o faz a melodia. As retinas arrombadas pelo poente são as mesmas que veem, numa fusão projetiva, as meninas do comércio noturno espalhadas a prêmio por Copacabana, associadas por sua vez à tapioca "gostosa/ quentinha" do pregão que reinicia o ciclo. Ondas, sons, palavras, corpos, mercadorias, lugares, paisagens, trocas lícitas e ilícitas, festa, religião, trabalho, sexo, tráfico, prazer, tudo se interliga num tecido de vida à flor da pele diante do qual a consciência suspende a demarcação moral dos limites entre o trauma e a maravilha, a violência e a singeleza, a inocência e os choques da experiência. No corpo da cidade e dessa canção, entre todas as desmedidas e excessos, os da beleza e da graça ainda falam mais alto. Ou, por outra, a vida concreta tem o poder de reembaralhar as cartas, devolvendo os jogos a uma espécie de ponto zero (de onde eles terão sempre que, de algum modo, partir).

"Carioca" (onde pulula a vida do Rio) poderia nos levar diretamente, aqui, a "Morro Dois Irmãos" (onde a cidade se ouve, dentro da noite, pelo avesso da música radicalmente silenciosa, 1989). Mas é preciso considerar ainda antes a questão do choque entre a inocência e a experiência (como que transcendido em "Carioca"), que é talvez o núcleo temático mais antigo e matricial das canções de Chico Buarque, envolvendo a sua relação com o tempo. O tema da dissipação da inocência, levada pelo tempo e mundo destruidores, que carregam a vida em "O velho Francisco" (1987), por exemplo, já estava em "A banda" (1966), em "Roda viva" (1967), na janela de "Carolina" (1967) e em muitas das canções dos primeiros discos de Chico, assim como mais tarde no paraíso incestuoso da infância em "João e Maria" (1977, com Sivuca), rompido em "Maninha", do mesmo ano, pela presença de uma figura ameaçadora e enigmática: "se lembra quando toda modinha/ falava de amor?/ pois nunca mais cantei, ó maninha/ depois que ele chegou/ [...] se lembra do jardim, ó maninha/ coberto de flor?/ pois hoje só dá erva daninha/ no chão que ele pisou".

Quem é ele? A canção não diz, mas aponta por isso mesmo para aquele clima difuso de pesadelo, aquela espécie de surto esquizoparanoide que, mais tarde ainda, tomará forma no *Estorvo*, onde "ele", o outro ameaçado-ameaçador, chega de toda parte e a toda hora, de dentro e de fora, emblematizando, entre outras coisas, o estilhaçamento de uma espécie de inocência social, ou de um certo senso de dignidade da pobreza — estilhaçamento que o romance eleva em bela prosa às raias do absurdo.

De qualquer modo, esse ambiente de modinhas que se dissolvem, de jardins paradisíacos e invioláveis que se perderam no tempo ("Até pensei", 1968), de rosas que murcharam e do doce que "acabou-se" ("Você não ouviu", 1966), de Carolina e Januária nas suas janelas, por um lado, e de Rita e Madalena deixando homens a ver navios, por outro, e onde "seu padre toca o sino", "o delegado é bamba/ na delegacia" e "a roda da saia, a mulata/ não quer mais rodar, não senhor", em suma, esse mundo de uma ingenuidade algo construída, com precoce maestria, e já oferecido à sua dissolução, marcou a primeira fase da obra de Chico Buarque, que se encaminha rápida e também precocemente para um sentimento de exaustão melancólica, como se pode ver em "Realejo" (1967), "O velho" (1968) e na lindíssima e já citada "Retrato em branco e preto". Como se vê também, e por uma ironia que contradiz todo esquematismo explicativo, no auge da efervescência geral de 68 o compositor Chico Buarque, mais tarde tomado como ícone do engajamento, estava no auge do intimismo e da introversão, intimismo e introversão que não deixam de conter, no entanto, como mostra "Sabiá", uma indireta forma de intuição política.

O disco *Construção* (1971) marca uma reviravolta construtiva, do ponto de vista formal e de intervenção social, além do novo ânimo que o inspira. Foi então que se constituiu, em Chico, o viés simultaneísta dos versos permutáveis com que narra a tragédia do operário em "Construção" (1971), o tom ativamente participante e às vezes cáustico com que contracenou com a ditadura ("Deus lhe pague", 1971), sem perder o humor, às vezes estrategicamente sibilino ("Corrente", 1976), e o senso, já citado, da verticalidade singular com que surpreende as situações, mesmo as de denúncia ("Acorda amor"). A década de 1970 foi um período de engajamento também em vários projetos de teatro e cinema, que supõem uma relação mais combativa com o tempo, a contrastar com a ciranda lírica declinante de "A banda" e de "Roda viva" (que não obstante desencadeou, esta última, um dos espetáculos mais candentemente aguerridos e guerreados de 68, a peça *Roda viva*, de Chico, dirigida por Zé Celso Martinez Corrêa).

Quando passa o arco principal da onda de extroversão participante, estimulada e exigida pelos tempos, e à qual se ligam as peças *Calabar* (1972-73), *Gota d'água* (1975), *Ópera do malandro* (1979), *O corsário do rei* (1985), acirra-se um retorno à (de todo modo jamais abandonada) especificidade lírica, que supõe um novo acerto de contas com o tempo, num tempo agora de abordagem mais difícil pois parece escapar ao alcance da participação do sujeito. Sintomaticamente, nesse momento é o romance, gênero mais interiorizado que o teatro, que vem fazer contraponto às canções. E é justamente então que algumas canções, a partir da segunda metade dos anos 1980, começam a fazer do tempo "a grande estrela" (como dirá em 1993 a canção "Tempo e artista"): o tempo como acontecimento que se desprende da ordem linear das coisas e que vaga por si mesmo, para além delas e para dentro delas, modelando-as, transcendendo-as, destruindo-as e dando-lhes a quintessência, projetando-as na vertigem do finito e do infinito.

O movimento originário dessa inclinação metafísica (da qual os romances oferecem o contraponto psicológico e histórico-social) está numa reversão do tempo que, andando literalmente de trás para diante, vem deslocar e sublimar seu travo destrutivo, tratando a melancolia (essa velha conhecida) a contrapelo: na canção "Lola" (1987), por exemplo, alguém chega "arrancando páginas de dentro de mim/ desde o primeiro dia" (revirando a agenda?), "me apagando filmes geniais/ rebobinando o século/ meus velhos carnavais/ minha melancolia". Na "Valsa brasileira" (1988, com Edu Lobo), é o sujeito lírico que parte numa busca que retrocede no tempo, cancelando os dias desse estado provisório — o presente —, como "de um filme/ a ação que não valeu", mudando as horas para trás até chegar "pela porta de trás/ da casa vazia [...] mil dias antes de te conhecer". Em "Uma canção desnaturada" (1979), feita para a peça *Ópera do malandro*, a mãe já destilava seu ódio pela filha numa imaginária reversão do tempo em que a "curuminha" acaba por se recolher de novo e "pra sempre/ à escuridão do ventre [...]/ de onde não [deveria]/ nunca ter saído".

Lado a lado e em contraste com este último exemplo, que é bem específico da situação teatral em que se insere (e onde se revertem bons sentimentos numa extraordinariamente crua e cristalina expressão do ódio fundamental), parece-nos que as reversões do tempo buscam construir uma espécie de sublimação da melancolia, ao mesmo tempo assumida e superada pelo trabalho do luto, através do qual as perdas guardam seus golpes sem desertificar o mundo, entre o vislumbre e o alcance de "um tempo que refaz o que desfez" ("Todo o sentimento", 1987, com Cristovão Bastos).

Ao que tudo indica, esse lugar crucial está à beira do enigma, marcante em algumas músicas, de um tempo que flutua (ou "pendula") num vaivém indecidível entre a ida e a volta, a finitude e a infinitude, o movimento e a parada. Digamos que esse mesmo enigma do tempo, vivido como transporte lírico intenso no "Xote de navegação" ou em "Morro Dois Irmãos", não se impede de ser vivido como pesadelo e inferno em *Estorvo* e em *Benjamim* (onde o tempo avança corroendo e regredindo à sua petição de princípio, em flashbacks circulares e automatizados que anulam mas não cancelam o existente, próximos daquele relógio de pêndulo num conto de Machado de Assis — "O espelho" — que parece dizer, a cada passada: "*Never, for ever! — For ever, never!*").

No fadístico "Xote de navegação" (1998, com Dominguinhos), um trabalhador vê o rio a atravessar "[seu] vilarejo", e larga o "afazer" para navegar em sonho pelo barco *Paciência*, que "[pendula] como o tempo" e tem "igual destinação", passando sem que o tempo passe ("passam paisagens furta-cor/ passa e repassa o mesmo cais/ num mesmo instante eu vejo a flor/ que desabrocha e se desfaz"). Contra o grito do "impaciente capataz", que soa impotente de uma ribanceira que navega "pra trás", o sujeito da canção, eternamente velho e moço, vai "sombrio/ cabeleira de rapaz/ pela água do rio/ que é sem fim/ e é nunca mais" (como que embalado pelo "Never, for ever! — For ever, never!" do conto machadiano, mas tendo no horizonte, que está no começo e no fim, a aceitação da plenitude e do nada).

São imagens provindas daquela "ampulheta do tempo [que] disparou" ("Almanaque", 1981) em sentido inverso e paradoxal. Elas acabam tendo sempre como objeto de eleição a cidade do Rio de Janeiro, em múltiplas transformações, como a sua remissão a uma remota e futura cidade submersa que guarda "vestígios de estranha civilização" ("Futuros amantes", 1993), ou na sua condensação no movimento estático de uma pedra, "rocha dilatada" em que se dá uma "concentração de tempos/ [...] como se o ritmo do nada/ fosse, sim, todos os ritmos por dentro" ("Morro Dois Irmãos").

É de notar que essa pedra referida e dúplice, geminada, a mesma sobre a qual, de certo ângulo, se vê o poente decantado em "Carioca", é aquela que se divide em ribanceiras de classes sociais convulsionadas, ou, ainda, de classes e desclassificados (sob o signo contraditório da irmandade), e aquela a cujos pés "vão se encostar os instrumentos" silenciosos e ressonantes na noite que se cala. Ela é contígua e incomensurável extensão de tudo que vibra na canção como impossibilidade e latência. A melodia se eleva em movimentos sucessivos, como se quisesse remontar à "prumada" muda que se alteia, e depois descende no movimento ao mesmo tempo abrupto e estirado em que uma nota longa, atravessada pela lenta transformação harmônica, resiste somente pela força que nela se condensa, antes de se entregar, "todos os ritmos por dentro", ao repouso merecido e, ainda uma vez, incessante: "música parada/ sobre uma montanha em movimento".

Uma pequena palavra sobre "O futebol" (1989) como poética: o compositor diz que não mas tira da canção "efeito igual/ ao jogador", na "firula exata" qual pintura sem pinacoteca de uma arte sem moldura, na melodia "chute a gol/ com precisão/ de flecha e folha-

-seca", na fração de segundo em que simula o drible que se dá no reverso do verso ("para avisar a finta enfim/ quando não é/ sim/ no contrapé/ para avançar na vaga geometria [...] do impossível"), compositor-jogador driblando o tempo com o tempo e surpreendendo "fundo/ o coração do pensamento", pela palavra-música, "a emoção/ da ideia quando ginga".

Oração ao tempo

CANÇÕES-ENSAIO

Um amigo me mostra de surpresa uma canção desconhecida, gravada num compacto simples e encontrada por acaso numa loja de discos do largo de Pinheiros. Não reconheço o cantor. É uma balada romântica, segue um tom coloquial até completar um caminho poético perfeito, surpreendente no fôlego e na transparência. Estranhamente familiar dentro do contexto que ela cria e que me escapa, e perfeitamente situada, nessa primeira escuta, num gênero pop que ela parece exceder, só me soa óbvio que não é coisa de São Paulo, mas que vem do Rio.

Lamento não tê-la conhecido antes, porque aquela canção condensava o que desejei ter dito num ensaio que eu acabara de escrever sobre a paixão amorosa. Além do mais (pensava eu), poderia ter citado, entre tantos exemplos de Caetano Veloso, um que não fosse de Caetano Veloso. Inocência minha: quando vou ver, a canção é de Caetano Veloso, chama-se "Tá combinado", e era interpretada ali por Pe-

ninha, para quem foi composta, aludindo ao seu estilo (já recriado por Caetano na antológica interpretação de "Sonhos").

A influência de Caetano se parece às vezes com uma onipresença. "Tá combinado" retoma o tema do amor e da amizade, que tinham sido equiparados em "Língua" à poesia e à prosa, sob a sugestão de Fernando Pessoa — "e quem há de negar que esta [a prosa-amizade] lhe é superior [à poesia-amor]?". Começa assim: "Então tá combinado, é quase nada/ É tudo somente sexo e amizade/ Não tem nenhum engano nem mistério/ É tudo só brincadeira e verdade". Mas um giro inesperado repõe o amor, "com todo o seu tenebroso esplendor", no lugar irredutível que a canção anterior parecia lhe haver tirado ("Mas e se o amor pra nós chegar/ De nós, de algum lugar/ Com todo o seu tenebroso esplendor?/ Mas e se o amor já está/ Se há muito tempo que chegou e só nos enganou?").

Passar de Peninha a Nietzsche ("Abrirmos a cabeça para que afinal/ Floresça o mais que humano em nós"), e de Pessoa a ele mesmo, na mesma canção, sem deixar de ser convincente e natural, é bem a cara desse "compositor de destinos", com sua respiração intelectual tão fluida e sensível quanto a própria música. Guiado pela qual ele sempre apaga e redesenha "a estrada/ que seu caminhar já desenhou".

Sem saber dessa estória, e tendo assistido à minha conferência sobre Tristão e Isolda no curso Os Sentidos da Paixão, que motivou o ensaio a que me referi,[1] Caetano comentou comigo a resenha feita por Sartre sobre o livro de Denis de Rougemont, O amor e o Ocidente, que eu citara na minha fala. O livro de Rougemont, cuja generalidade Sartre criticava, faz uma extensa interpretação do romance de Tristão e Isolda. Caetano lera a resenha fazia anos, mas se lembrava perfeitamente de seu núcleo.

Ora, essas duas estórias casuais, que eu levanto aqui como um brinde ao amor e à amizade, são também indícios eloquentes dos modos de ser e pensar de Caetano Veloso. Pois ele tem, muito mais do que muita gente pensa, uma atenção e um repertório agudamente voltados para a música e a filosofia, o cinema e a literatura, ou, se quisermos, a poesia e a prosa. No caso, sem nenhuma programação aparente, feria o assunto pelos dois lados, o poético e o conceitual, introduzindo um comentário culto que não se encontraria todos os dias na universidade. Aliás, as observações que ele faz muitas vezes, de maneira descompromissada, seja sobre Flaubert ou sobre Aníbal Machado, Balzac ou Paulo Francis, Proust ou a relação Freud/Jung, são de uma precisão e de uma qualidade crítica raras.

Não sendo nenhum erudito mas um "desespecialista" convicto (na definição de Luiz Tatit), sua inteligência sensual é movida antes de tudo pela ligação vital com o assunto. Na recente canção "Lindeza", por exemplo, inclui entre as definições de beleza a "promessa de felicidade" de Stendhal, invocada por Nietzsche contra a concepção kantiana da beleza como contemplação desinteressada ("promessa de felicidade/ festa da vontade, nítido farol").[2] Para Caetano tudo é sempre interessante ou não é, nas músicas, nas pessoas, no sexo, nos poderes, na televisão. Não há temas distanciadamente acadêmicos (interessante, aliás, é o que é e está entre, no meio da coisa, na raiz do inter + esse). Ele depura e concentra a versatilidade da verve baiana com um poder de atenção e distanciamento que, ao contrário do irracionalismo que muitas vezes se lhe atribui, é temperado por uma enorme exigência de rigor.

Todas essas coisas dizem respeito à situação da música popular no Brasil, que a sua presença, com seu poder irradiador, imanta. Caetano não representa apenas um talento individual, mas um campo de possibilidades para a cultura, um índice daquela singularidade cultural que o romance Estorvo, de Chico Buarque, e suas canções também atestam. Eles, sim, não merecem que os deixemos sós.

Esse texto foi escrito por encomenda da *Folha de S.Paulo*, por ocasião do aniversário de cinquenta anos de Caetano, em agosto de 1992.[3] Há nele, entre outras coisas, a vontade de testemunhar um fato que me parecia gritante, embora pouco visível na época: que aquele superstar, por uma dessas estranhas singularidades brasileiras, era um ensaísta potente, embora potencial. Cinco anos depois, o livro *Verdade tropical*, depoimento reflexivo sobre a experiência tropicalista e a agitação musical, cinematográfica, literária e existencial do período, daria corpo à minha convicção.

Mas eu queria dizer também, no artigo da *Folha*, que havia um ensaísmo latente entranhado nas próprias canções de Caetano Veloso, mesmo quando elas pareciam simplesmente cumprir os requisitos da canção de massa. É que se podia entrever, nelas, uma autocompreensão por dentro do fenômeno pop romântico, com suas peculiares manifestações de sofrência e de busca por felicidade. Essa apreensão interna do alcance do romantismo de massas não se fazia sem provocadoras pontadas literárias e filosóficas, dialéticas e paradoxais, como as que levaram Roberto Carlos a cantar, interpretando Caetano e interpretado por ele, frases improváveis como "tudo certo como dois e dois são cinco" ("Como dois e dois"), "estive no fundo de cada vontade encoberta" ("Força estranha"), ou, simples e ironicamente, "noutras palavras, sou muito romântico" ("Muito romântico").

Não por acaso, depois de lançar *Verdade tropical*, o cancionista lançou o disco *Livro* e, nele, a canção "Livros", uma reflexão cerrada sobre esse estranho objeto "que pode lançar mundos no mundo" como a emanação "de um corpo negro" que aponta "pra expansão do Universo". Objeto transcendente que podemos amar com o "amor táctil/ que votamos aos maços de cigarro", e com o qual estamos sujeitos a travar tempestuosas relações de amor e ódio, de controle e descontrole — enjaulando-os, cultivando-os, queimando-os ou atirando-os pela janela em lugar de nós mesmos ("talvez isso nos livre de lançarmo-nos"). A paixão dos livros era concebida ali, pois, como uma experiência radical à qual não era alheia a dimensão extrema do suicídio. Lembremos, a esse propósito, que Gilles Deleuze se atirara pela janela, muito por não poder mais escrevê-los (em 1995, não muito antes da canção, que é de 1997). E que, em 1983, Ana Cristina Cesar também se atirara da janela, talvez por tudo que já tinha colocado, sem que jamais coubesse, dentro de seus livros de poesia.

Posso dizer que Caetano dava forma, na canção "Livros", às dúvidas que atormentaram a escrita de *Verdade tropical*, que lhe pareceu muitas vezes um esforço destinado a "encher de vãs palavras muitas páginas/ e de mais confusão as prateleiras". Mas fazia dessa confissão enviesada uma declaração impetuosa de amor ao amor ("Tropeçavas nos astros desastrada/ Mas pra mim foste a estrela entre as estrelas"), extraindo da travessia do niilismo uma afirmação da aventura inclassificável da existência, do pensamento e da linguagem ("a ventura e a desventura/ dessa estrada que vai do nada ao nada/ são livros e o luar contra a cultura").

A contraposição conflitiva entre os "livros e o luar" e a cultura pode causar estranhamento. Mas ela ecoa, por acaso ou não, o espírito de uma conhecida afirmação de Jean-Luc Godard em 1994:

> Pois existe a regra, e existe a exceção. Há a cultura, que é a regra; há a exceção, que é a arte. Todos dizem a regra: cigarro, computador, camiseta, televisão, turismo, guerra. Ninguém diz a exceção, esta não se diz, esta se escreve: Flaubert, Dostoiévski; esta é composta: Gershwin, Mozart; esta se pinta: Cézanne, Vermeer; esta se filma: Antonioni, Vigo. Ou esta se vive, e então é a arte de viver [...]. É da regra querer a morte da exceção. Será, portanto, da regra da Europa da Cultura organizar a morte da arte de viver que floresce ainda.[4]

(Desnecessário mas imperioso dizer que, passados mais de trinta anos, vivemos sob o império da regra, agora quase sem exceção.) Assumindo na letra a forma de um poema escrito, "Livros" é vazada em estilo culto, conscientemente livresco, em versos decassílabos, ostentando suas empertigadas construções gramaticais ("lançarmo-nos", "odiarmo-los") e exercendo as potências clássicas da língua como quem "já tem a alma saturada de poesia, soul e rock 'n' roll" ("O homem velho"), embriagada do "cheiro dos livros desesperados" ("Reconvexo") e banhada em canções. O verso "tropeçavas nos astros desastrada", por exemplo, é uma variação de "tu pisavas nos astros distraída", parte da letra de "Chão de estrelas" (Sílvio Caldas e Orestes Barbosa), que Manuel Bandeira considerava "o verso mais bonito da nossa língua". Aludindo ainda, pelo jogo poético, ao parentesco originário da palavra "astro" com a palavra "desastre" (que é, etimologicamente, um distúrbio astral — dis + astro —, um acidente cósmico, uma "má estrela").

A gravação de "Livros" contém ainda, intencionalmente submersa nos sons do arranjo musical e quase imperceptível ao entendimento imediato, a leitura de um trecho do romance *O vermelho e o negro* (novamente Stendhal), em que Julien Sorel queima, solitário numa gruta remota, um manuscrito de sua autoria. Sibilina citação literária sinalizando que a canção incuba um ensaio sobre a experiência radical dos impasses e das potências desencadeadas pelos livros, tomados como essa força capaz de fazer com que mundos virtuais, possíveis, impossíveis, adentrem, não sem idas e voltas, no mundo real.

Os exemplos de inter-relações literárias nas canções de Caetano são muitos. A expressão "nada no bolso ou nas mãos", de "Alegria, alegria", é tomada do livro *As palavras*, de Jean-Paul Sartre, que pareceu ao jovem Caetano, segundo ele relata, o mais extraordinário livro jamais escrito. (O verso "foi tirado diretamente da última página de *As palavras* de Sartre: numa brincadeira comigo mesmo, eu tinha enfiado uma linha do que para mim era o mais profundo dos livros numa canção de circunstância. A ambição que tinha me levado a compor tal canção, no entanto, era grandiosa e profunda".)[5] "A terceira margem do rio", em parceria com Milton Nascimento, é uma interpretação poética do conto do mesmo nome, de Guimarães Rosa, estabelecendo uma surpreendente e reveladora conexão, mais uma vez de valor ensaístico, entre o conto e o final de *Grande sertão: veredas* ("Rio, pau enorme, nosso pai", na canção, e "o Rio de São Francisco — que de tão grande se comparece — parece é um pau grosso, em pé, enorme", no romance).

"Pecado original", feita para o filme *A dama do lotação*, baseado num conto de Nelson Rodrigues (dirigido por Neville d'Almeida, 1978), trança a ideia psicanalítica do sem-lugar do desejo ("a gente não sabe o lugar certo de colocar o desejo") com o mito bíblico da Gênese ("todo mundo, todos os segundos do minuto/ vive a eternidade da maçã"). O título explora a oscilação entre "pecado original", no sentido moral e religioso de erro fundador, e a originalidade dos pecados dessa "Belle de Jour" suburbana (o personagem de Nelson), cujos erros participam da errância do desejo que nos habita a todos, "todos os segundos do minuto". Conjugando propositalmente diferentes repertórios, cultivados e de massa, com suas respectivas conotações, a letra alude a referências tão díspares como Chico Buarque ("olhos nos olhos da imensidão") e Waldick Soriano ("eu não sou cachorro, não"). Tudo isso soando natural e fluente porque, além da movente coesão conceitual que enforma a canção, a forma ondulatória da melodia imita, do começo ao fim, a onda pulsional do desejo que tem na serpente seu símbolo arquetípico. Essa onda-pulsar, melodia serpeante que se expande do semitom ao arpejo e retorna ao semitom, busca um lugar que não estaria senão na sua volta ao princípio, ao seu infinito recomeço narcísico, se não fosse interrompida pela pergunta sobre o enigma do desejo feminino ("a gente nunca sabe mesmo o que é que quer uma mulher").[6]

A poética de Caetano — seja porque, sendo altamente sutil e informada, exige repertório e atenção redobrada do ouvinte, seja porque, por isso mesmo, parece intrusiva e pretensiosa da parte de um cantor-compositor de músicas de mercado — pode confundir muitas vezes os incautos. Ele próprio gosta de adotar para si a pecha de "subintelectual de miolo mole" (que lhe aplicou, em contexto polêmico, José Guilherme Merquior), reconhecendo com autoironia, na expressão do crítico literário, a sua voracidade de leitor insaciável e sem método. Mas, de um ponto de vista criativo, sua extraordinária agudeza associativa e multifocal representa à perfeição aquilo que os românticos alemães já desejavam para "um homem muito livre e culto": que pudesse "afinar-se à vontade, de um modo filosófico ou filológico, crítico ou poético, [...] antigo ou moderno, [...] da mesma forma como se afinam instrumentos".[7]

A IDADE DAS IDADES

No dia em que Caetano fez sessenta anos, em 2002, eu acordei com o rádio tocando a sua gravação de "Ouro de tolo", de Raul Seixas, numa homenagem explícita ao aniversário. Soava extraordinariamente bem que ele surgisse naquele momento cantado por um outro, um outro através dele, que esse outro fosse Raul e fosse ele (já está claro que desdobrar-se em outros e contê-los em si é um princípio regente de sua personalidade artística). E que a canção fosse essa porrada luminosa de inconformidade com a alienação consumista instalada no mundo, um jorro de negação e afirmação desembocando na frase "eu é que não me sento/ no trono de um apartamento/ com a boca escancarada, cheia de dentes/ esperando a morte chegar". Além da beleza contundente da canção e da interpretação, me impressionava particularmente o verso em que toda a encruzilhada da vida e da morte, e do perigo da morte em vida, estava jogada numa boca escancarada e cheia de dentes.

Foi assim que, dez anos depois, quando Caetano fez setenta, escrevi duas colunas em *O Globo* que tinham a ver com isso:

> *Durante os primeiros 33 anos da vida o corpo humano está no processo que o leva a atingir um termo, a chegar ao limite da sua consolidação. Depois disso o organismo não tem mais como se desenvolver, e a pessoa só dispõe de dois caminhos que se bifurcam: envelhecer ou rejuvenescer. Ouvi essas palavras de Edison da Cunha Swain, o meu dentista transcendental, como eu o chamava, no meio dos anos 1980. Não era absolutamente o dentista comum, que trata de cáries e canais. Ligado a uma linha odontológica (ou mais propriamente ontológica, poder-se-ia dizer) chamada "biocibernética bucal", desenvolvida no interior do estado de São Paulo, concebia a arcada dentária como um teclado de cuja afinação dependem as energias do corpo e da mente. O encaixe e o desencaixe dos dentes, o ponto médio, a expansão ou retração dos seus intervalos, afetam (como eu pude comprovar em mim mesmo) a respiração, a postura, a concentração, a energia e potência mental. O consultório tinha a mesma cadeira reclinável dos consultórios de dentista, mas não a parafernália das brocas. O único aparelho ali era o aparelho de ortodontia móvel, que ele "afinava" na boca dos pacientes, como um afinador de piano, enquanto tecia toda uma cascata de considerações cosmobiológicas.*
>
> *No caso, a transcendência — dental — era a imanência. O método era rigorosamente materialista, mas abria grandes consequências para o espírito, em vez de fechá-las. Porque a principal questão, ali, não era atingir propriamente alguma cura: o ensinamento principal do dentista transcendental era o de que o ser humano não tem*

finalidade, e, exatamente por isso, não tem fim. Quem está mirando continuamente nas finalidades, e zelando pelas certezas obtidas (ele não poupava exemplos), está cavando o fim. Rejuvenescer depois dos 33, nesse sentido, é manter aberta a zona de exploração de possibilidades, incluindo tomar para si a via das perspectivas fora de esquadro, sabendo também rir delas com a boca cheia de dentes. "Ouro de tolo", de Raul Seixas, fala de outra coisa que não seja o verso e o reverso disso?[8]

A minha divagação cosmobiológica encontrava elos com a história de Caetano e, por tabela, com a de Gilberto Gil, incidindo sobre a questão do envelhecer como rejuvenescer, que é tão flagrante neles, como se pode confirmar admiravelmente hoje, no momento em que os dois fazem oitenta anos. Eu continuava:

O show Os Doces Bárbaros, *que reuniu Caetano, Gil, Gal e Bethânia, e que se pode ver no documentário de Jom Tob Azulay, provoca uma sensação de algo datado (pelo figurino de época, pelas fantasias hippies e o contexto da ditadura nos anos 1970, pela intervenção policial e pela prisão de Gilberto Gil por porte de maconha) e, ao mesmo tempo, uma espantosa sensação transtemporal dada por aqueles que estão integralmente presentes no momento vivo. Raramente é dada a ver de maneira tão luminosa e inequívoca, como ali, a fé cênica no ato de existir, em sua inegociável atualidade.*

O evento se alinhava, aliás, se quisermos brincar a sério, com a passagem dos 33 para os 34 anos de Caetano e Gil, que se cumpria exatamente naquele meio do ano de 1976 em que o show estreava.

Vejo em Os Doces Bárbaros *a maior realização da ideia influente, na época, de Norman O. Brown em* Vida contra morte — *a de uma ressurreição do corpo pleno quando se admite vital e mortal (defender-se cegamente, ou neuroticamente, da morte, diz o livro, é o que nos envelhece e nos mata, impedindo-nos de viver).* É no centro desse paradoxo, e dando um salto-mortal bem ao seu estilo, e para além dele, que o "Homem velho" de Caetano (canção escrita ao fazer quarenta anos) *"deixa vida e morte para trás"* e *"já tem coragem de saber que é imortal"*.[9]

MELANCHOLIA

Artisticamente, os setenta anos de Caetano Veloso são marcados pelo completamento da trilogia iniciada com *Cê* (2006) e encerrada com o *Abraçaço* (2012), sem esquecer *Recanto* (2011), álbum afim composto todo ele para Gal Costa. Como é sabido, Caetano adota neles uma sonoridade mais seca e contundente nos arranjos de banda; as melodias são mais diretas, menos expansivas e modulantes, as letras, ou muito literais e desmetaforizadas ou alusivas, enigmáticas e, no limite, ostensivamente charadísticas, embora ainda assim inteligíveis.

Ao ver o compositor assumir essa persona e essa mudança de dicção, quase como um heterônimo, a gente se pergunta pelo impulso mais profundo que moveria esse chamado ao ritmo reto, aos timbres crus, às melodias descarnadas, embora às vezes pungentes no grão da voz, e às palavras que criam equações semânticas cheias de incógnitas de vários graus, mesmo quando condensadas em frases que são gestos nítidos, como "a bossa nova é foda" ou "o império da lei há de chegar no coração do Pará".

Com esse desilusionismo roqueiro Caetano estava acessando como nunca, a meu ver, o coração do niilismo e da desilusão. Seria essa, certamente, a expressão de uma experiência pessoal, mas inseparável, certamente também, do sentimento e da intuição do estado do mundo. Há um "cansaço do eterno mistério", uma entrega do destino ao "grão-senhor" que é o acaso ("Abraçaço"), e uma relativização pragmática do poder sublimador da arte. "Tédio, horror e maravilha" ("Um comunista") fazem seu giro perturbador em torno da recorrente pergunta banhada na tristeza: "por que será que existe/ o que quer que seja?" ("Estou triste"), que ecoa "viver é um desastre que sucede a alguns" ("Tudo dói").

Mas a percepção da raça humana enfrentando a falência do sentido, desde dentro, quer ser também a expressão daquele transe trágico no qual já se engendra outra coisa, extraída do fundo insondável desse nosso tempo. "Quem e como fará/ com que a Terra se acenda/ e desate seus nós" ("Um comunista").

Quero trazer então algumas considerações sobre a melancolia contemporânea e sua associação com o fim do mundo, que nasceram de uma conversação minha com Francisco Bosco e Caetano Veloso sobre o filme *Melancholia* (Lars von Trier, 2011) nas páginas d'*O Globo*, do qual éramos colunistas àquela altura. Na verdade fui eu que, antes de ter visto o filme, fiz o exercício explícito de comentar, no jornal, as impressões que ele provocara nos dois. Transcrevo aqui porque diz algo, ou talvez muito, sobre o modo singular como Caetano encara, a essa altura, o niilismo e sua impostação midiática.

Ainda não pude ver Melancholia. *As colunas de Francisco Bosco e de Caetano me mobilizaram para o filme, e para o assunto da melancolia e do fim do mundo. Entrevejo, pelos comentários deles, que as duas irmãs, personagens do filme de Lars von Trier, de algum modo dramatizam isso. Diante da iminente colisão do planeta Melancholia com a Terra, a melancólica parece encarar o real, enquanto a realista e adaptada não tem como suportá-lo.*

Sem ter visto o filme, eu o vejo através dos meus colegas de coluna, além de vê-los e de me ver neles. O texto de Francisco Bosco acusa o impacto do filme sobre ele como o da Melancholia destruidora sobre a Terra. Embora já tenha se confessado habitualmente insone, ele conta ter sofrido, na noite que se seguiu, a insônia redobrada desse duplo impacto, que lhe pareceu tão poderoso quanto filosoficamente inaceitável (Bosco acusa, no filme, a traição da vocação dionisíaca da arte, a de afirmar a vida contra a falta de fundamento e sentido).

Caetano é mais escolado que nós dois, que somos mais escolares, ou mais scholars, do que ele. Identifica com naturalidade os truques americanoides que correm por baixo do supereuropeu Melancholia, ao mesmo tempo que identifica os vezos europeizantes do norte-americano A árvore da vida, que lhe parece ser o mesmo filme pelo avesso. Conhecendo bem, por experiência própria, os atalhos do campo que medeia entre a arte (historicamente europeia) e o entretenimento (invenção americana), embarca autoconsciente no que há de entretenimento em Melancholia, sem se abalar, ao que parece, com os efeitos apocalípticos do filme, movidos a subwoofers tipicamente hollywoodianos (aqueles sons mais que graves, que vêm de baixo, vibrando nos ossos, e que servem no cinema para dar a ideia da presença de forças colossais).

Fazendo assim, isto é, apontando truques hollywoodianos no famigerado cineasta transgressor escandinavo e relativizando a sua ambição totalizante, livra-se de sofrer os efeitos do filme em bloco, podendo apreciar as situações da trama que lhe interessam — a atriz sexy, o impasse do casamento, os podres devassados da burguesia, a trepada, o vestido da noiva, a limusine na estrada de terra, a criança e o anúncio da tragédia — mais em escala interpessoal do que em escala global e alegórica. Não deixa de ser uma estratégia, praticamente declarada no final do artigo, para neutralizar a melancolia espasmódica dada em espetáculo, com suas cólicas catastrofistas.

Essa visão multifocal das coisas, que Caetano pratica hoje em dia sem maiores cerimônias e sem pruridos didáticos, é um dissolvente, funcione assim ou não, dos estereótipos monofocais que pulam e pululam por toda parte. Nos seus comentários ele exibe o modo como ao mesmo tempo gosta e não gosta do filme de Lars von Trier, colocando-se, no entanto, não em cima do muro, mas acima dos muros mentais.

No final das contas, nos convida de novo a ver os vídeos de Mangabeira Unger. Mangabeira representa, para Caetano, a posição assertiva de quem contrapõe à paralisia crítica e aos lampejos revolucionários de certa esquerda, por um lado, e às ameaças apocalípticas, confusamente objetivas e subjetivas, que nos assombram, por outro, um rol de propostas práticas, não por acaso pouco audíveis em meio ao turbilhão entrópico. Acho que ele migrou desde algum tempo, e a seu modo, para uma ênfase na afirmação política, mesmo que heterodoxa, mais do que na sublimação estética. Isso marca a sua diferença em relação à tônica do artigo de Francisco Bosco, ao mesmo tempo que se liga com a tendência à poética mais crua e direta de suas últimas canções.

Voltando à melancolia. Só os muito insensíveis são capazes de viver este tempo sem sofrer os efeitos mutantes da mais antiga das doenças da alma. Esses efeitos são desde muito tempo conhecidos como ambivalentes. Enraízam-se na impossibilidade estrutural do desejo, de atingir plenamente os seus objetos, e realimentam-se das ansiedades e ameaças contemporâneas, multiplicadas em todas as escalas. São despistados pela oferta universal das mercadorias. Mas a melancolia mesma só tem uma saída: mergulhar fundo nela, até conhecer a forma mais total do desapego, a de quem abre mão de tudo. Aí então, sem se deixar levar por ela, voltar a ter pela vida um apego de verdade, desses de que não se abre mão.[10]

OITENTA ANOS

Como já terá dado para perceber, a colagem que ora faço, aqui, é uma variação livre sobre os tempos da vida — uma oração ao tempo convergindo para os oitenta anos de Caetano Veloso. Vim chegando ao assunto pelas bordas, sem entrar no núcleo duro dos conteúdos polêmicos, das pautas ideológicas, das intervenções historicamente situadas, da multidão dos temas abordados nas suas canções. Justamente para tentar percebê-los em suas refrações e suas disposições menos visíveis e dizíveis, nas quais, voltando aos termos de Godard, vigora mais a exceção do que as regras da cultura: o pacto com o deus Tempo num "outro nível de vínculo" ("entro num acordo contigo"), ali onde a "arte de viver" é urdida em luminoso segredo ("O que usaremos pra isso/ Fica guardado em sigilo/ [...]/ Apenas contigo e migo"), não sendo da ordem do que se traduz mas do que se escreve e do que se compõe, do que se canta ("Portanto peço-te aquilo/ E te ofereço elogios/ [...]/ Nas rimas do meu estilo"), para que venha a se dividir e a se multiplicar lançando mundos no mundo ("Peço-te o prazer legítimo/ E o movimento preciso/ [...]/ Quando o tempo for propício/ [...]// De modo que o meu espírito/ Ganhe um brilho definido/ [...]/ E eu espalhe benefícios/ Tempo Tempo Tempo Tempo") ("Oração ao tempo", 1979). Quem haverá de negar que Caetano colhe hoje, por nós, os frutos límpidos desse acordo com o tempo?

Um exemplo vívido da dimensão não dizível da vida em sua relação com o tempo pode ser visto, ainda, no filme *Narciso em férias* (Renato Terra e Ricardo Calil, 2020), que consiste, em princípio, na filmagem ascética do testemunho de Caetano sobre o período em que esteve na prisão, em 1968, tendo como cenário não mais que uma cadeira e o aprisionante concreto cinza de fundo. A rigor, os conteúdos desse puro cinema falado não deveriam ter muito a acrescentar ao capítulo já tão eloquente de *Verdade tropical* ("Narciso em férias") e às entrevistas que antecederam a apresentação do filme. Mas acontece ali, como em alguns documentários de Eduardo Coutinho em que não há mais do que alguém sozinho em cena, que o rosto e a voz se transformam na própria tela e no substrato de conteúdos emocionais não traduzíveis e mesmo desconhecidos de quem fala — quando bate a memória afetiva, com suas emanações involuntárias, e quando se entende que é só ela, essa outra memória, que prova que o que a gente lembra que viveu quem viveu foi a gente.

É algo dessa natureza que o filme acrescenta fortemente ao capítulo do livro, iluminando ainda o fato perturbador de que o samba-exaltação "Onde o céu azul é mais azul" (João de Barro), com sua pergunta-chave sobre o Brasil ("O seu Brasil/ O que é que tem?/ O seu Brasil/ Onde é que está?"), evocado dramaticamente por Caetano nas circunstâncias que cercam a sua prisão, encerra o próprio xis da questão que o assombra desde então e que retorna hoje: o país, paraíso da promessa de felicidade, decantado pelo samba, se vê guardado numa canção associada intimamente ao inferno interno da ditadura, e sofridamente cercada, talvez por isso mesmo, de tabu.

É esse nó, envolvendo ainda a tensão profunda entre niilismo e afirmação na nova situação contemporânea (enfrentada na extraordinária canção-ensaio "Anjos tronchos"), que Caetano assume a responsabilidade de desatar de maneira inequívoca, categórica, imperativa, oferecendo-se em *Meu coco* como sujeito de um desejo investido pela coletividade democrática ("Não vou deixar", "Sem samba não dá", "Sei que a luz é sutil/ mas já verás o que é nasceres no Brasil").

Essa afirmatividade só pode existir, a essa altura, graças à graça de colher as dádivas da vida, seu ofertório, a parceria dos filhos (tal como acontece também, mais do que por coincidência — por sincronicidade de destinos —, com Gilberto Gil).

Notas

CHOPIN E OS DOMÍNIOS DO PIANO [pp. 15-53]

1. Otto Maria Carpeaux, *Uma nova história da música*, 4. ed., Rio de Janeiro: Alhambra, 1977, p. 175.
2. Charles Rosen, *A geração romântica*, trad. Eduardo Seincman, ed. rev. e ampl., São Paulo: Edusp, 2000, p. 551.
3. A ideia de múltiplos *acontecimentos* estruturais foi utilizada originalmente por Willy Corrêa de Oliveira na análise de peças de Chopin a partir de uma perspectiva de vanguarda, em seus cursos no Departamento de Música da ECA-USP, nos anos 1970.
4. André Gide, *Notes sur Chopin*, Paris: Arche, 1949, p. 20. Ver também página 40. Todas as citações em língua estrangeira foram traduzidas por mim.
5. Franz Liszt, *Chopin*, Paris: Buchet; Chastel, 1977, p. 81. O livro é conhecido por abrigar digressões não assinadas de Carolyne Wittgenstein, que vivia com o compositor na época de sua escrita. Mas a restrição não se aplica por certo a essa parte, claramente técnica.
6. André Gide, op. cit., p. 2.
7. Cf. Jim Samson, "Myth and Reality: A Biographical Introduction", em *The Cambridge Companion to Chopin*, org. Jim Samson, Cambridge: Cambridge University Press, 1992, pp. 1-8.
8. Otto Maria Carpeaux, *História da literatura ocidental*, v. IV, Rio de Janeiro: O Cruzeiro, 1962, pp. 1978-80.

9. Um chiste de Heine sobre a relação *familionária* do primo rico (o barão de Rothschild) com um primo pobre veio a ser, a propósito, um dos exemplos-chave dados por Freud em *O chiste e sua relação com o inconsciente*.

10. Tad Szulc, *Chopin em Paris: Uma biografia*, Rio de Janeiro; São Paulo: Record, 1999, pp. 290-4.

11. Com a *república burguesa* que sucede imediatamente a *monarquia burguesa* alinham-se "a aristocracia financeira, a burguesia industrial, a classe média, a pequena burguesia, o exército, o *lumpemproletariado* organizado em Guarda Móvel, os intelectuais de prestígio, o clero e a população rural". Os "devaneios utópicos" da insurreição proletária são esmagados. Os elementos socialistas são rapidamente excluídos do governo provisório. Os demais degraus do espectro político vão implodindo todos até a instalação nas Tulherias do "herói Crapulinski", posto como "salvador da sociedade". Crapulinski é um personagem de Heine, trocadilho com a palavra francesa *crapule* (crápula) e sátira aos nobres poloneses estroinas, através do qual Marx aludia a Luís Bonaparte, expressão acabada da "ralé da sociedade burguesa" constituída em "*sagrada falange da ordem*". Karl Marx, "O 18 Brumário de Luís Bonaparte", em *Manuscritos econômico-filosóficos e outros textos escolhidos*, Coleção Os Pensadores, v. XXXV, São Paulo: Abril Cultural, 1974, pp. 340-2.

12. Charles Baudelaire, "L'Oeuvre et la vie d'Eugène Delacroix", em *L'Art romantique*, Paris: Louis Conard, 1925, p. 28.

13. Charles Rosen, op. cit., pp. 539 e 537.

14. George Sand, "Histoire de ma vie", em *Oeuvres autobiographiques*, v. II, Paris: Gallimard, 1971, pp. 419-21.

15. Sobre o debate romântico entre a música descritiva e a música pura, ver Enrico Fubini, "El Romanticismo", em *La estética musical del siglo XVIII a nuestros días*, trad. Antonio Pigrau Rodríguez, Barcelona: Barral, 1971, pp. 137-62.

16. Beniamino Dal Fabbro, *Crepuscolo del pianoforte*, Turim: Einaudi, 1951, p. 89.

17. Charles Rosen, op. cit., p. 511.

18. A partir da terceira tiragem da edição francesa da *Sonata* opus 35, Chopin suprime o adjetivo "fúnebre", que "qualificava de maneira tautológica a 'Marcha'". Cf. Jean-Jacques Eigeldinger, *Frédéric Chopin*, Paris: Fayard, 2003, p. 110.

19. Eugène Delacroix, *Journal*, v. I (1822-1852), Paris: Plon, 1932, pp. 283-4.

20. Roberto Calasso, *A Folie Baudelaire*, trad. Joana Angélica d'Avila Melo, São Paulo: Companhia das Letras, 2012, pp. 158-9.

21. André Gide, op. cit., p. 81.

22. Beniamino Dal Fabbro, op. cit., p. 30.

23. Cf. Catherine Michaud-Pradeilles; Claude Helffer, *Le Piano*, Collection Que Sais-je?, Paris: Presses Universitaires de France, 1997.

24. Robert Schumann, "12 Studi per pianoforte, di F. Chopin op. 25", em *La musica romantica*, Milão: Arnoldo Mondadori, 1958, p. 104.

25. O livro de Thérèse Marix-Spire, *Les Romantiques et la musique: Le cas George Sand*, Paris: Nouvelles Éditions Latines, 1955, reúne material documental sobre essa concepção descritiva da relação entre música e literatura, e não por acaso é centrado muito mais no diálogo entre George Sand e Liszt do que naquele entre George Sand e Chopin. Ele contém também amostras dos argumentos de Liszt em defesa de sua posição.

26. Esse paradigma encontra correspondentes nos "leões" virtuosísticos do tempo, como Sigismond Thalberg, Friedrich Kalkbrenner e os alunos de Liszt, Karl Tausig, Emil von Sauer e Moriz Rosenthal.

27. Beniamino Dal Fabbro, op. cit., p. 84. O autor não dá a fonte da citação.

28. Ibid., p. 83. O autor atribui a frase à mulher musicista "Camille Moke--Pleyel". Acredito tratar-se de uma confusão em que se misturam os nomes do marido e da esposa. A biógrafa Benita Eisler acrescenta um dado picante: Chopin teria ficado furioso "ao descobrir que Liszt, a quem ele havia confiado as chaves de seu apartamento, aproveitara a sua ausência para receber nele uma amante, Marie Pleyel, belíssima pianista e esposa de Camille Pleyel". Benita Eisler, *Les Funérailles de Chopin*, trad. do inglês americano Mélanie Marx, Paris: Éditions Autrement Littératures, 2004, p. 103.

29. Cf. Benita Eisler, op. cit., p. 49. A passagem poderia ser interpretada como mescla de horror historicamente dado com fantasias edípicas recalcadas, na linha do *Unheimlich* freudiano.

30. Cyprian Norwid, *O piano de Chopin*, trad. e introd. Henrik Siewierski e Marcelo Paiva de Souza, Brasília: Universidade de Brasília; Departamento de Teoria Literária e Literaturas, 1994, pp. 21-3. A bela edição contém também um necrológio e um depoimento sobre encontro com Chopin, escritos por Norwid. A relação com Sousândrade é sugerida pelos tradutores/apresentadores.

31. Cyril Scott vê na música de Chopin um sentido esotérico, mas desta vez literal: com seu refinamento estético e sua delicadeza, distintos das brutalidades trágicas e grandiosas de Shakespeare e Beethoven, sem falar no triunfalismo de Liszt, ele teria dado pela primeira vez às mulheres um instrumento de identificação íntima que se contrapunha ao temor a Deus e aos maridos. Cyril Scott, *La Musique: Son influence secrète à travers les âges*, trad. do inglês H.-J. Jamin, Neuchâtel: Éditions de la Baconnière, 1982, pp. 91-8.

32. Benita Eisler, op. cit., p. 56.

33. Ibid., p. 57.

34. "Sua criação era espontânea, miraculosa. Ele a encontrava sem procurar, sem a prever. Ela vinha súbita no piano, completa, sublime, ou cantava na sua cabeça durante um passeio, e ele tinha pressa de fazê-la ouvir-se por ele mesmo,

lançando-a no instrumento. Mas então começava o mais aflitivo dos trabalhos que eu já vi em toda a minha vida. Era uma sucessão de esforços, de irresoluções e de impaciências para recapturar certos detalhes do tema de sua escuta: aquilo que havia concebido de uma vez só, ele analisava demais ao querer escrever, e seu lamento por não encontrá-lo claramente, segundo ele, o jogava numa espécie de desespero. Ele se fechava no seu quarto [...], quebrando suas penas de escrever, repetindo e modificando mil vezes um compasso, escrevendo-o e apagando outras tantas vezes, e recomeçando no dia seguinte com uma perseverança minuciosa e desesperada. Ele passava seis semanas em cima de uma página para voltar a escrevê-la tal como havia traçado no primeiro jato." George Sand, op. cit., p. 446.

35. Cf. Charles Rosen, op. cit., pp. 487, 489 e 500.

36. Cf. Jean-Jacques Eigeldinger, op. cit., p. 47.

37. A interpretação algo lisztiana, mas rigorosa, dos *Prelúdios* por Evgeny Kissin tem o mérito de aproximá-los como poucas vezes do seu caráter de laboratório artesanal da onda sonora.

38. Robert Schumann, "Federico Chopin — Quattro Mazurke, op. 33. — Tre Valzer, op. 34. — Preludi, op. 28", op. cit., pp. 134-5. Citação em itálico no texto de Schumann.

39. Para indicações teóricas sobre a dimensão psicocinética em música ver Vincenzo Caporaletti, "Milhaud, *Le Boeuf sur le toit* e o paradigma audiotátil", em Manoel Aranha Corrêa do Lago (Org.), *O boi no telhado: Darius Milhaud e a música brasileira no modernismo francês*, São Paulo: Instituto Moreira Salles, 2012, pp. 229-88.

40. É como Lorenzo Mammì interpreta a figura de Fred Astaire, apontando na fluência milimétrica e quase intangível do bailado do dançarino americano de origem austríaca uma analogia com a situação hipotética em que Chopin compusesse um boogie-woogie. Lorenzo Mammì, "Mr. Voador", em *O que resta: Arte e crítica de arte*, São Paulo: Companhia das Letras, 2012, pp. 348-9.

41. Ver, a propósito, Jean-Jacques Rousseau, *Considerações sobre o governo da Polônia e sua reforma projetada*, trad., apres. e notas Luiz Roberto Salinas Fortes, São Paulo: Brasiliense, 1982.

42. Joseph Conrad, "Prince Roman", em *The Portable Conrad*, org., introd. e notas Morton Dauwen Zabel, Nova York: The Viking Press, 1947, p. 58.

43. Alex Storozynski, *The Peasant Prince: Thaddeus Kosciuszko and the Age of Revolution*, Nova York: First St. Martin's Griffin Edition, 2010.

44. Ver Adam Mickiewicz, *Selected Poetry & Prose*, Varsóvia: Polonia Publishing House, 1955.

45. Paulo Leminski traduziu um dos poemas-fragmento de Mickiewicz, mal compreendidos no seu tempo pelo seu caráter lacunar, na abertura do livreto *Polonaises*, poema que poderíamos entender também no espírito das mazurcas ou

dos prelúdios chopinianos: "Choveram-me lágrimas limpas, ininterruptas,/ Na minha infância campestre, celeste,/ Na mocidade de alturas e loucuras,/ Na minha idade adulta, idade de desdita;/ Choveram-me lágrimas limpas, ininterruptas...". Paulo Leminski, *Toda poesia*, São Paulo: Companhia das Letras, 2013, p. 65.

46. Heine teria dito que Chopin "pertence [...] a três nacionalidades: a Polônia lhe deu a alma de um cavalheiro e a memória do seu sofrimento; a França charme; a Alemanha romantismo". Tad Szulc, op. cit., p. 193. Charles Rosen diz que, assim como "Gluck foi conhecido como o alemão que escreveu música italiana na França", Chopin poderia ser definido como "o polonês que escreveu música italiana e alemã em Paris". Charles Rosen, "Frédéric Chopin, Reactionary and Revolutionary", em *Freedom and the Arts: Essays on Music and Literature*, Cambridge: Harvard University Press, 2012, p. 190.

47. Ver Roy Howat, "Chopin's Influence on the *Fin de Siècle* and Beyond", em *The Cambridge Companion to Chopin*, org. Jim Samson, Cambridge: Cambridge University Press, 1992, pp. 246-83.

48. Cf. Charles Rosen, "Frédéric Chopin, Reactionary and Revolutionary", op. cit., p. 191.

49. Lorenzo Mammì, "Prefácio", em *Cancioneiro Jobim*, Rio de Janeiro: Jobim Music, 2002, p. 15.

50. Ver Mário de Andrade, "Ernesto Nazaré", em *Música, doce música*, São Paulo: Martins, 1963, pp. 121-30. Cacá Machado desenvolveu amplamente esse tema em *O enigma do homem célebre: Ambição e vocação de Ernesto Nazareth*, São Paulo: Instituto Moreira Salles, 2007.

51. João Máximo, baseado em entrevista concedida a ele por Tom Jobim para a série *Vinicius, Música, Poesia e Paixão*, Rádio Cultura de São Paulo, 1993-94.

52. José Miguel Wisnik, *O som e o sentido: Uma outra história das músicas*, São Paulo: Companhia das Letras, 1989, p. 226, nota 42.

53. Martha Argerich, "Barcarolle Fis-dur opus 60", em *Début recital*, Deutsche Grammophon/Polygram. Algumas indicações discográficas sobre as demais obras citadas, que ressaltam, para mim, entre as incontáveis possibilidades existentes: Maurizio Pollini, *Chopin Études*, Deutsche Grammophon; Nelson Freire, *Chopin (Études op. 10) e Chopin (Études op. 25)*, Decca; Evgeny Kissin, *Chopin (24 Preludes op. 28)*, BMG; Antônio Guedes Barbosa, *As 51 mazurcas*, Kuarup Discos.

MACHADO MAXIXE: O CASO PESTANA [pp. 54-130]

1. Fernando Pessoa, "[A celebridade]", em *Obras em prosa*. Rio de Janeiro: Nova Aguilar, 1982, pp. 502-3.

2. Machado de Assis, "Cantiga de esponsais", em *Histórias sem data*. Rio de Janeiro; Brasília: Civilização Brasileira; INL, 1975, pp. 83-7.

3. As citações serão extraídas de Machado de Assis, "Um homem célebre", em *Várias histórias*, texto apurado pela 3. ed., de 1904, e notas por Adriano da Gama Kury, Rio de Janeiro; Belo Horizonte: Livraria Garnier, 1999, pp. 47-57.

4. As citações de "O machete" são extraídas de Machado de Assis, *Contos: Uma antologia*, sel., introd. e notas John Gledson, São Paulo: Companhia das Letras, 1998, v. I, pp. 241-54.

5. A discussão da oposição entre *labor* e *trabalho* encontra-se em Hannah Arendt, *A condição humana*, Rio de Janeiro: Forense Universitária, 2001.

6. Ver John Gledson, "Os contos de Machado de Assis: O machete e O violoncelo", em Machado de Assis, *Contos: Uma antologia*, p. 52.

7. Cf. verbete "Polca", em Mário de Andrade, *Dicionário musical brasileiro*, Belo Horizonte; Brasília; São Paulo: Itatiaia; Mine; IEB, 1989.

8. Ver José Ramos Tinhorão, "O maxixe", em *Pequena história da música popular: Da modinha à canção de protesto*, 3. ed., Petrópolis: Vozes, 1978, pp. 51-83.

9. Ver Carlos Sandroni, *Feitiço decente: Transformações do samba no Rio de Janeiro (1917-1933)*, Rio de Janeiro: Jorge Zahar Editor; Ed. UFRJ, 2001, p. 74.

10. Joaquim M. Machado de Assis, *Crônicas*, v. 1 (1878-1888). Rio de Janeiro; São Paulo; Porto Alegre: W. M. Jackson Inc. Editores, 1953, pp. 28-9.

11. Ibid., pp. 323-4. "Gazeta de Holanda" era uma seção de crônicas em versos, mantida por Machado na *Gazeta de Noticias* de 1886 a 1888.

12. Ibid., p. 29.

13. Carlos Sandroni, op. cit., pp. 70-1.

14. Ibid., p. 76.

15. Essa é a versão anônima e "oficiosa" que se difundiu paralelamente à versão oficial, gravada pelo cantor Baiano, e que dizia: "O chefe da folia/ Pelo telefone/ Manda me avisar/ Que com alegria/ Não se questione/ Para se brincar". Para a contextualização geral do imbróglio de "Pelo telefone", ver Carlos Sandroni, op. cit., pp. 118-30.

16. Roberto Schwarz sugere, em entrevista para a série Obra Aberta, da TV PUC, que o gênero crônica oferece a Machado, já na década de 1870, a perspectiva de trabalhar com os dados de uma nova realidade, tanto corriqueira quanto mundial, que se apresenta ao sujeito como mercado, conferindo-lhe o desplante inédito de um consumidor universal.

17. Hélio Guimarães comenta a incidência de observações críticas sobre as "antecipações" da crônica machadiana em John Gledson, Roberto Schwarz e Lúcia Granja, na introdução de seu estudo sobre "O romance machadiano e o público de literatura no século 19". Ver *Os leitores de Machado de Assis*, IEL; Unicamp, 2001, pp. 10-1, tese de doutorado.

18. Mário de Andrade, "Ernesto Nazaré", em *Música, doce música*, São Paulo: Martins, 1963, p. 127.

19. Carlos Sandroni, op. cit., p. 77.

20. Mário de Andrade, "Ernesto Nazaré", op. cit., pp. 126-7.

21. Machado de Assis, "Crônica 78 — 15 de outubro de 1893", em *A Semana: Crônicas (1892-1893)*, introd. e notas John Gledson, São Paulo: Hucitec, 1996, p. 316.

22. Id., nota 10, pp. 321-5.

23. Ver em especial páginas 29-39 em Mário de Andrade, *Ensaio sobre a música brasileira*, São Paulo: Martins, 1962.

24. Ver Carlos Sandroni, op. cit., pp. 19-37.

25. Luiz Felipe de Alencastro, "Vida privada e ordem privada no Império", em *História da vida privada no Brasil — Império: A corte e a modernidade nacional*, coleção dirigida por Fernando A. Novais; volume organizado por Luiz Felipe de Alencastro, São Paulo: Companhia das Letras, 1997, p. 51.

26. Ibid., pp. 46-7.

27. Carlos Sandroni, op. cit., p. 83.

28. Luiz Felipe de Alencastro, "Vida privada e ordem privada no Império", op. cit., p. 47.

29. Ibid., pp. 48-9.

30. Lorenzo Mammì, "Prefácio", em *Cancioneiro Tom Jobim*. Rio de Janeiro: Jobim Music; Casa da Palavra, 2000, p. 16.

31. Gilberto Freyre, *Casa-grande & senzala*, 19. ed., Rio de Janeiro: José Olympio, 1978, pp. 442-3.

32. Caio Prado Jr., *Formação do Brasil contemporâneo*. 16. ed., São Paulo: Brasiliense, 1979, p. 281.

33. Gilberto Freyre, op. cit., p. 444.

34. Ver Carlos Sandroni, op. cit., p. 56.

35. Sobre a originalidade do lugar socioeconômico e cultural do mulato na formação brasileira, isto é, na colonização portuguesa tal como se deu no Brasil, diferentemente de como se deu na África, ver Luiz Felipe de Alencastro, "A invenção do mulato", em *O trato dos viventes: Formação do Brasil no Atlântico Sul*, São Paulo: Companhia das Letras, 2000, pp. 345-55.

36. Mário de Andrade, *Música, doce música*, pp. 134-5.

37. Joaquim M. Machado de Assis, Crônica [33], 1884, *Balas de estalo*, em Afrânio Coutinho (Org.), *Obra completa de Machado de Assis*. Rio de Janeiro: Aguilar, 1962, v. III, p. 436.

38. Mário Curvello, "Polcas para um Fausto suburbano", em A. Bosi; M. Curvello; V. Facioli; J. C. Garbuglio, *Machado de Assis: Antologia & estudos*. São Paulo: Ática, 1982, p. 460.

39. Carlos Sandroni, op. cit., p. 76.
40. Conforme o *Dicionário Houaiss da Língua Portuguesa*.
41. Ver Sidney Chalhoub, "Escravidão e cidadania: A experiência histórica de 1871", em *Machado de Assis, historiador*, São Paulo: Companhia das Letras, 2003, p. 142.
42. Ibid., p. 182.
43. Ibid., p. 226.
44. Ver ibid., pp. 254-5.
45. Mário Curvello, "Polcas para um Fausto suburbano", em A. Bosi; M. Curvello; V. Facioli; J. C. Garbuglio, op. cit., p. 460.
46. No mesmo volume de *Várias histórias* Machado inclui o extraordinário e pouco notado "O cônego ou Metafísica do estilo" (pp. 155-60), em que desenvolve uma intrigante sondagem ficcional sobre a participação de níveis não conscientes na elaboração criativa, incluindo o efeito retardado de processos que se completam quando a consciência os esquece.
47. Luiz Felipe de Alencastro, "Vida privada e ordem privada no Império", op. cit., p. 49.
48. Ibid., p. 50.
49. Ibid., p. 47.
50. Alfredo Bosi, "O teatro político nas crônicas de Machado de Assis", *Revista do Instituto de Estudos Avançados da Universidade de São Paulo*, Coleção Documentos, Série Literatura n. 1, fev. 2004, p. 19.
51. Lúcia Miguel Pereira relativiza os comentários sobre a ausência da palavra "mulato" na obra machadiana, dando como único exemplo, no entanto, o conto "Pai contra mãe", em que aparece uma mulata escrava: "Se não é verdade, como geralmente se diz, que nunca empregou [...] a palavra 'mulato' — em 'Pai contra mãe' repete-a várias vezes — é certo que não lhe agradava ouvi-la em conversa". Ver *Machado de Assis: Estudo crítico e biográfico*, São Paulo: Companhia Editora Nacional, 1936, p. 235. Uma moça mulata, "cria de casa", é protagonista do conto "Mariana", publicado em 1871 no *Jornal das Famílias* (não republicado por Machado e recolhido por Gledson em sua já citada antologia de *Contos*). Mas a questão se coloca de fato, a meu ver, na ausência do homem livre afrodescendente. É claro, também, que a pertinência da questão se liga ao seu caráter sintomático, naquilo em que ela ilumina níveis de significação não evidentes na obra, e não como pretensa e mera crítica ideológica da omissão. Para algumas outras circunstâncias biográficas, ver Magalhães Júnior, "Negros e mulatos nas relações de Machado de Assis", em *Ao redor de Machado de Assis*, Rio de Janeiro: Civilização Brasileira, 1958, pp. 105-12.
52. Conforme o *Dicionário Houaiss da Língua Portuguesa*.
53. Sem pretender acompanhar aqui o rigor do modelo, inspiro-me em al-

gumas sugestões da teoria semiótica de A. J. Greimas, a partir da exposição de Luiz Tatit em *Análise semiótica através das letras*, São Paulo: Ateliê Editorial, 2001. Agradeço a Renata Mancini as observações sobre essa passagem.

54. É esse traço sublime e perverso, latente no conto, que terá levado John Gledson a arriscar a hipótese "terrível" de que Pestana terá, mesmo que inconscientemente, "se casado com a infeliz tuberculosa, Maria, a fim de sentir as emoções que o farão criar o Réquiem". John Gledson, "Os contos de Machado de Assis: O machete e o violoncelo", em Machado de Assis, op. cit., p. 50.

55. Ver, adiante, referência a textos de José Antonio Pasta Júnior em que se formula e trabalha a questão.

56. Machado de Assis, "Trio em lá menor", em *Várias histórias*, pp. 78-86.

57. "*Lá, lá, dó, ré, sol, ré, ré, lá*, ia dizendo o piano da filha, por essas ou por outras notas, mas eram notas que vibravam para fugir aos homens e suas dissensões. [...] A sonata trazia a sensação da falta absoluta de governo, a anarquia da inocência primitiva naquele recanto do Paraíso que o homem perdeu por desobediente, e um dia ganhará, quando a perfeição trouxer a ordem eterna e única. [...] O seio de Abraão agasalhará todas as coisas e pessoas, e a vida será um céu aberto. Era o que as teclas lhe diziam sem palavras, *ré, ré, lá, sol, lá, lá, dó...*", *Esaú e Jacó*, cap. LXIX, "Ao piano", em Machado de Assis, *Obra completa*, v. 1, Rio de Janeiro: Aguilar, 1959, p. 965. Observe-se que, entre o primeiro motivo melódico e o último, aparentemente repetidos, dá-se na verdade uma espécie de inversão especular, em que os fragmentos *ré, ré, lá* e *lá, dó*, postos nos extremos, trocam de posição, como gêmeos idênticos e opostos, em torno de um mesmo *sol* central — resguardando ainda, como diferença irredutível, um intrigante *ré* sobrante.

58. Theodor W. Adorno, *Filosofia da nova música*, São Paulo: Perspectiva, 1974 (3. ed., 2002), p. 51.

59. Ibid., p. 52.

60. Ibid., p. 151. Para sermos fiéis ao arco de abrangência da reflexão adorniana, é preciso completar: a sonata, enquanto ideal da "grande música", teria buscado ela mesma a "compenetração recíproca dos dois modos de audição com as categorias de composição inerentes a eles". Ao fazê-lo, conteve sempre um elemento de paradoxo, que Beethoven só chegou a superar coerentemente graças às "mais extraordinárias faculdades do espírito formal". Sua obra tardia, no entanto, desnuda "com fria eloquência a inconciliabilidade das duas categorias, inconciliabilidade entendida como a verdade suprema de sua música". A decadência burguesa separa os dois modos de escutar música, "e, separados um do outro, devem ambos ajustar contas com a não verdade" (p. 152).

61. Ibid., p. 131.
62. Ibid., p. 137.
63. Ibid., p. 141.

64. Ibid., p. 164.
65. Ibid., p. 149.
66. Ibid., p. 154.
67. Não se trata de apontar aqui uma suposta atitude nacionalista da parte de Adorno. O que importa é a diferença de tom, já que a frase de Dostoiévski aparece num contexto deliciosamente autoirônico, talvez só possível a um escritor inigualável que se sabe claramente pertencer a um mundo periférico: "Ademais, o cobrador de níqueis, à entrada da ponte magnífica, não deveria [...] me ter cobrado aquele razoável imposto com o ar de quem me estivesse exigindo multa por alguma transgressão que eu inocentemente tivesse cometido. [...] 'Com certeza, adivinhou que sou estrangeiro e, particularmente, russo', pensei. Pelo menos, os seus olhos quase deixavam escapar: 'Você está vendo a nossa ponte, russo desprezível; pois bem, você é um verme perante a nossa ponte e perante cada alemão, porque na sua terra não existe uma ponte assim'. Convenham comigo que é vexatório. O alemão, naturalmente, não disse nada disso; é possível que nem lhe passasse pela mente tal coisa, mas é o mesmo: eu estava então a tal ponto convencido de que ele queria dizer aquilo que me exaltei de vez. 'Com os diabos', pensei, 'nós inventamos o samovar... temos revistas... Em nossa terra, fabricam-se artigos para oficiais do exército... em nossa terra.' Numa palavra, fiquei irritado e, depois de comprar um frasco de água-de-colônia (da qual não consegui escapar), desloquei-me imediatamente [...] para Paris, esperando que os franceses fossem muito mais simpáticos e divertidos". Fiódor Dostoiévski, "Notas de inverno sobre impressões de verão", em *Memórias do subsolo e outros escritos*, trad. Boris Schnaiderman, São Paulo: Pauliceia, 1992, pp. 191-4.
68. Theodor W. Adorno, op. cit., p. 13. A obra de Walter Benjamin citada por Adorno é *Origem do drama barroco alemão*, São Paulo: Brasiliense, 1984; em especial pp. 56-62.
69. José Antonio Pasta Junior, *Pompeia: A metafísica ruinosa d'O Ateneu*, tese de doutorado, São Paulo: Universidade de São Paulo, 1991.
70. Id., "O romance de Rosa: Temas do *Grande sertão* e do Brasil", *Novos Estudos* 55, Cebrap, nov. 1999, pp. 61-70.
71. Ibid., p. 63.
72. Ver Machado de Assis, *Obra completa*, op. cit., nota 10, pp. 324-5.
73. Arthur Schopenhauer, *O mundo como vontade e representação* (III Parte), Coleção Os Pensadores, v. XXXI, São Paulo: Abril Cultural, 1974, p. 85.
74. Machado de Assis, *Terpsícore*, São Paulo: Boitempo, 1997, p. 27.
75. Davi Arrigucci Jr., "Obras do acaso", em Machado de Assis, *Terpsícore*, pp. 17-8.
76. Machado de Assis, *Obra completa*, p. 878. O músico José Sapopemba me

informa, em São Paulo, da existência de um samba de roda, dançado e cantado em cerimônias de candomblé, de "nação angola", cuja letra diz: "Lelê coco maduro, sinhá/ Coco tá mole, tá bom de quebrá".

77. Darius Milhaud, "Brésil", *La Revue Musicale* n. 1, nov. 1920. Sobre a relação entre Milhaud e Nazareth, ver José Miguel Wisnik, *O coro dos contrários: A música em torno da Semana de 22*, São Paulo: Livraria Duas Cidades; Sectur, 1977, pp. 39-50.

78. A gravação de Janet de Almeida, acompanhado pelo Regional de Benedicto Lacerda, feita em 1945, evidencia que a citação de Tchaikóvski já fazia parte do original.

A REPÚBLICA MUSICAL MODERNISTA [pp. 131-56]

1. Mário de Andrade, "As enfibraturas do Ipiranga", em *Pauliceia desvairada*, São Paulo: Casa Mayença, 1922, pp. 119-40. Ed. fac-similar em *Caixa modernista*, org. Jorge Schwartz, São Paulo; Belo Horizonte: Edusp; Imprensa Oficial; Ed. UFMG, 2003.

2. Emicida, *AmarElo: É tudo pra ontem*, Netflix, 2020. "Arregaço" significa, segundo o *Dicionário Houaiss da Língua Portuguesa*, "discussão exaltada, altercação", "conflito envolvendo várias pessoas, confusão, rolo". Podemos acrescentar: movimento ativo de desnudamento, de pôr as coisas a nu, de *arregaçar*.

3. A expressão "coro dos contrários" alude a José Miguel Wisnik, *O coro dos contrários: A música em torno da Semana de 22*.

4. O termo é usado por Mário no "Prefácio interessantíssimo" à *Pauliceia desvairada* para designar o componente impulsivo e inconsciente da criação poética.

5. Mário de Andrade, "O movimento modernista", em *Aspectos da literatura brasileira*, 5. ed., São Paulo: Martins, 1974, pp. 232; 234.

6. Ver Nicolau Sevcenko, *Orfeu extático na metrópole: São Paulo, sociedade e cultura nos frementes anos 20*, São Paulo: Companhia das Letras, 1992, pp. 66-7.

7. Ibid., p. 60.

8. "A música popular brasileira", rural, anônima e coletiva, entenda-se, "é a mais completa, mais totalmente nacional, mais forte criação da nossa raça até agora." Mário de Andrade, *Ensaio sobre a música brasileira*, São Paulo: Martins, [1962], p. 24.

9. O assunto é tratado extensamente em José Miguel Wisnik, "Getúlio da Paixão Cearense: Villa-Lobos e o Estado Novo", em José Miguel Wisnik e Ênio Squeff, *O nacional e o popular na cultura brasileira: Música*, 2. ed., São Paulo: Brasiliense, 1983, pp. 129-91.

10. Constituído de seis volumes, o *Guia prático* contém: 1. Canções infantis

populares; 2. Hinos nacionais e escolares, canções patrióticas e hinos estrangeiros; 3. Canções escolares nacionais e estrangeiras; 4. Temas ameríndios do Brasil e do resto da América, melodias afro-brasileiras e folclore universal; 5. Peças do repertório universal; 6. Repertório de música erudita.

11. Ver, a propósito, Mário de Andrade, *Me esqueci completamente de mim, sou um departamento de cultura*, org. Carlos Augusto Calil e Flávio Rodrigo Penteado, São Paulo: Imprensa Oficial do Estado de São Paulo, 2015.

12. Ver Alex Ross, *O resto é ruído: Escutando o século XX*. São Paulo: Companhia das Letras, 2009, em especial a "Parte II: 1933-1945".

13. Ver Northrop Frye, *Anatomia da crítica*, trad. Péricles Eugênio da Silva Ramos, São Paulo: Cultrix, 1973, p. 190.

14. Mário de Andrade, *Danças dramáticas do Brasil*, São Paulo: Martins, 1959, v. I, p. 31.

15. Id., "O movimento modernista", em *Aspectos da literatura brasileira*, pp. 236-7.

16. "A turba é confusão aparente. Quem souber afastar-se idealmente dela, verá o imponente desenvolver-se dessa alma coletiva, falando a retórica exata das reivindicações." Mário de Andrade, "Prefácio interessantíssimo", em *Pauliceia desvairada*, p. 22.

17. Mário de Andrade, "O movimento modernista", em *Aspectos da literatura brasileira*, p. 242.

18. Oswald de Andrade, "Manifesto Antropófago", em *Manifesto Antropófago e outros textos*, org. Jorge Schwartz e Gênese Andrade, São Paulo: Penguin--Companhia, 2017, pp. 43-60.

19. Mário de Andrade, "O movimento modernista", em *Aspectos da literatura brasileira*, p. 241.

20. Francisco Mignone, escolhido por Mário de Andrade para musicar o poema, não levou a cabo a tarefa, que veio a ser realizada em parte, mais tarde, por H. J. Koellreutter, curiosamente um adversário do programa da música nacionalista.

21. Desenvolvi essa comparação em *Dança dramática: Poesia/música brasileira*. São Paulo: FFLCH-USP, 1979, tese de doutorado em Literatura Brasileira.

22. Mário de Andrade, *Ensaio sobre a música brasileira*. São Paulo: Martins, [1962], p. 18.

23. "Trecho de carta de Mário de Andrade a Moacir Werneck de Castro", em Flávia Camargo Toni (org.), *A música popular brasileira na vitrola de Mário de Andrade*, São Paulo: Senac, 2004, pp. 299-300.

24. Augusto de Campos, *Balanço da bossa*, São Paulo: Perspectiva, 1968.

25. Sobre contrametricidade, ver José Miguel Wisnik, "Machado maxixe: O caso Pestana", em *Sem receita: Ensaios e canções*, São Paulo: Publifolha, 2004,

pp. 46-8. Sobre o paradigma audiotátil, ver Vincenzo Caporaletti, "Milhaud, *Le Boeuf sur le toit* e o paradigma audiotátil", em Manoel Aranha Corrêa do Lago (org.), *O boi no telhado: Darius Milhaud e a música brasileira no modernismo francês*, São Paulo: Instituto Moreira Salles, 2012, pp. 229-88.

26. Mário de Andrade, *O turista aprendiz*, São Paulo: Duas Cidades, 1976, pp. 140-1; 158-9; 161-2; 164. Sobre o conceito de "imanência do inimigo" em Eduardo Viveiros de Castro, ver *Metafísicas canibais: Elementos para uma antropologia pós-estrutural*, São Paulo: Cosac Naify, 2015, pp. 226-7.

27. Este parágrafo transcreve quase integralmente um trecho de José Miguel Wisnik, "O nascimento da canção na origem da palavra-música", prefácio a Henry Burnett, *Espelho musical do mundo*, Campinas: PHI, 2021.

28. Para um desenvolvimento detalhado do tema, ver José Miguel Wisnik, *O coro dos contrários: A música em torno da Semana de 22*.

29. Mário de Andrade, "Evolução social da música no Brasil (1939)", em *Aspectos da música brasileira*, São Paulo: Martins, 1965, p. 32.

30. Oswald de Andrade, "Modernismo atrasado", *A Manhã* (Suplemento de São Paulo), 25 jun. 1924. Reproduzido em Marta Rossetti Batista; Telê Porto Ancona Lopez; Yone Soares de Lima (Orgs.), *Brasil: 1º tempo modernista — 1917/29. Documentação*, São Paulo: IEB, 1972, p. 216.

31. Heitor Villa-Lobos, "Villa-Lobos e a Semana de Arte Moderna", em *Presença de Villa-Lobos*, Rio de Janeiro: MEC; Museu Villa-Lobos, 1969, v. 3, p. 106.

32. Juan Carlos Paz, *Introdução à música de nosso tempo*, São Paulo: Duas Cidades, 1977, p. 88.

33. Lorenzo Mammì, "Uma gramática do caos: Notas sobre Villa-Lobos", em *A fugitiva: Ensaios sobre música*, São Paulo: Companhia das Letras, 2017, p. 132.

34. Mário de Andrade, "Villa-Lobos", manuscrito pertencente ao Arquivo Mário de Andrade, IEB-USP. Recolhido em José Miguel Wisnik, *O coro dos contrários: A música em torno da Semana de 22*, p. 160.

35. O tema é desenvolvido e detalhado em José Miguel Wisnik, "Getúlio da Paixão Cearense: Villa-Lobos e o Estado Novo", em *O nacional e o popular na cultura brasileira: Música*.

36. Ver análise extensiva em ibid., pp. 167-72.

37. Na partitura original, Villa-Lobos utilizou apenas parte da extensa letra de "Rasga o coração", que se encontra nas *Modinhas* de Catulo da Paixão Cearense (São Paulo: Fermata, 1972). Mais tarde, o compositor foi processado por Guimarães Martins, dono dos direitos autorais de Catulo, que o acusou de plágio, e desde então a passagem coral é cantada sem letra, apenas em vocalise.

DÓ-MI-SOL DO NORTE [pp. 159-81]

1. Essa dicotomia aparece no mais antigo texto de reflexão sobre a poesia na obra de Mário de Andrade, o "Prefácio interessantíssimo" à *Pauliceia desvairada*, de 1921. Ali há esta citação de Wagner: "Entre o artista plástico e o músico está o poeta, que se avizinha do artista plástico com a sua produção consciente, enquanto atinge as possibilidades do músico no fundo obscuro do inconsciente" (op. cit., p. 27). Embora essa definição traia demais o dualismo romântico de sua origem, que se reflete também na oposição entre o apolíneo (plástico-verbal) e o dionisíaco (musical), feita por Nietzsche na *Origem da tragédia*, acho que é um bom ponto de partida para os propósitos de minha análise.

2. O trecho todo: "Mas se a linguagem é essencialmente uma conciliação neurótica entre o erótico (prazer) e o operacional (realidade), segue-se que a consciência, no emprego artístico da linguagem, é subvertedora de seu próprio instrumento e *busca passar além dele*. A linguagem é, nas palavras de Valéry, 'as belas correntes que enredam na carne o deus distraído'" (Norman O. Brown, *Vida contra morte*, Petrópolis: Vozes, 1972, p. 96, grifo meu). Segundo Brown, o uso poético visaria desfazer a dualidade neurótica que marca a linguagem.

3. No "Prefácio", o *lirismo* poderia ser aproximado de uma espécie de projeção pulsional na linguagem, e a *arte* de um trabalho posterior de acabamento e retificação consciente da matéria lírica. Essa separação mecânica tende a ser corrigida n'*A escrava que não é Isaura*, onde já se poderia compreender que o trabalho poético suspende a oposição entre o psicológico e o formal, o trabalho consciente e o trabalho inconsciente, concebidos agora num único momento, que se resolve em linguagem. Ver os capítulos referentes a Mário de Andrade em João Luiz Machado Lafetá, *1930: A crítica e o modernismo*, São Paulo: Duas Cidades, 1974.

4. A totalidade do episódio distribui-se, n'*O turista aprendiz*, em trechos espaçados, entre as páginas 90 (primeira ocorrência) e 161 (última ocorrência). De início a tribo imaginária tem o nome de uma tribo real, a dos Pacaás Novos; mais tarde Mário modifica a alegoria e o próprio nome da tribo, agora inteiramente imaginário: Dó-Mi-Sol. Na minha leitura, tomo as duas versões sucessivas como transformações de uma única *figura* ou alegoria em progresso, e tendo a interpretá-las, então, no interior de uma relação de simultaneidade.

5. Mário de Andrade, *O turista aprendiz*, p. 93.

6. Ibid., p. 91.

7. Ibid., p. 90.

8. Octavio Paz, "A metáfora", em *Conjunções e disjunções*, São Paulo: Perspectiva, 1979, pp. 9-22.

9. Segundo Jean-François Lyotard em *Dérive à partir de Marx et Freud*, Paris: Unions Genérale d'Editions, 1973, a *figura* resulta da *expressão*, que introduz

operações próprias ao *sistema inconsciente* no *processo secundário*, no *discurso* e na *representação realista*, operações estas cujas características, descritas por Freud, são: 1. a ausência de contradição, 2. a mobilidade dos investimentos (energia "livre", não ligada, em oposição à energia ligada do processo secundário), 3. a intemporalidade, e 4. a substituição da realidade exterior pela realidade psíquica (já que os processos inconscientes estão sujeitos ao princípio de prazer, dispensando pouca atenção à realidade, "seu destino", diz Freud, "depende apenas do grau de sua força e do atendimento às exigências da regulação prazer-desprazer"). A figura, no sentido de expressão de *processos inconscientes*, se opõe à *significação*, e resiste à mera tradução num comentário interpretativo: não temos aí um *sentido* separado da *força*, ou um *significado* separável do *significante*. No texto de Mário o *processo figural é encenado*, alegorizando o avatar de uma linguagem (poética) onde a *expressão* de processos inconscientes não se opusesse à significação (à operacionalidade do seu uso cotidiano). De Freud, ver "Lo inconsciente", § v, "Cualidades especiales del Sistema Inconsciente" e "El chiste y su relación con el inconsciente", em *Obras completas de Sigmund Freud*, Madri: Biblioteca Nueva, 1973.

10. Os problemas que se apresentam aqui têm muita afinidade com a perspectiva de Anton Ehrenzweig, em *Psicanálise da percepção artística*. Segundo Ehrenzweig, a percepção de superfície é uma percepção de configurações gestálticas e representações, isto é, percepção de "coisa"; a percepção inconsciente seria uma percepção de processos não representativos, sem Gestalt e sem "coisa". À maneira da ideia de *figura* em Lyotard, a percepção artística trabalha com a emergência da percepção inconsciente na percepção de superfície. No texto de Mário, através do artifício figural, teríamos uma visão do processo secundário e da linguagem segundo uma ótica da percepção inconsciente. O exemplo da "metralhadora de timbres" na gravação invertida é de Ehrenzweig.

11. Mário de Andrade, *O turista aprendiz*, p. 127.

12. Freud, *Obras completas de Sigmund Freud*, p. 1620.

13. Mário de Andrade, *O turista aprendiz*, p. 158.

14. Estou pensando aqui nos três elementos a partir dos quais compõe-se o sistema secundário consciente pré-consciente, segundo Serge Leclaire em *Psicanalisar*, São Paulo: Perspectiva, 1977, pp. 123-4: o *signo*, o *ego* e o "*termo*" objetivo. A rigor, a música não opera com nenhum dos três; embora apresentada aqui como linguagem, e "vestida" desses elementos, ela deixa entrever a "nudez" do "sistema oscilante que é o inconsciente". Mas a linguagem que deixa entrever a nudez da linguagem é a poesia.

15. Walter Benjamin, *Textos escolhidos*, Coleção Os pensadores, v. XLVIII, São Paulo: Victor Civita, 1975.

16. Mário de Andrade, *O turista aprendiz*, p. 158.

17. Ibid., pp. 158-9.

18. Jacques Derrida, *A escritura e a diferença*, p. 198.
19. Ibid., pp. 197-8.
20. Em "A Few Words to Sing" (*Musique en Jeu*, n. 2, 1971), Dominique Avron e Jean-François Lyotard fazem uma análise da peça cantada de Luciano Berio, *Sequenza III*, onde se observa um procedimento semelhante ao da "língua" Dó-Mi-Sol: numa inversão da expectativa usual, a música é tratada mais como processo secundário, e as palavras mais como processo primário.
21. Jean-François Lyotard, *Dérive à partir de Marx et Freud*, p. 57.
22. Ibid.
23. Ibid., pp. 57-8.
24. Mário de Andrade, *O turista aprendiz*, p. 161.
25. Ibid., pp. 161-2.
26. Herbert Marcuse, *Eros e civilização*, Rio de Janeiro: Zahar, 1975.
27. Serge Leclaire, op. cit., p. 124: "[...] O recalque aparece como operação que mantém a separação nítida entre a ordem primária e as alterações sobre as quais se fundamenta a ordem secundária. Ao mesmo tempo, ele assegura a articulação dos dois sistemas".
28. Nietzsche, *Origem da tragédia*, Lisboa: Guimarães, 1972, p. 161.
29. Ver o "Prefácio interessantíssimo" e *A escrava que não é Isaura*. Poderíamos traçar aqui um pequeno roteiro das teorias sobre a música que se desdobram ao longo dos ensaios de Mário de Andrade, em três momentos. *Primeiro*: por volta da Semana de Arte Moderna, no "Prefácio" e na *Escrava*, ele pensa a simultaneidade musical do verso moderno com base nos conceitos de melodia, harmonia e polifonia; combinando o formalismo musical da sua formação com o simultaneísmo futurista, chega a uma função poética da linguagem semelhante à de Jakobson. Mais tarde, falará da *ambiguidade* da "palavra musical" ("Castro Alves"). *Segundo momento*: na década de 1930, voltado para o folclore, estudando a música de feitiçaria, as danças dramáticas, a "terapêutica musical", está preocupado sobretudo com os poderes da música sobre o corpo e a mente, ligados à ideia de *mentalidade primitiva*, que ele discute no confronto entre Tylor, Lévy-Bruhl e Frazer. Esse movimento pode ser acompanhado através do livro de Telê Porto Ancona Lopez, *Mário de Andrade: Ramais e caminho*. *Terceiro momento*: na década de 1940, a ênfase é toda sobre a relação música-sociedade, tendendo a discutir a arte sob a perspectiva da luta de classes, e o problema da função social do artista. Ligada à questão do engajamento, ganha destaque a proposição de uma recuperação do éthos que devolvesse à linguagem musical o seu caráter "socialmente interessado" (poderíamos dizer: que colocasse o valor de uso social acima do valor de troca da contemplação da mercadoria prestigiada). Tal fase realiza-se sobretudo n'*O banquete* (revisão e síntese dramática de toda a sua poética musical à luz dessa última reconsideração) e nos artigos da *Folha da Manhã* que Oneyda Alva-

renga denominou "Sonoras políticas". A propósito, ver Jorge Sidney Coli Jr., "Mário de Andrade: Introdução ao pensamento musical" (*Revista do Instituto de Estudos Brasileiros*, n. 12, 1972).

O QUE É QUE A BAHIA TEM? [pp. 182-96]

1. Excerto de "Sou baiano também", samba de minha autoria gravado no CD *Pérolas aos poucos* (Maianga, 2004).
2. Jota Efegê citado por Antonio Risério em *Caymmi: Uma utopia de lugar*, São Paulo: Perspectiva, 2011, p. 48.
3. Luiz Americo Lisboa Junior, *A presença da Bahia na música popular brasileira*, Brasília: Musimed; Linha Gráfica Editora, 1990.
4. Antonio Risério, op. cit., p. 48.
5. Francisco Bosco, *Dorival Caymmi*, São Paulo: Publifolha, 2006 (Folha Explica), p. 40.
6. Antonio Risério, op. cit., p. 48.
7. Rogério Brittes Wanderley Pires, *O conceito antropológico de fetiche: Objetos africanos, olhares europeus*, Rio de Janeiro: UFRJ, 2009, pp. 4-5, tese.
8. Em livro que só conheci depois de ter escrito este texto, Tales Ab'Saber interpreta com agudeza e amplitude o relato de um mercenário alemão, Carl Schlichthorst, que esteve no Rio de Janeiro entre 1824 e 1826, no qual narra o encontro casual com uma moça negra que vende doces, canta, faz música e poesia enquanto comercia talvez seu corpo. Ab'Saber identifica na força dessa presença feminina, talvez só reconhecível por um estrangeiro, um fermento civilizacional utópico em meio às violências e às ambivalências cruéis de sua condição de escravizada. Entrevê nessa aparição, que antecipa de algum modo as baianas de *Memórias de um sargento de milícias*, uma possível e remota origem corpórea do samba, feitiço "natural e indecente" que tem a ver com a complexidade do nosso tema. Cf. Tales Ab'Saber, *O soldado antropofágico: Escravidão e não-pensamento no Brasil*, São Paulo: N-1 Edições; Hedra, 2022.
9. O narrador do livro exibe um tom preconceituoso em relação às negras, afetado de sintomática ambiguidade, como se dissesse que é indesejável aos brancos desejá-las, embora elas sejam altamente desejáveis. Ou ainda: as brancas seriam altamente desejáveis, se se vestissem como as negras. A frase é: "um país em que todas as mulheres usassem desse traje, especialmente se fosse desses abençoados em que elas são alvas e formosas, seria uma terra de perdição e de pecados". Manuel Antônio de Almeida, *Memórias de um sargento de milícias*, ed. crítica Cecilia de Lara, Rio de Janeiro: Livros Técnicos e Científicos, 1978, p. 76.
10. "Se Ary descrevia o conteúdo do tabuleiro da baiana, Caymmi esmiuça-

va seu traje", diz a biógrafa e neta Stella Caymmi em *Dorival Caymmi: O mar e o tempo*, São Paulo: Editora 34, 2001, p. 132.

11. Stella Caymmi, op. cit., p. 133.

12. Ibid., pp. 132-3.

13. Vasco Mariz, *A canção brasileira: Erudita, folclórica, popular*, Rio de Janeiro: Civilização Brasileira, 1977, p. 217.

14. Relações entre código, mensagem e mito, na composição musical, são formuladas por Claude Lévi-Strauss em *Le Cru et le cuit*, Paris: Plon, 1964, p. 38.

15. Ver Antonio Risério, op. cit., em especial pp. 61-3.

16. A ideia está formulada por mim em *Veneno remédio: O futebol e o Brasil*, São Paulo: Companhia das Letras, 2008, p. 285.

VIAGEM DO RECADO [pp. 197-250]

1. João Guimarães Rosa, "O recado do morro" (*Corpo de baile*), em *Ficção completa*, v. 1, Rio de Janeiro: Nova Aguilar, 1994, pp. 615-66.

2. O nome do personagem varia no conto entre Alquiste e Olquiste, como se assinalasse a indecisão fonética sertaneja na pronúncia de uma palavra estrangeira. Mais que isso, a variação já foi lida por Heloísa Vilhena de Araújo como um jogo simbólico implícito entre o *alfa* e o *ômega*. (Ver Heloísa Vilhena de Araújo, *A raiz da alma*, São Paulo: Edusp, 1992, p. 94.) Para efeitos práticos, grafaremos A/Olquiste.

3. Alfredo Bosi, *Dialética da colonização*, São Paulo: Companhia das Letras, 1992, pp. 11-9.

4. Para um contraponto entre "O recado do morro" e "A máquina do mundo", ver José Miguel Wisnik, *Maquinação do mundo: Drummond e a mineração*, São Paulo: Companhia das Letras, 2018, p. 204.

5. Roberto Zular, citando Érico Melo, em "No fluxo dos recados: Sobredeterminação e variações ontológicas em 'O recado do morro' e *A queda do céu* de Kopenawa e Albert", *Crítica Cultural*, Tubarão, v. 15, n. 1, jan.-jun. 2020, p. 20.

6. "O homem plotiniano está inserido num todo do qual ele deve apreender a *unidade*, o eros constituindo para todo ser esta perfectibilidade visada na busca de um grau superior de unificação." Joachim Lacrosse, *L'Amour chez Plotin: Érôs Hénologique, Érôs Noétique, Érôs Psychique*, Bruxelas: Éditions Ousia, 1994, p. 14.

7. Ver Flora Süssekind, *O Brasil não é longe daqui: O narrador, a viagem*, São Paulo: Companhia das Letras, 1990.

8. Maior desenvolvimento da ideia pode ser encontrado em José Miguel Wisnik, "Recado do recado", em Cleusa Rios P. Passos; Yudith Rosenbaum; Sandra

Guardini Vasconcelos (Orgs.), *Infinitamente Rosa: 60 anos de* Corpo de baile *e de* Grande sertão: veredas, São Paulo: Humanitas, 2018, pp. 89-110.

9. Bento Prado Júnior, "O destino decifrado: Linguagem e existência em Guimarães Rosa", em *Alguns ensaios: Filosofia, literatura, psicanálise*, São Paulo: Max Limonade, 1985, p. 212.

10. Flora Süssekind, op. cit., pp. 127-8.

11. Clara Rowland, *A forma do meio: Livro e narração na obra de João Guimarães Rosa*, Campinas; São Paulo, Unicamp; Edusp, 2011. Ver, em especial, pp. 221-2. Rowland vê na carta de Nhorinhá, que roda durante anos pelo sertão e que só chega às mãos de Riobaldo quando tudo já era passado, um índice eloquente do desencontro estrutural que marca o livro. Ver, a propósito, pp. 237-47.

12. Érico Melo, *Rumo a rumo de lá: Atlas fotográfico de* Corpo de baile, pp. 18-64, São Paulo: FFLCH-USP, 2011, tese de doutorado em Literatura Brasileira.

13. "Assim como 'Uma estória de amor' tratava das estórias (ficção)", sua "origem" e seu "poder", "'O recado do morro' trata de uma canção *a fazer-se*, 'Cara--de-Bronze' se refere à POESIA." Edoardo Bizzarri, J. *Guimarães Rosa: Correspondência com seu tradutor italiano*, 2. ed., São Paulo: Instituto Cultural Ítalo-Brasileiro, 1980, p. 60.

14. Combino aqui a primeira acepção para "recado" no *Dicionário Houaiss da Língua Portuguesa* — "aviso, mensagem, comunicação (verbal ou por escrito) levados ou deixados a outrem" — com o verbete "outrem": "pessoa que não participa do processo de comunicação e cuja menção é imprecisa ou indefinida (seja porque o falante não sabe, seja porque não lhe interessa dar a indicação precisa)".

15. Miguel Jost; Sergio Cohn; Simone Campos (Orgs.), *Samba falado: Crônicas musicais — Vinicius de Moraes*, Rio de Janeiro: Beco do Azougue, 2008, p. 143. Note-se que a mais clássica das parcerias de Tom Jobim com Vinicius de Moraes, "Chega de saudade", segue o mesmo princípio do samba recadeiro: "Vai, minha tristeza,/ e diz a ela/ que sem ela não pode ser".

16. Mikhail Bakhtin (Voloshinov), "Tema e significação na língua", em *Marxismo e filosofia da linguagem*, São Paulo: Hucitec, 1979, pp. 114-22. O livro, publicado na Rússia stalinista em 1929, foi originalmente assinado por V. N. Voloshinov. Suas características internas levaram a crítica posterior a considerá-lo, no entanto, como uma obra de provável autoria do teórico da literatura e filósofo da linguagem Mikhail Bakhtin.

17. Jorge Luis Borges, "A esfera de Pascal", em *Outras inquisições*, trad. Davi Arrigucci Jr., São Paulo: Companhia das Letras, 2007, pp. 13-7.

18. Id., "Pierre Menard, autor do *Quixote*", em *Ficções*, trad. Davi Arrigucci Jr., São Paulo: Companhia das Letras, 2007, pp. 34-45.

19. Bento Prado Júnior, "O destino decifrado: Linguagem e existência em Guimarães Rosa", op. cit., p. 223.

20. Ver João Guimarães Rosa, "Pirlimpsiquice", em *Primeiras estórias*, Rio de Janeiro: Nova Fronteira, 2001, pp. 86-96.

21. Eduardo Viveiros de Castro, "O recado da mata", em Davi Kopenawa; Bruce Albert, *A queda do céu: Palavras de um xamã yanomami*, São Paulo: Companhia das Letras, 2015, p. 40.

22. Edoardo Bizzarri, op. cit., pp. 54-5.

23. Raymond Klibansky; Erwin Panofsky; Fritz Saxl, "Cronos-Saturne dans le néo-platonisme", *Saturne et la mélancolie: Études historiques et philosophiques: nature, religion, médecine et art*", Paris: Gallimard, 1989, pp. 232-42.

24. Ibid., p. 232.

25. Michel Foucault, "A prosa do mundo", capítulo II de *As palavras e as coisas: Uma arqueologia das ciências humanas*, São Paulo: Martins Fontes, 1999, pp. 23-61.

26. Bento Prado Júnior, op. cit., pp. 225-6.

27. Carlo Rovelli, *A realidade não é o que parece: Uma jornada pela física quântica*, Rio de Janeiro: Objetiva, 2014.

28. Mohyiddin Ibn 'Arabi, *L'Alchimie du bonheur parfait: Traité d'alchimie spirituelle*, Paris: Berg International, 1981.

29. Jorge Luis Borges, *Nueve ensayos dantescos*, Madri: Espasa-Calpe, 1983, pp. 143-4. O tema aparece também em "El acercamiento a Almotásim", em *Historia de la eternidad*, Buenos Aires: Emecé Editores, 1953, p. 144.

30. A propósito, Borges vê nessa figuração uma imagem poético-filosófica de tipo plotiniano, citando as *Enéadas* [v, 8.4]: "Tudo, no céu inteligível, está em todas as partes. Qualquer coisa é todas as coisas. O sol é todas as estrelas, e cada estrela é todas as estrelas, e cada estrela é todas as estrelas e o sol".

31. Jorge Luis Borges, *Nueve ensayos dantescos*, p. 133.

32. Jean Pépin, *Dante et la tradition de l'allégorie*, Montréal; Paris: Inst. D'Études Médiévales; Librairie J. Vrin, 1970, p. 22.

33. Conforme o *Dicionário Aurélio da Língua Portuguesa* (primeira, terceira e quarta definições) e o *Dicionário Houaiss da Língua Portuguesa* (segunda).

34. Walter Benjamin, *Origem do drama barroco alemão*, São Paulo: Brasiliense, 1984, pp. 171-80. Ver também José Miguel Wisnik, *Maquinação do mundo: Drummond e a mineração*, pp. 183-8.

35. A dialética de Sol e Saturno tem um correspondente literário, pode-se dizer, na dialética de símbolo e alegoria. Se no símbolo o universal transparece luminosamente no particular, em estado de integração, na alegoria a totalidade, mesmo que buscada, só se manifesta pelo limite, pela opacidade, pela não integração, daí a sua relação com a melancolia e a ruína, como salientou Walter Benjamin. *Corpo de baile* contém não apenas uma viagem de ida e volta entre Saturno e o Sol, mas a dupla viagem de ida e volta entre o símbolo e a alegoria: em "O re-

cado do morro" o símbolo (a verossimilhança transparente, ou aparente, do conto, levando à canção) oculta a alegoria; em "Cara-de-Bronze" a alegoria, escancarada no modo elíptico, fragmentário, artificial e alusivo da escrita, oculta o símbolo (a revelação comovente, pelo vaqueiro Grivo, do significante "varandas de labirinto", que devolve o enigma e o mistério de sua origem ao fazendeiro entrevado Segisberto Saturnino Jéia Velho, Filho). É sem dúvida um modo original de enfrentar o estatuto problemático da literatura moderna: uma escritura alquímica que *solve et coagula* os impasses da representação.

36. Cf. Titus Burckhardt, "Des Facultés intellectuelles", em *Introduction aux doctrines ésotériques de l'Islam*, Paris: Dervy, 1996, pp. 128-37.

37. Para aquilatar a importância do congado como "lócus de expressão cultural e identitária de negros e mestiços", cujas "celebrações [...] transformam os pobres da sociedade em ricos testemunhos do sagrado", ver Edimilson de Almeida Pereira, *A saliva da fala: Notas sobre a poética banto-católica no Brasil*, São Paulo: Fósforo, 2023.

38. Henry Corbin, "Le 'Récit de l'Archange empourpré' et la geste mystique iranienne", capítulo v de *En Islam iranien: Aspects spirituels et philosophiques*, tomo II, *Sohrawardî et les platoniciens de Perse*, Paris: Gallimard, 1971, pp. 224-5.

39. Clara Rowland tira consequências desse curto-circuito de idas e voltas às cegas, produzido pela figura de Guégue no centro da viagem do recado, para sua formulação da "forma do meio" como foco de leituras e releituras na obra geral de Guimarães Rosa. Ver, em especial, op. cit., pp. 122-37.

40. José Antonio Pasta Júnior, "O romance de Rosa: Temas do *Grande sertão* e do Brasil", *Novos Estudos*, n. 55, pp. 61-70, 1999, e *Pompeia: A metafísica ruinosa d'O Ateneu*, São Paulo: USP, 1991, p. 225, tese de doutorado.

41. Clara Rowland, op. cit., p. 87.

42. A propósito desse viés ambivalente na obra de Guimarães Rosa, ver José Miguel Wisnik, "O famigerado", em *Sem receita: Ensaios e canções*, São Paulo: Publifolha, 2004, pp. 121-56. Em especial as páginas finais, 153-5. O texto foi publicado originalmente em *Scripta* (PUC/MG), v. 5, n. 10, pp. 177-98, 2002, edição especial do II Seminário Internacional Guimarães Rosa.

43. João Guimarães Rosa, "O espelho", em *Primeiras estórias*, pp. 119-28.

44. Pergunta dirigida a Farid ud-Din Attar, autor de *A linguagem dos pássaros*, segundo a lenda, por um dervixe-mendigo que, diante da resposta de Attar ("da mesma forma que tu"), estende-se ali mesmo sobre o solo e "exala seu último suspiro". Esse depoimento contundente teria levado Attar à conversão. Álvaro de Souza; Sérgio Rizek, "Prefácio dos tradutores", em *A linguagem dos pássaros*, p. XIX.

45. Para o desenvolvimento do que se segue aqui, ver José Miguel Wisnik, "Recado do recado", em Cleusa Rios P. Passos; Yudith Rosenbaum; Sandra Guar-

dini Vasconcelos (Orgs.), *Infinitamente Rosa: 60 anos de* Corpo de baile *e de* Grande sertão: veredas, pp. 95-109.

46. Maurice Capovilla, "'O recado do morro', de João Guimarães Rosa", *Revista do Livro*, Rio de Janeiro, v. 6, n. 25, pp. 131-43, 1964.

47. Bento Prado Júnior, "O destino decifrado: Linguagem e existência em Guimarães Rosa", *Alguns ensaios: Filosofia, literatura, psicanálise*, pp. 195-226.

48. Ana Maria Machado, *Recado do nome: Leitura de Guimarães Rosa à luz do nome de seus personagens.* São Paulo: Companhia das Letras, 1976.

49. Heloísa Vilhena de Araújo, *A raiz da alma*.

50. Clara Rowland, *A forma do meio: Livro e narração na obra de João Guimarães Rosa*.

51. Érico Melo, *Rumo a rumo de lá: Atlas fotográfico de "Corpo de baile"*.

52. Jorge Luis Borges, "Sobre os clássicos", em *Outras inquisições*, pp. 220-1.

53. José Miguel Wisnik, "Recados", Segundo Caderno, *O Globo*, 25 out. 2014. Para os dados sobre a agonia do bioma, baseio-me na entrevista de Altair Sales Barbosa ao *Jornal Opção*.

54. João Guimarães Rosa, "Minas Gerais", em *Ave, palavra*, p. 217.

55. Eduardo Viveiros de Castro, "O recado da mata", em Davi Kopenawa; Bruce Albert, *A queda do céu: Palavras de um xamã yanomami*, p. 13.

56. João Guimarães Rosa, "Cara-de-Bronze" (*Corpo de baile*), em *Ficção completa*, v. 1, pp. 667-713. Para a passagem referida, ver as longas notas de rodapé entre as páginas 697 e 902.

57. Cf. Claude Lévi-Strauss, "La Science du concret", em *La Pensée sauvage*, Paris: Pocket, 1962.

58. João Guimarães Rosa, "Os cimos", em *Primeiras estórias*, pp. 224-34. Ver José Miguel Wisnik, "Os cimos", em Gustavo de Castro; Clara Rowland; Leandro Bessa (Orgs.), *As Primeiras estórias de Guimarães Rosa*, Brasília: Editora da UnB, 2024, pp. 417-34.

59. João Guimarães Rosa, "As margens da alegria", em *Primeiras estórias*, pp. 49-55.

60. Roniere Menezes, *O traço, a letra e a bossa: Literatura e diplomacia em Cabral, Rosa e Vinicius*, Belo Horizonte: Editora da UFMG, 2011, pp. 167-8.

61. Para um relato circunstanciado da crise diplomática, ver Tomaz Espósito Neto, "As relações Brasil-Paraguai: Do litígio da fronteira brasileiro-paraguaia (1962) à Ata das Cataratas (1966)". *Revista de Estudos e Pesquisas sobre as Américas*, Brasília, v. 7, n. 1, pp. 33-49, 2013.

62. Edoardo Bizzarri, op. cit., p. 123 (carta datada de 21 de outubro de 1966). Em 13 de maio de 1964 ele havia dito ao mesmo Bizzarri: "Chefio um serviço de brilho nenhum, mas muito estendido e metido em coisas [...]. Temos duas Divisões da Comissão Brasileira Demarcadora de Limites, uma a cargo de um general,

outra de um coronel. Temos assuntos graves, como, por exemplo, o que você deve ter visto dele menção, frequente, nos jornais: o do Salto Grande das SETE QUEDAS. E, principalmente, é o próprio Itamaraty, que, no momento, entra em fase de aguda vigilância a acontecimentos possíveis" (p. 106).

63. "Nota n. 92, de 25 de março de 1966 da Embaixada do Brasil em Assunção", em Heloísa Vilhena de Araújo, *Guimarães Rosa: Diplomata*, Brasília: Fundação Alexandre de Gusmão, 2007, pp. 125-72.

64. Ibid., p. 171.

65. "Tive de desistir de aceitar o convite pago tudo por eles, confortável e belo, de percorrer, em passeio, lugares bonitos — canyon do Colorado, Niagara Falls, etc., e, principalmente, o que eu manifestara desejo de ter: ir ver os Peles-Vermelhas, em suas reservas...", em Edoardo Bizzarri, op. cit., p. 124.

66. Para uma avaliação do caso complexo de Carlos Drummond de Andrade como funcionário de Estado, ver José Miguel Wisnik, *Maquinação do mundo: Drummond e a mineração*, pp. 241-52.

67. Eduardo Viveiros de Castro, "O recado da mata", em Davi Kopenawa; Bruce Albert, op. cit., pp. 40-1.

68. Alexandre Nodari, "A escrita e a escuta: Sobre os interlocutores de Riobaldo e Kopenawa", comunicação no Seminário Guimarães Rosa: Veredas & Derivas, Florianópolis, 2024. Roberto Zular, em "No fluxo dos recados: Sobredeterminação e variações ontológicas em 'O recado do morro' e *A queda do céu* de Kopenawa e Albert", *Crítica cultural*, v. 15, n. 1, jan.-jun. 2020, por sua vez, já tinha mergulhado fundo, da perspectiva de uma ontologia da linguagem, nas relações entre "O recado do morro" e *A queda do céu*.

69. Para a reflexão sobre o processo de produção do texto, feita por Bruce Albert e incluída em *A queda do céu* no "Postscriptum: Quando eu é um outro (e vice-versa)", ver em especial as páginas 530-40.

70. Alexandre Nodari, *A literatura como antropologia especulativa: Conjunto de variações*, Florianópolis: Cultura e Barbárie, 2024.

71. Eduardo Viveiros de Castro, "O recado da mata", op. cit., p. 41.

72. João Guimarães Rosa, "Buriti" (*Corpo de baile*), em *Ficção completa*, v. 1, Rio de Janeiro: Nova Aguilar, 1994.

73. Bruce Albert, "A floresta poliglota". Disponível em: <https://subspecieal-teritatis.wordpress.com/2018/11/05/a-floresta-poliglota-bruce-albert>. "Em homenagem ao trabalho de Bernie Krause", Albert exemplifica ricamente o modo como caçadores yanomami dialogam com as vozes da floresta, e como essas vozes impregnam sua linguagem e cosmologia.

74. Bernie Krause, *A grande orquestra da natureza: Descobrindo as origens da música no mundo selvagem*, Rio de Janeiro: Zahar, 2013, pp. 20-1.

75. Ibid., pp. 187-8.

76. Charles Baudelaire, "L'Oeuvre et la vie d'Eugène Delacroix", em *L'Art romantique*, p. 28. Citado por Roberto Calasso, op. cit., p. 159.

A GAIA CIÊNCIA: LITERATURA E MÚSICA POPULAR NO BRASIL [pp. 253-74]

1. Paolo Scarnecchia, *Musica popolare brasiliana*, Milão: Gammalibri, 1983.
2. Lorenzo Mammì, "João Gilberto e o projeto utópico da bossa nova", *Novos Estudos* (Cebrap), São Paulo, n. 34, pp. 63-70, nov. 1992.
3. Luiz Tatit, *Semiótica da canção: Música e letra*, São Paulo: Escuta, 1995, p. 273.
4. Günter Lorenz, "Diálogo com Guimarães Rosa", em Eduardo Coutinho (Org.), *Guimarães Rosa*, Rio de Janeiro: Civilização Brasileira; INL, 1983, p. 81.
5. Walnice Nogueira Galvão, "Do lado de cá", em *Mitológica rosiana*, São Paulo: Ática, 1978, pp. 37-40.
6. Contardo Calligaris, *Hello Brasil!: Notas de um psicanalista europeu viajando ao Brasil*, São Paulo: Escuta, 1992.
7. "O colonizador veio então gozar a América, por isso deve esgotá-la, mas sabe que não era América que queria fazer gozar" (p. 19): já que Iracema, no romance de José de Alencar, é anagrama de América, a frase de Calligaris, e seu contexto, aplica-se inteiramente à descrição das relações entre Martim, Iracema e a mulher europeia para a qual retorna o desejo do guerreiro colonizador depois de gozar a América, nesse romance. Outro exemplo: "E a questão surge de saber se, lá onde Brasil falha a ser um significante nacional, 'gaúcho' não conseguiria [...]. Por razões diferentes, talvez a mesma questão pudesse surgir para 'sertanejo'. É certo que gaúcho e sertanejo — para tomar estes dois exemplos (talvez haja outros) — são significantes referenciais de uma filiação, que não se confundem nem com a unidade tópica que outorgaria o simples fato de explorar o corpo da mesma terra mãe ('estamos aqui'), nem com a nostalgia do pai perdido ('viemos de lá')" (pp. 104-5). Curiosamente, ao projetar a fundação da nacionalidade através de um grande painel romanesco da história e das regiões do Brasil, José de Alencar o realiza de modo paradigmático, justamente (no que diz respeito ao romance regionalista) com *O gaúcho* e *O sertanejo*. Na página 106, este comentário sobre João Cabral cabe perfeitamente para Graciliano Ramos: "a história de uma mãe terra tão dura que não precisa de pai para interditá-la; como se os filhos não ganhassem o nome 'sertanejo' por respeitar o interdito paterno mas por conseguir viver e morrer de uma mãe que se interdita sozinha". Na página 145, uma passagem sobre o modo da interlocução telefônica no Brasil parece descrever a canção "Bye bye, Brasil", de Chico Buarque (*Vida*, 1980), entre outros exemplos que poderiam ser apontados.

VINICIUS LETRISTA [pp. 275-98]

1. Ver Miguel Jost; Sergio Cohn; Simone Campos (Orgs.), *Samba falado: Crônicas musicais — Vinicius de Moraes*, Rio de Janeiro: Beco do Azougue, 2008, p. 138.
2. Machado de Assis, "Um homem célebre", em *Várias histórias*, Rio de Janeiro; Belo Horizonte, Livraria Garnier, p. 48.
3. Cf. o capítulo "Machado maxixe — O caso Pestana", pp. 54-130 deste volume.
4. Miguel Jost; Sergio Cohn; Simone Campos (Orgs.), op. cit., p. 30.
5. Cf. Barack Obama, *A origem dos meus sonhos*, trad. Irati Antonio, Renata Laureano e Sonia Augusto), São Paulo: Editora Gente, 2008, pp. 141-7.
6. Miguel Jost; Sergio Cohn; Simone Campos (Orgs.), op. cit., p. 139.
7. Aproveito aqui a ideia de Francisco Bosco, transmitida em conversa, da letra de canção como sendo um gênero poético que obedece a uma *superforma fixa*, dada pela música.
8. Miguel Jost; Sergio Cohn; Simone Campos (Orgs.), op. cit., p. 139.
9. O poeta referido é Bernart Marti. Giorgio Agamben, *Estâncias: A palavra e o fantasma na cultura ocidental*, Belo Horizonte: Editora da UFMG, 2007, p. 212.
10. Ver José Miguel Wisnik, "A gaia ciência: Literatura e música popular no Brasil", em *Sem receita: Ensaios e canções*, pp. 213-39.

O DOM DA ILUSÃO [pp. 299-305]

1. Eric Hobsbawm, *A era dos extremos*, trad. Marcos Santarrita, São Paulo: Companhia das Letras, 1995.
2. Pierre Lévy, *As tecnologias da inteligência*, trad. Carlos Irineu da Costa, São Paulo: Editora 34, 1995.
3. José Miguel Wisnik, *O som e o sentido: Uma outra história das músicas*, São Paulo: Companhia das Letras, 1989 e reeds.

O ARTISTA E O TEMPO [pp. 306-22]

1. A propósito da dicção particular da "canção-vivência" em Chico Buarque, ver Luiz Tatit, *O cancionista: Composição de canções no Brasil*, São Paulo: Edusp, 1996.

ORAÇÃO AO TEMPO [pp. 323-38]

1. Ver José Miguel Wisnik, "A paixão dionisíaca em *Tristão e Isolda*", em *Os sentidos da paixão*, São Paulo: Companhia das Letras, 1987, pp. 195-227.
2. "'Belo', disse Kant, 'é o que agrada *sem interesse*'. Sem interesse! Compare-se esta definição com uma outra, de um verdadeiro 'espectador' e artista — Stendhal, que em um momento chama o belo de *une promesse de bonheur* [uma promessa de felicidade]. [...] para ele, o que ocorre parece ser precisamente a *excitação da vontade* ('do interesse') através do belo." Friedrich Nietzsche, *Genealogia da moral*, São Paulo: Companhia das Letras, 1998, pp. 94-5.
3. "Uma promessa de felicidade", *Folha de S.Paulo*, Caderno Mais!, 9 ago. 1992, pp. 6-7. A frase final era uma referência crítica ao apelo do presidente Fernando Collor de Mello, no contexto da crise que levou ao seu impeachment, para que *não o deixassem só*. Nesse, como nos demais artigos de jornal transcritos ao longo deste texto, me permiti fazer adaptações na redação e acréscimos contextualizantes.
4. A declaração de Godard aparece pela primeira vez no curta-metragem *Je vous salue, Sarajevo* (Jean-Luc Godard, 1994). Traduzimos a partir da transcrição contida em Antoine de Baecque, *Godard: Biographie*. Paris: Bernard Grasset, 2010, p. 741. Agradeço a Daniel Augusto a generosa e precisa informação, além da referência a Gilles Deleuze e a Ana Cristina Cesar.
5. Caetano Veloso, *Verdade tropical*, 3. ed., São Paulo: Companhia das Letras, 2017, p. 185.
6. Aproveito aqui algumas formulações contidas em José Miguel Wisnik, "Letras, músicas e acordes cifrados", *Songbook Caetano Veloso*, v. 2, idealizado, produzido e editado por Almir Chediak, Rio de Janeiro: Lumiar, p. 13.
7. A afirmação é de Friedrich Schlegel, citado por Anatol Rosenfeld; J. Guinzburg em "Um encerramento", em J. Guinsburg (Org.), *O romantismo*, São Paulo: Perspectiva, 1978, p. 287.
8. José Miguel Wisnik, "Rejuvenescer", *O Globo*, Segundo Caderno, 4 ago. 2012.
9. Id., "Independente", *O Globo*, Segundo Caderno, 11 ago. 2012.
10. Id., "Melancolias", *O Globo*, Segundo Caderno, 29 ago. 2011.

Notas bibliográficas

"Chopin e os domínios do piano": publicado originalmente em *Teresa: Revista de Literatura Brasileira*, São Paulo: FFLCH-USP, n. 12-3, pp. 14-46, 2013.

"Machado maxixe — O caso Pestana": publicado originalmente em *Teresa: Revista de Literatura Brasileira*, São Paulo: FFLCH-USP, n. 4-5, pp. 13-79, 2004. Recolhido em José Miguel Wisnik, *Sem receita: Ensaios e canções*, São Paulo: Publifolha, 2004, pp. 15-105, e publicado como volume à parte em José Miguel Wisnik, *Machado maxixe — O caso Pestana*, São Paulo: Publifolha, 2008.

"A república musical modernista": publicado originalmente em Gênese Andrade (org.), *Modernismos 1922-2022*, São Paulo: Companhia das Letras, 2022, pp. 170-95.

"Do Mi Sol do Norte": capítulo da tese de doutorado de José Miguel Wisnik, *Dança dramática: Poesia/música brasileira*, São Paulo: FFLCH-USP, 1979.

"O que é que a Bahia tem?": publicado em Antônio Risério (org.) e Gringo Cardia (curador), *Cidade da música da Bahia*, v. 3, Salvador: Prefeitura Municipal de Salvador, 2020, pp. 323-43.

"Viagem do recado": o ensaio é uma expansão inédita de dois textos anteriores, "Recado da viagem", publicado em *Scripta*, Belo Horizonte: Cespuc; PUC Minas, v. 2, n. 3, ed. especial do Seminário Internacional Guimarães Rosa, pp. 160-70, 1998, e "Viagem do recado", capítulo da tese de livre-docência de José Miguel Wisnik, *Recados da ambivalência brasileira: Conto, poesia, canção*, São Paulo: FFLCH-USP, 2009.

"A gaia ciência — Literatura e música popular no Brasil": o ensaio resulta de uma fala no Seminário Pensamento Brasileiro, realizado em Roma, em 1994, pelo Centro de Estudos Brasileiros da Embaixada do Brasil, com o concurso da Universidade de Roma La Sapienza e do Instituto Ítalo-Latino-Americano. Foi publicado em português no livro *Pensamento brasileiro*, Palermo: Ila Palma; Renzo e Rean Mazzone Editori, 1995; na *Revista de Occidente*, São Paulo, n. 174, nov. 1995, sob o título "La gaya Ciencia: Literatura y Música Popular en Brasil"; no *Journal of Latin American Cultural Studies*, v. 5, n. 2, pp. 191-202, nov. 1996, sob o título de "The Gay Science: Literatura and Popular Music in Brazil"; no volume organizado por Cláudia Neiva de Matos, Elizabeth Travassos e Fernanda Teixeira de Medeiros, *Ao encontro da palavra cantada: Poesia e voz*, Rio de Janeiro: 7 Letras, 2001, pp. 189-99. Recolhido em José Miguel Wisnik, *Sem receita: Ensaios e canções*, São Paulo: Publifolha, 2004, pp. 213-40, e em José Miguel Wisnik, *Música popular brasileña y literatura: La gaya ciencia*, Buenos Aires: Corregidor, 2018.

"Vinícius letrista": publicado originalmente em Suzana Moraes, Eucanaã Ferraz, José Miguel Wisnik e Julio Diniz, *Vinicius de Moraes: Um poeta dentro da vida*, Rio de Janeiro: Design e Editora Ltda., 2011, pp. 63-104.

"O dom da ilusão": publicado originalmente em Carlos Rennó (org.), *Gilberto Gil: Todas as letras*, São Paulo: Companhia das Letras, 1996, pp. 17-9. Recolhido em *Sem receita: Ensaios e canções*, São Paulo: Publifolha, 2004, pp. 291-9.

"O artista e o tempo": escrito em parceria com Guilherme Wisnik para o *Songbook* de Chico Buarque, v. 2, idealizado, produzido e editado por Almir Chediak, Rio de Janeiro: Lumiar, 1999. Recolhido em *Sem receita: Ensaios e canções*, São Paulo: Publifolha, 2004, pp. 241-59.

"Oração ao tempo": publicado em Pedro Duarte (org.), *Objeto não identificado: Caetano Veloso 80 anos — Ensaios*, Rio de Janeiro: Bazar do Tempo, 2022, pp. 17-33.

ESTA OBRA FOI COMPOSTA PELO ESTÚDIO O.L.M./ FLAVIO PERALTA EM MINION
E IMPRESSA EM OFSETE PELA GRÁFICA SANTA MARTA SOBRE PAPEL PÓLEN
NATURAL DA SUZANO S.A. PARA A EDITORA SCHWARCZ EM JUNHO DE 2025

A marca FSC® é a garantia de que a madeira utilizada na fabricação do papel deste livro provém de florestas que foram gerenciadas de maneira ambientalmente correta, socialmente justa e economicamente viável, além de outras fontes de origem controlada.